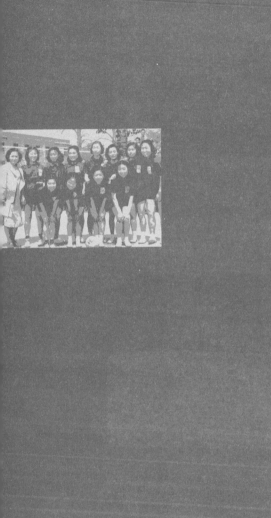

与民国相遇

唐小兵 著

生活·讀書·新知 三联书店

Copyright © 2017 by SDX Joint Publishing Company.
All Rights Reserved.
本作品版权由生活·读书·新知三联书店所有。
未经许可，不得翻印。

图书在版编目（CIP）数据

与民国相遇/唐小兵著. —北京：生活·读书·新知三联书店，2017.1 （2022.9重印）
 ISBN 978-7-108-05697-9

Ⅰ.①与… Ⅱ.①唐… Ⅲ.①中国历史-史料-民国 Ⅳ.①K258.06

中国版本图书馆 CIP 数据核字（2016）第 111547 号

责任编辑	李　佳	
装帧设计	康　健	
责任印制	董　欢	
出版发行	生活·讀書·新知 三联书店	
	（北京市东城区美术馆东街 22 号 100010）	
网　　址	www.sdxjpc.com	
经　　销	新华书店	
印　　刷	三河市天润建兴印务有限公司	
版　　次	2017 年 1 月北京第 1 版	
	2022 年 9 月北京第 4 次印刷	
开　　本	635 毫米 × 965 毫米　1/16　印张 19.5	
字　　数	258 千字　图 12 幅	
印　　数	13,001-16,000 册	
定　　价	59.00 元	

（印装查询：01064002715；邮购查询：01084010542）

目 录

1　　新一代学人在挣扎中奔突而出的新学术（代序）
　　　钱理群

第一辑　书生

11　　岂有文章觉天下？

14　　学人论政《大公报》

17　　百无一用是文人？

21　　众声喧哗里的文人无行

25　　书生吴宓的辛亥志

28　　"与其积钞票于箧，不如积阅历于身"

33　　张季鸾的人生观

37　　"单身汉"金岳霖的美好生活

41　《独立评论》的聚散离合

46　革命在远方?

50　矛盾体:"五四之子"顾颉刚

53　民初政局的一段往事

57　民国报人的风骨

64　十字街头的塔

67　亭子间里的上海文人

第二辑　相遇

73　"如今我们已回来,你们请看分晓罢"

77　中国游子的美国意象

82　魂兮归来,燕京精神!

86　老清华的体育精神

90　文化自信心从哪里来?

94　美国记者的北平往事

98　摩登上海的另类历史

101　内山完造的上海记忆

105　民国新学生的浮世绘

109　清末民初的新旧之争

113　新旧之争中的学院政治

117　乡村葬礼中的传统之魅

第三辑　情感

123　"两地书"里的沈从文与张兆和

127　真名士，不风流

130　《两地书》里的鲁迅与许广平

134　冲决网罗的一颗珍珠

139　反潮流的新女性

142　毛彦文的情感世界

146　一个贞洁主义者的爱情观

151　宋教仁与道德严格主义

155　乡土中国的两副面孔

第四辑　故旧

161　政治与人情的双重奏

165　容闳记忆中的洪杨之役

169　曹汝霖的"五四"记忆

174　民国元老颜惠庆的辛亥记忆

177　京派文人的生死爱欲

181　军阀阎锡山的精神世界

184　"先知"杜亚泉

188　钱穆与老北平的文化世界

192　殷海光记忆中的西南联大

195　水木清华的流光碎影

204　作为启示录的《林氏家风》

第五辑　艺文

209　诗意地栖居是如何炼成的？

212　《大公报》与京派文人的文学梦

216　花果飘零的诗文世界

220　来今雨轩的前世今生

223　林徽因与"太太的客厅"

227　鲁迅与黎烈文的一段情谊

230　文化上海的历史记忆

第六辑　书话

237　徜徉中的晚清知识人

240　晚年胡适的知人论世

246　把名字写在水上的何兆武

250　学人本色许倬云

254　从日常生活中拯救知识人的历史

258　书生论政的历史剪影

262　接续民国史学传统

267　知士论世的史学

278　我们的大学史该如何书写？

283　**附录**

象牙塔与百乐门
　　——民国上海的大学生"禁舞"事件考述

300　穿越民国时光的交叉小径（代后记）

新一代学人在挣扎中
奔突而出的新学术（代序）

钱理群

我和唐小兵只见过两面。第一次是2003年我退休后到复旦大学讲学，唐小兵也刚考到上海读研究生，就来听我的课，后来写了一篇《与钱理群相遇》，其中谈到了我面对"精致的冷漠和世故的清醒"的青年听众所感到的寂寞与尴尬，给我留下了很深的印象，将其收入了《钱理群讲学录》一书里。再就是一个多月前，已经在华东师范大学任教的唐小兵，从上海到北京开会，特意来找我聊天，像老朋友那样，畅谈了一下午。他将刚出版的第一本随笔集《十字街头的知识人》送给我，以后又寄来了这本《与民国相遇》的书稿，希望我为之写点什么。我欣然同意了。之所以答应得如此爽快，是因为我一直在关注唐小兵这一代学人，并且看好唐小兵，他的"初出茅庐"之作自然引起我的兴趣，并且有话可说，要说。

这需要从十七年前说起。1998年我给自己的研究生和访问学者做了一次谈话，题目是《沉潜十年》(文收《我的教师梦》)，要求他们"一定要'沉静'下来，即'板凳甘坐十年冷'，着眼于长远的发展，打好做人的根基、学术的根基，而且要'潜入'下去，潜到自我生命的最深处，历史的最深处，学术的最深处"。以后，这就成了我和青年交往的主要话题。例如2004年以及其后数年间在烟台大学等高校做《漫谈大学之大》的演讲,同年和青年志愿者谈"我们需要农村,农村需要我们"时（文收《致青年朋友》）,也都反复告诫在读的大学生、研究生"应该把目光放远一点,不要迷惑于眼前的一时一地之利,更应该摆脱浮躁之气",要"学学大侠的定力,排除一切干扰,不为周围的环境、气氛、舆论、时尚所动,气定神闲,我行我素","在苦痛的沉默"中"沉潜十年",并一再表示,"我把希望寄托在十年后发表自己的意见的那一批人身上,我十分关注他们,或许他们才真正决定中国的未来。中国的希望在这批人身上,而不在现在表演得很起劲的一些人,那是昙花一现！"

我把希望寄托于当时二三十岁的大学生、研究生,即"七〇后""八〇后"的青年,是基于对我自己这样的20世纪50年代的大学生,即"三〇后"这一代,和"文革"时期的大学生、中学生,即"四〇后""五〇后""六〇后"的失望与不满。这样的不满,首先是知识结构上的,在《沉潜十年》的谈话里,就谈到"我们这些五六十年代的知识分子,是在'批判封（建主义）、资（本主义）、修（正主义）'的文化背景下成长起来的,不仅因为不懂外文,对于西方文化了解甚少,对西方现代文化甚至处于无知状态,而且古文的根底也很差,于古代传统实际上是不熟悉的。这些年虽有些弥补,但却不可能根本改变这样的知识结构上的先天不足",而"比我们年轻的,成长于七八十年代的,也是目前学术界最活跃的这一代学者,他们中除少数人古代文化的基础较好,大多数也是80年代先打下'西学'的基础,到80年代末以后,才来补'中学'的课的"。而更让我不满和忧虑的,是精神境界的问题。我曾自嘲说我们这一代是"没有文化的学者,没有趣味的文人",和我们的老师辈（即唐小兵这本《与民国相遇》讨论的民国那一代学者）的差距是十分明显的。而对当时被称为"第三代学人"的四〇、五〇、六〇后那一代,我在表示对他们"怀有极大的期待"的同时,也有严峻的观察。在1997年写的《我们欠缺的是什么》（收《压在心上的坟》）一文里，专门谈到了"文革"的失误造成的"历史的阴影在这一代学人精神气质上的消极影响"："如有的学人（不是全体）身上或明或隐的霸气（对异己者的不相容），以至流氓气（把政治、经济斗争的手段用于学术，习惯于使用权术）；有的学人从消极方面接受教训，显示出自我精神境界与学术境界的褊狭和拘谨，或自觉、不自觉地依附（美其名曰'利用'）权势，趋同潮流，等等。"可以看出，无论是对自己这一代，还是下一代，我的不满，都不在个人，而是要检讨"由于本世纪（指20世纪）我们民族的种种不幸遭遇，也包括自身的失误，由几代人组成的中国现代知识分子的整体素质上存在着一些根本性的缺憾"，我强调，"对此必须有一个清醒的自我反省"，"我们正应该从'自我否定'开始，迈开走向新世纪的步伐"。

因此，我在20世纪与21世纪之交再三呼吁年轻一代"沉潜十年"，并将希望寄托于七〇、八〇后这一代，其实是期待在新世纪有一个较好的学术生态和生存空间，新一代的学人能够无论在知识结构，还是精神气质上获得更为健全的发展，使知识分子整体素质上有一个根本性的改变。在我看来，这是中国知识分子能否在历史转折期的中国发挥应有的作用，中国的思想、文化、学术能否获得健康发展的关键。

但以后的事实发展，却证明了，我的这一期待，不过是一场美好而不现实的梦，本身就是我的理想主义、浪漫主义的精神气质的弱点的一个大暴露，这又引起了我的新的反思。在2008年北大110周年校庆时，我发表了题为《寻找失去的大学精神》（收《致青年朋友》）的讲话，谈到我期待的年轻人"沉默十年"后开始发言时，我却在他们中间发现了"精致的利己主义者"，"他们有很高的智商、很高的教养，所做的一切都合情合理合法无可挑剔，他们惊人的世故、老到、老成，故意做出忠诚姿态，很懂得配合、表演，很懂得利用体制的力量来达成自己的目的"，最大限度地维护"一己的利益"，这已经成为"他们的言行的唯一的绝对的直接驱动力"。我当然知道,这样的"精致的利己主义者"在十年后崛起于思想文化学术教育界的年轻一代中,只是少数,但他们的能量极大。坦白地说,这是我呼吁"沉默十年"时,绝对没有想到的:这里所发生的,正是"播下的是龙种,收获的是跳蚤"的悲喜剧。

我的这个讲话在当时没有引起注意,却在几年后突然在网上传开。这也是我没有料到的,也因此引发了新的思考:这一切是怎样发生的?这也是我读唐小兵的《十字街头的知识人》首先想到的。小兵所谈到的"高校青年教师群体"的生存环境,提醒我注意到,新世纪学术生态的变化,这可能是关键所在。

不可否认,和我们的时代相比,唐小兵这一代学人的成长环境,还是有许多历史的进步的:对世界文明和中国传统文明的开放心态,随着经济的发展知识分子的生存状态的改善,教育与科研的发展,和平建设的社会氛围,都使得年轻一代在知识结构上显然比我们更为合理,在视野的开阔、精神的自由、思想的解放上都有长足的进步。但同时,更应该正视的,是新一代学人面临的学术生态环境并没有发生我所期待的根本变化,反而出现了更为严峻的问题。据小兵的研究和我的观察,大概有以下几个方面。

首先是小兵所说的,高校青年教师这个群体,"因其在学术链条中的低端位置而伴随的低收入和高强度的工作量,以及他们(尤其是人文学科)因知识追求而形成的高度敏感个性,这群人除非内心特别强大的或者极度超脱的,容易感受到生存环境与社会(包括家庭)期待之间的触目的落差,以及由此带来的无助感甚至耻辱感"(《高校青年教师群体:精神贵族还是知识工人》)。我在前述《寻找失去的大学精神》的演讲里也谈到,高校的青年教师"实际上已经成为学校里的弱势群体。当今的中国大学,即使是教授也缺乏独立的利益诉求和自由表达的权利,以及参与学校各级行政领导的选聘、参与决策过程、制定游戏规则的权利,教授因其学术地位还有一点有限的发言权,而青年教师连学术上的发言权都没有,这种状况严重影响了教职员工的积极性,成为束缚教学和学术生产力的主要原因"。

这里已经涉及教育的行政化、体制化问题。唐小兵文章里引述的应星的论述是同一个意思:"自20世纪90年代中期尤其是自新世纪以来,随着中央财力的大大增强,国家调整了对学界的治理技术,一方面加大了对学界的资源投入,另一方面通过'数目字的管理'增强了大学的行政化,以包括各级课题、基地、学术点、奖项等在内的各种专项资金来有意识地引导学界。如今,大学已经成了一个新的淘金之地","学界腐败之深已不亚于商界和政界,而尤有过之的是,学界的腐败却很少受到体制的追究"。小兵对此深有体会,他认为这样的行政化、体制化导致的学术腐败,"确实是支配当代中国学院和科研机构的基本逻辑。青年教师正是处于这种坚硬的现实之中,在这种数字化管理的驱逐之下,高校已经公司化,以竞争体制内的资源为主要目标,高校青年教师就成为学术生产的主力军",他们面临的选择,不是充当"知识工人",甘愿受剥削,就是设法挤进既得利益集团,分得一杯羹。

说到高校既得利益集团,又涉及应星文章里谈到的"学界新父"。我在1997年谈到第三代学人中某些人(当然不是全体!)的霸气、流氓气,对权势的依附,在他们掌握了与行政权力相结合的学术权力以后,就自然成了这场体制内资源争夺战的优胜者、既得利益者。他们在现行国家与教育体制里,实际扮演了两个角色。一是作为"社会活动家型、政治活动家型的学者",实际上充当了鲁迅说的"官的帮忙帮闲""商的帮忙帮闲",他们也借此获得或强化了自己的学术统治地位。二是作为垄断学术权力的"新父",掌握学术选题、立项、评定和职称审定的生杀大权,在学术圈内实行家长式的统治。唐小兵有篇文章《学术批评的潜规则》,谈到了学术会议上的学术评议的圈子化、等级化、形式化及单向化,我也终于明白了自己这些年总要逃避学术会议的原因。但在学院求生存的年轻学人却不能逃避,而必须遵循"学术江湖"

的潜规则，如小兵所说，这样的"学院自身的逻辑和规则"对学术正常发展的阻碍，是不能简单地归之于外部环境的。小兵总结说，"青年教师就生活在由刚性的课题管理体制和柔性的父权式（家长式）人际结构构成的学院文化之中，他们在学术上和精神上要实现双重的突围，何其困难！"读到这里，我仿佛感到一股冷气袭来：我终于懂得我寄以希望的七〇后、八〇后的学人在他们出山以后的选择的艰难与不尽如人意的原因了。

这里的关键，还是一个信念的问题，即对于精神、思想、人性，对于历史、学术，有没有一个基本的信念，以至信仰；能不能从精神的坚守，思想的自由驰骋与学术的苦心探讨，历史真相的追索中感到兴趣、快乐，获得生命的意义与价值。我曾经说过，对于学院派的学者，"学术本身就构成了生命中自足的存在"，不需要从学术之外寻找乐趣、意义和价值。我因此对年轻的研究生说："如果你当了三年研究生以后，不能从学术中感到快乐，你无法迷恋于学术，这就说明学术研究工作不适合你，那我建议你放弃学术，赶紧改行。这是很自然的选择，也不要不好意思。我们自有自己的学术尊严，但也不必把学术研究神圣化、道德化。不能认为，放弃学术研究，就背叛了学术，就是精神的庸俗化。学术研究，不过是一批痴迷于学术的人进行的精神劳动。坚守学术，因为我感到快乐；享受不到快乐，就走人。事情就是这么简单。"（《学术研究的承担》，收《重建家园》。）

也就是说，我们既要面对学术生态恶化，学人分化这些严峻的现实，但也要以平常心去对待。最重要的是要清醒。必须有自我反省意识，清醒地认识到，在学术生态没有根本改变、知识分子整体素质的根本性缺憾没有得到有效改正的情况下，中国的学术，特别是人文科学，是不会大有作为的；而有了清醒于自己"不能做到什么"的前提，反而可以更清醒地知道自己"能够做什么"，而且这个"做什么"的空间和余地，还是相当大的。唐小兵的研究本身就说明了这一点。我们也终于可以讨论小兵的这本《与民国相遇》了。但这篇文字已经写得太长，也只能简略地说一说。

这不是正规的学术著作，是研究过程中随手写下的学术小品，但也表明了小兵正是他在书中一再提到的阿伦特所说的"认真对待文化的人"，"知道如何在古往今来的人、事和思想中，选择他的友伴的人"。因此，他在写《与民国相遇》时，是有两个自觉的追求的。一是从民国学术前辈那里，汲取现实生活中失落的学术精神和方法资源。比如《接续民国史学传统》里用韦伯的话形容华东师大历史系王家范老师的"研究状态"："没有圈外人嗤之以鼻的奇特的'陶醉状态'，没有这种'你来之前数千年悠悠岁月已逝，未来数千年在静默中等待'的壮志，你将永远没有从事学术工作的召唤"；并将先生的治史经验归结为"材料"与"思想"两条，"前者是苦功，后者是灵性，判断和联想的能力"，因此，"太乖巧而不刻苦的，难成为历史学家"，"刻板而缺乏思想，不敢独立思考的，就很难成为出色的历史学家"。小兵情不自禁地说："善哉斯言！"他是把这些看似常识，却很难做到的学术基本功学到手了。但小兵更要做的，是寻找适合自己的研究之路。比如他提出要"穿透意识形态的重重迷雾，而窥知历史与人性的真相，进而呵护生命之尊严与自由"（《学人本色许倬云》）；要追寻"潜伏在历史人物内心世界的蛛丝马迹"（《毛彦文的感情世界》），探索"解读历史人物精神世界和政治实践的新途"（《宋教仁与道德严格主义》）；要关注"宏大叙事"所忽略的"小人物的情感与记忆"（《书生吴宓的辛亥志》），书写大时代的"另类历史"（《摩登上海的另类历史》）；要通过"别出心裁的小叙述"，揭示"波澜壮阔的政治过程背后'失踪了的历史'"（《从日常生活拯救知识分子的历史》），开拓新的研究领域：知识分子、青年学生、普通人的日常生活（《我们的大学史该如何书写？》），公共舆论空间（《民国报人的风骨》），文人交往的公共空间（《"单身汉"金岳霖的美好生活》《林徽因与"太太的客厅"》《文化上海的历史记忆》);以"史识"为历史研究的"灵魂",而"史识"又"建筑在广阔的知识结构、恢弘的历史视野、扎实的文本细读、深邃的历史思辨与苍凉的现实感等等之上"(《知士论世的史学》),等等。应该说,所有这些追求都贯穿于全书的写作中,这就使得这本原是研究"副产品"的小书的背后,有了一个更为丰厚而远未完全展开的研究新天地。我读了以后,既感到新奇:书中谈到的许多方面,都是我过去在研究中未曾注意的;又感到亲切:在学术追求上我们确实有许多相通之处。我曾经说过,我们的历史研究的最大问题是"只有历史事件而无人;或者有历史伟人、大人物,而无普通人、小人物;有群体的政治,而无个体的心灵世界"(《"遗忘"背后的历史观和伦理观》,收《幸存者言》)。我因此确定自己的文学史研究、历史研究,"关注、研究的中心,始终是人,人的心灵与精神。是大时代里的人的存在,具体的个体生命的存在,感性的存在","我要处理的,始终是人的生命存在本身,存在的复杂性与丰富性,追问背后的存在的意义与人性的困惑","而我的写作,也始终追求历史细节的感性呈现,具有生命体温的文字表达"(《大时代里的个体生命——钱理群作品精编总序》)。现在我在小兵的新书里,也看到了类似的历史观念与写作,真有如获知音之感。这大概也是反映了当下中国学术研究的真实状况:尽管每一个坚守学术的个人,都是孤独与寂寞的;但也总能找到同道者,也就能够在相濡以沫中,一路挣扎着奋力前行。在总体上我们多少有些悲观、困惑;但进入具体的研究,我们又总能陶醉其间,享受创造的乐趣。让我们就在这挣扎与享受中坚守下去罢。

2015年11月6日至8日

第一辑 书生

岂有文章觉天下？

　　1922年6月4日，胡适在其与丁文江等同人编辑的政论刊物《努力周报》上发表了一篇题名为《政论家与政党》的文章，此文可作为理解民初自由派知识分子普遍心态的文本。简而言之，见证过议会共和政治的挫败，胡适等人对政党政治产生了一种强烈的抵触情绪，大都认为政党政治与议会选举往往导致的是政治的混乱、社会的失序与道德的窳败，而在《努力周报》创办前后，所谓好人政府组阁的铩羽而归，又让胡适等人对入阁做官（即传统士大夫的"学而优则仕"）直接参与政治运作乃至改变政治体制失去了耐心与想象，这样的政治见证与政治参与的双重挫折的后果，就是知识人认为必须回归高等学府，以大学为空间，以报刊为平台，以知识为基础，创造理性的舆论来渐进地塑造公民文化，培育公民美德，这才是创造美政良俗的必由之路。傅斯年曾经在一封致胡适的书信中掷地有声地宣言：知识分子在这个动荡年代的选择应该是"与其入阁，不如组党；与其组党，不如办报"。

　　胡适在《政论家与政党》一文中区分了三种类型的政论家，一是"服从政党的政论家"，就是所谓"党的喉舌"；二是"表率政党的政论家"，这些人是政党内部的成员，并不代表一党的全部党员，只代表一党的具有先进性和反省能力的思想阶级；最后一种是"监督政党的政论家"，这种类型的政论家才是胡适等知识人所认同的社会角色，也是他们在大学教授身份之外最愿意扮演的社会角色。这种政论家的特征就是："只认是非，不论党派，只认好人与坏人，只认好政策与坏政策，而不问这是哪一党的人与哪一派的政策：他们立身在政党之外，而影响自在政党之中。他们不倚靠现成的势力，而现成的势力自不能不承认他们的督促。"胡适所标举的政论家这种超然独立的个性，以及他相信政论家影响巨大，"一言可以兴邦，一言可以丧邦"，因此写作政论要持哀矜谨慎之态度，发持平公正之言论，这些也许在今人看来，是胡适过于单纯天真的表现，可回到民初的舆论环境，尤其是20世纪20年代各种主义依傍政党力量崛起的时代氛围之中，就可以体会到胡适主张舆论应代表公意和理性，而不能被私利、党见所绑架的良苦用心。

李大钊在民国初年的一篇政论《是非篇》中描述了一种在政治力量主导下的表面多元、其实纷扰的话语喧腾：

> 今之以言论号召于天下者，多挟其党见之私，黄钟瓦缶，杂然并作，望风捕影，各阿所私。上焉者或无成见存于其间，只以同异之党伐，而正直之灵明，深蔽牢锢，遂不自知其失当，伺瑕蹈隙，抗辩攻讨；下焉者则如桀门之犬，嗷嗷吠尧，不惜出违心之论，肆口罗织，国体之荣辱，人格之保丧，外界之非笑，均所罔顾，惟以博其主人私党之快意。此以是相寻，彼以是相报，是者非之，非者是之，反唇相诋，循环无已，驯至恶声遍于国中，士庶之听闻，亦因以大惑。

当言论成为政党意见的延伸，而超然于政党利益的舆论却缺乏表述空间的时候，公共性的言论空间自然就受到挤压，最后造成的结果就是李大钊所担忧的"此亦一是非，彼亦一是非，各是其是，各非其非，真理大义，暗而不明，郁而不彰，世人为所迷瞀，亦各因其所欲焉"。这时候，对话和倾听就不再可能，共识更成为痴人说梦，独白性的宣传话语成为一种压制异己的力量。只有在这个意义上，我们才能理解，为什么"笔杆子"象征的符号暴力,在近代中国会与"枪杆子"所表征的军事暴力相提并论,前者是后者合法性的论证,而后者是前者所向披靡的后盾。光有前者,就会成为软沓无力的文人论政,只有后者,就会师出无名被讥笑为一介武夫。

民国记者徐铸成曾在回忆录《报海旧闻》中说,20世纪20年代前报刊上的评论,多半是《太上感应篇》式的不着边际,空泛无物,即使政论家如孟心史、颜旨微之作,也只是就一个时期的形势加以剖析论断。严格说,只能说是政论,不是新闻评论。徐铸成的这段评论切中了近代中国报刊言论的一个"命门",言论是政治见解的宣讲,而不是对新闻事件的评论,正因为此,政论常常成为尖刻的意识形态之争,尤其当政论背后站立着排他性的主义之时。主义往往让论说者理直气壮,主义也常常让论说者充满"傲慢与偏见"。

即此而言,亲历民国舆论史的学者萧公权关于"言论自由"与"自由言论"的区分,为我们反省民国的言论与自由及心态之关联,提供了一个有独到见解的视角:

> 夫言论之不自由,固为目前不争之事实。然徒知提倡言论之自由而不努力培养自由之言论,则其论亦不免褊狭之病。何为自由之言论?发自独到之思考,根诸事理之观察,尊重他方之意见,而不受自己感情之支配,或他人主见之指使者是也。吾人试一检时人之言论,其能虚心持平以立说,合于上述标准者固不乏其例,而意气用事之谈,褊狭无容之见,亦触目易见。异己者势欲打倒,同调者奉若神明,圆通宽大之风度,渺乎其不可寻。此种入主出奴,反自由精神之论,以较压迫言论者之器识与见地,实无殊于一丘之貉。且言论自由而无理智之修养以为根基,则各自是以相非,群言淆乱而不能收切磋之益。观其欲以一人之私见,易天下之耳目,其用心与独裁者之统制思想何以异。使与之易位而处,其行为殆亦不能殊也。

这段话诚应为争言论自由者自我警醒!

学人论政《大公报》

1953年1月7日，年逾花甲的胡适在"台北市报业公会欢迎会"回忆道："《大公报》的'星期论文'，就是我替张季鸾（1886—1941）先生、胡政之先生计划的。请《大公报》以外的作家每星期写一篇文章，日程也都由我代为排定。这样，报馆的主笔先生每周至少有一天休息。这种方式旋为国内各报刊所采用。"而事实上，最早提出开辟"星期论文"专栏的是当时《大公报》的主笔张季鸾。他当时的用意是："一是每天要发一篇社评，多数由他执笔，负担过重，组织社外人士撰写星期论文，每星期他可以少写一篇社评。二是加强与文化教育界的联系，扩大在学术界与青年学生中的影响。"《大公报》研究专家（系《大公报》人）陈纪滢也说过：《大公报》鉴于全国最高学府拥有专家学者无数，而社会各阶层均有饱学之士，这些人构成国家之文化动力。他们对国是与各种专门问题都有卓见，隐藏于脑海之间，有的人喜欢写文章发表议论，有的人则须催逼而成。尤其在国难蜩螗，全国需要竭尽智慧，以挽救危亡之际，更应以专家的学识，以贡献于全国。因之，于民国二十二年秋发起刊载'星期论文'，以代替社评。"

1933年年底，张季鸾与《大公报》另一主笔胡政之联袂到北平，在东兴楼饭庄宴请北平文化教育界人士数十人，为即将开辟的"星期论文"约稿。席上特别说明稿件除抵触法律外，决不干涉内容，不更改字义，以尊重作者。胡适作为当时北平文化教育界的领军人物，自然在《大公报》与北平知识界的这次合作中发挥了主要作用。1934年12月20日，他在给傅斯年的信中说："我也觉得《大公报》的星期论文是值得维持的，所以不但按期作了，还替别位朋友'枪替'了好几次。"可见，从在《大公报》创设"星期论文"专栏的1934年直到1953年，《大公报》的"星期论文"在他的心目中始终占据着一个特殊的位置，而他对"星期论文"也持认同和维持的态度。不仅作为该栏目精神领袖的胡适如此，而且很多学者和读者都迅速认可了"星期论文"。据陈纪滢回忆："'星期论文'兴起后，引起全国注意，尤其知识界到了星期天，无不争看这个礼拜是谁写的。其中的确开启了中国专家学者在报纸上发表议论的先河，更为读者广辟吸收知识的园地。"

1934年1月1日，《大公报》在要闻版上以显著地位加框刊出了"本报特别启事"："本报今年每星期日，敦请社外名家担任撰述。'星期论文'，在社评栏地位刊布。现已商定惠稿之诸先生如下：一、丁文江先生；二、胡适先生；三、翁文灏先生；四、陈振先先生；五、梁漱溟先生；六、傅斯年先生；七、杨振声先生；八、蒋廷黻先生。"胡适的名字赫然列在首批担任撰述的"社外名家"之列。紧接着，在1934年的第一个星期日即1934年1月7日，胡适率先发表第一篇"星期论文"：《报纸文字应该完全用白话》。在该文中，胡适首先概括了当时中国的新闻纸的发展趋势："近几年来，中国报纸的趋势有两点最可注意：第一是点句的普遍；第二是白话部分的逐渐增加。这两件事其实只是一件事，都只是要使看报人容易了解，都只是要使报纸的文字容易懂得。"胡适肯定了《大公报》在采用白话文方面的功绩："在《大公报》的六版半的读物之中，白话只占百分之三十八。然而从日报的历史上看来，这样的比例也就很可以使我们乐观了。十六年的工夫，能使日报的文字变到百分之四十的白话化，这不能不算是很大的进步了。"

而在"星期论文"开辟前的1931年5月22日，《大公报》出满一万号，胡适的贺辞《后生可畏》把《大公报》比喻成一个快速成长的"小孩子"（相对于历史更加悠久的《申报》等），并毫不吝啬地给予了赞美："然而这个小孩子居然在这几年之中，不断地努力，赶上了那些五六十岁的老朽前辈，跑在他们的前面；不但从一个天津的地方报纸变成一个全国的舆论机关，并且安然当得起'中国最好的报纸'的荣誉。这真是古人说的'后生可畏'了。"胡适也提出三个问题，第一个问题就是："在这个二十世纪里，还有哪一个文明国家用绝大多数人民不能懂的古文来记载新闻和发表评论的吗？"对胡适的批评，张季鸾在当日发表的《一万号编辑余谈》中谦虚地接受，并承诺道："适之先生嫌我们不用白话文，所以我们现在开始学着用白话文。"当时胡适对《大公报》的批评主要的指向是学衡派的主将吴宓主编的《大公报》"文学副刊"。胡适在1933年12月30日的日记中写道："今天听说，《大公报》已把'文学副刊'停办了。此前是吴宓所主持，办了三百一十二期。此是'学衡'一班人的余孽，其实不成个东西。甚至于登载吴宓自己的烂诗，叫人作恶心！"

在胡适的书信和日记中可以发现，他对社会影响力日益增长的《大公报》非常重视，而且对它有着一定的认同。而这种认同主要与他对以自己为核心的所谓"胡适派学人群"的角色定位有着一定的关联。这种自我认同在1933年4月8日他坚拒汪精卫请他担任教育部长的回信中体现得非常明显：

> 我所以想保存这一点独立的地位，决不是图一点虚名，也决不是爱惜羽毛，实在是想要养成一个无偏无党之身，有时当紧要的关头上，或可为国家说几句有力的公道话。一个国家不应该没有这种人；这种人越多，社会的基础越健全，政府也直接间接蒙其利益。我深信此理，故虽不能至，心实向往之。以此之故，我很盼望先生容许我留在政府之外，为国家做一个诤臣，为政府做一个诤友。

百无一用是文人?

20世纪30年代初期上海的《申报》"自由谈"副刊除了面向威权主义政治的批评话语外,也弥漫着对文人作为一个社会阶层存在的必要性的深度怀疑,千古文人侠客梦的豪迈,变成了百无一用是书生的幽怨与自怜。这种对文人阶层的否定与批判,自然与余英时先生所言的近代中国知识分子的自我边缘化大有关系,深究这种自我边缘化的前因后果,又会发现其跟20世纪20年代政党政治的崛起有隐蔽的关联。在政党文化的挤压之下,自由自足的自我已经越来越没有社会空间。左翼文人徐懋庸在题名《"读书人"》的杂文里说:"所谓'读书人',正和'第三种人'一样,本不能算作特别的一种人的,至于在今日以'读书人''知识分子'自居,与生产劳动游离,而不以为憾,至以为自己于社会有用的人们,则实在可以蔑视。他们咬文嚼字,连他人的文章的意思都看不懂,口说着未来的社会,而连友人和敌人都分不清,然而,这些人对于社会的用处在哪里呢?"徐在这篇文字里也提到了读书人的"游离",并且用一种阶级分析的方法来判断文人之有用与否,可以说已经隐隐然露出了政治规训文艺的先兆。

"读书人"已经成为急剧变迁的大时代的"多余人","无用"的意识深深地困扰着这些追求对民族国家有用的知识人。曹聚仁直接地把"书生无用"这个话题推向了《申报·自由谈》的作者和读者，他先是引述汉宣帝的故事、《水浒传》和《儒林外史》里的故事，说明无论是帝王、绿林好汉还是读书人自己，都认为书生是不中用的，是于社会人生无益的"点缀"，是没有力量去掌控自身命运的阶层。最后，他引用屠格涅夫的小说《罗亭》的主人公罗亭的自责信来说明书生无用的普遍性：

  我的天分似乎并不过薄，不过我的能力不足，所以不论什么都不能成就。即有天赋，毫无用处，即使下了种子，不是一定都有结果。在我，没有能力使人们感动，尤其是没有能力使女人注意。只靠一点知识，是毫无益处的。很想热心地运身做事，但是事实上丝毫不能实现：我的命运，真是可怜可笑！

与此形成对照和呼应的就是《申报》上大量对于知识分子出路的讨论。出路与文人的生活困境相勾连，正是因为当时的上海文人普遍陷入困顿之中，才有对于出路的探讨。《申报·自由谈》的一篇文章在讨论了20世纪30年代中国的局势（包括贫富分化、阶级冲突、国难深重等）后，认为对这样剧烈的历史变动，"就中，最切身感到的，便是濒于没落的中产阶级，而一般文人，大都是属于这一阶级的，因之一种悲哀已深入了他们心中，虽有国难当前，仍不能有慷慨激昂的作品，而幽默之流行、怨苦之流露，乃不可免。许多人讶奇在中国的这种现状之下而不产生可歌可泣感动人心的创作，倘使明白了文人的处境，就可知道自有必然之理了，切身的生活问题，究竟是第一义。"

"悲哀"与"怨苦"确实是当时多数文人内心最切实的体会，两者都生发于应对日常人生的无力感与无助感，更别说从狭窄的人生挤出一条心路，去关切社会、国家的根本问题了。古人说文章是"穷而后工"，可那是针对一个生活成本较低的农业社会而言，对于生活在20世纪30年代摩登上海的文人来说，多数的结局是"人穷志短"，作文的格局与气象都大受限制,"自由谈"的某些文字确实显示出一种狭隘、逼仄、浅薄之征象。在一篇讨论知识分子出路的文章里,作者用挖苦的语气写道:"我以为最先要打破他们的'学问万能''品格高尚'的传统思想,而且要改辕易辙地从体力劳动或生产工作上进行,男的不妨去当'茶房'之类,女的不妨去当'娘姨'之类。但在'市场日窄'的现状下,我也怀疑着我的方法之是否有效?"

林语堂在《申报·自由谈》上发表过一系列讨论"方巾气"的文章,其实质是讨论知识分子的"道学气""书呆子气",他强调其创办《人间世》《论语》等小品文刊物的目的,就是"间接增加中国文学内容题材或格调上之丰富,甚至增加中国人心灵生活上之丰富"。《申报》的一些作者受此启发,从文人去除"方巾气"的角度来探寻其出路。一篇题名《谈谈方巾气》的短文这样分析读书人的困境:"读书公子,不能再永久地住在象牙塔中,'米珠薪桂'的问题,不能不迫着他们来到十字街头,但是他们除了读书而外,并无谋生技能,于是只有彷徨,流离无聊,倘若去度劳动的生活吧,因着传统观念很深,有失体面的事,绝不肯为,所以终日只有感慨系之,而这种生活,在内心是比乞丐更苦。"同样地从象牙塔走向十字街头,北平的胡适等自由派知识分子,是因为不能忘情于民族危机和政治抱负,而或近或远地离开象征象牙塔的大学,步入政坛或直接议政,他们基本上不太需要为柴米油盐发愁,而上海文人所谓的象牙塔更多的是指涉他们蜗居的亭子间,或者说他们内心持守的读书人的文化身份,他们来到十字街头却更多的是迫于生活的无奈。前者在学术与政治之间徘徊,而后者则是在生活世界与符号世界之间游离,也正因为如此,后者的内心更苦闷、更绝望。

这篇短文引来阿龙在《申报·谈言》上的回应,阿龙认为读书人的苦闷主要是因为他们死死地守住"虚妄的自尊"不肯放手,就像穷困潦倒的孔乙己总要穿着长袍,来显示他与咸亨酒店里短衣人的身份差异一样。作者直接建议道:

试问为什么不肯把此衣服脱去呢？因为我是上等人，我是读书人，我是体面人，若着短衣，便有失身份，便变成下等人，亦是"饿死事小失礼事大"的一种懵懂观念，我再问上等人与下等人其阶级果然分别在长衣和短衣么？假定你是毫无人格的人，无论你衣服着得十分漂亮二十分道地，总是"下作"，若你是有人格的人，就是短衣，恐亦无伤大雅，就再拿事实来讲，现在为实利主义的时代，样样式式趋重实际，不尚虚文，为什么又便利又省料的衣服不穿，偏要去穿累赘不堪的长衫袍子呢？

相对于这种执着于书生气的上海文人，另外的一批知识分子早已意识到时代的变化，而开始自觉地抛弃传统的身份与社会角色，自动地向工农阶级靠拢，以体力劳动洗涤灵魂，并发出我"为何还不是一个工人"的浩叹。这批更为激进的左翼文人就没有如上述的读书人那么大的内心挣扎。

众声喧哗里的文人无行

民国时期上海的文艺界,在政治压迫、资本利诱、生活煎逼等多重因素的冲击下,经常会形成对文人阶层强烈的批判意识,这种高调的道德批判铿锵一时,却往往无疾而终,也形成不了正面的累积效应,反而进一步刺激了知识阶层的自轻自贱情绪,同时,由于这些批评性的文章基本上都是将别人作为"道德标本",而将自己作为先天免疫的"精神医生",因此这种匮乏自省意识的文章往往并不具备振聋发聩的精神力量,换言之,这种批评性的话语并未促进一个积极自我的内在转化,反而是不断掏空上海文人的精神底色,被清空的个体自然就必须寻找各种主义来填塞。章克标在发表于《申报·自由谈》的《文人》篇中认为文人只是"盛世的点缀品而末世的杀头胚而已",在他看来,文人是最具有依附性的社会阶层,换言之,文人是社会的"寄生虫","文人是顶势利不过的,他们顶拿手的是颂扬咏赞,见着荣华富贵的地方,就会显他们得意的身手。当太平盛世,正是文人歌功颂德的时候,也是他们可以享福的时候,因为天下富裕,的确可以豢养他们这一批寄生虫。"而到了末世,文人变讴歌为咒骂,也是因为所依附的权贵,无法再提供他们安逸的生活。这用鲁迅的话说,盛世和末世对于文人来说,就是"做稳了奴隶的时代"和"想做奴隶而不得的时代",时代虽不一样,而奴性则大同小异。自然,上海文人对于自身身份的否定,最主要的并非来自对于传统中国文人根性的洞察,而是发源于对上海文艺界人士的言行举止的观摩。

在谷春帆写的题名为《文人无行》的短文里,作者愤慨地指出:(上海)"所谓'文人',想得出,做得到,种种卑劣行为如阴谋中伤,造谣诬蔑,公开告密,卖友求荣,卖身投靠的勾当,举不胜举。而在另一方面自吹自擂,觍然以'天才'与'作家'自命,偷窃他人唾余,还沾沾自喜的种种怪相,也是'无丑不备有恶皆臻'。"

除了对于文艺界这种内讧、告密的批评外,部分文人热衷做官而斯文扫地,也引起了激烈的讨论。《申报·本埠增刊》发表了一系列文字,揭示当时文艺界的某些人士利欲熏心、到处钻营的真相。一篇题名为《今日的文人》的评论指出:

> 今日的文人,其想做官的强度,恐比古人要超胜千倍万倍,因为现在的官大有"僧多粥少"之慨。一介文人,全靠了满脑袋的智识,若想插进去,那是根本不行,而又因"歌功颂德"的求官法,早已不通行于今日,于是便妙想天开,进一步以玩拍卖灵魂的勾当,于是便有昔为普罗作家的文人,摇身一变,尽可赫赫然而当县长,昔为××党员的尽有在旦夕之暂,被收买而做督察官吏,这一类的人,原是滔滔者天下皆是。文人而至此,气节本已荡然无存矣。

气节本是对于古代士人的道德要求,而在传统中国,读书人做官是天经地义,读书人也只有跻身仕途才可能实现修齐治平的政治抱负,而到了科举制度废除后的20世纪30年代,文人做官(或者说知识分子从政)却在某种程度上成为丧失气节的表征,尤其是那些标榜革命与进步的文人的"变脸",更是让人深以为耻。

发表于《申报》同一个栏目的另外一篇文字,则重点讨论了文人的"名利思想",认为受传统"君子喻于义,小人喻于利"的影响,文人一般不会直接公然地"谋利",但往往在如何"出名"上挖空心思,作者说,"因为'自我'的'名'作祟,除了拿出'货色'来以外,便不得不使些手段。'标榜'与'相轻'便是'不二法门'。'标榜'可以自成堡垒,携手'登龙',算是得了'互助学说'的三昧。'相轻'却是'敌人相见,分外眼红',非混战三十回合,见个高低不可了,这或者就是达尔文的'进化论'吧。"这篇文字描述了上海文人的各种成名招数,其实质是暴露了所谓文人背后的伎俩与目的。

上述这些文字,大都是从当时上海文艺界的一些现象入手,来就事论事地讨论文人之所以如此道德衰败的原因,简单地说,就是名、利、权三者的合力导致文人失节,丑相毕露。这是一种外向批判的话语模式,批评者与被批评者似乎处于两个对立的阵营,也正因为如此,这种类型的批判虽然具有道德义愤,却缺乏触及自我灵魂的深度。当时的上海作家曹聚仁从阅读民国记者黄远生的《忏悔录》,感受到的却是对于自身灵魂幽暗的愧疚。他从晚清以来知识分子的历史中看到"文人无行",因此就更具有一种历史的张力与厚度:"我觉得知识分子最靠不住,固然善于义愤填膺,同时也最会卖身投靠。梁启超推许杨度为最有血性的青年,而捧袁世凯上皇帝宝座的却就是杨度;在上海做爱国运动领袖的赵欣伯,他现在在那儿做第一号汉奸;如黄远生所自述,他自己做学生代表,自己先去投考所谓'专制'的南洋公学。知识分子的游离意识最可怕的,把五四运动的学生代表,当作纯洁的社会运动来描写,那是最危险的;知识分子自己会忘记自己没落的暗影,而一般人也会把什么运动都交托知识分子去倡导。还是那句古话不错:'秀才造反,三年不成。'学生代表肯自始至终为社会服务,真太少了!我觉得我们自己应该如黄远生那样自己认错,自己暴露自己的恶性梅毒,不要用好听的词语来掩饰!"

所谓的"知识分子的游离意识"确实是抓住了清末民初以来中国知识分子人格特征的一个重要面向,在传统的科举制社会里,"士"作为士、农、工、商四民社会之首,虽然并不是一个生产型的职业化群体,但却是一个职业化的读书人群体,这个群体通过科举制度与朝廷的选官制度建立了制度性的联系管道,因此具有了作为一个社会阶层的相对稳定性,而其强调的王道与道统式的儒家义理,又让他们同气相求,获得了一种文化人格上的独立性(相对独立于政治权力)和身份上的高贵。然而1905年科举制废除,仕学合一的管道瓦解,表面上来看,知识分子似乎从对于政治体制的依附里解放了出来,其实却开始了对于各种社会势力的依从,比如商人力量和军人力量。知识分子成为与其他的谋生群体没有区别的社会阶层。一些只具有规范知识而缺乏自然知识的文人,更是在不同的社会力量之间游离。这种游离并没有表现出卡尔·曼海姆所谓知识分子作为一个"自由漂浮阶层"的独立性,游离意味着丧失了基本的生活来源(从乡村的耕读生活游离到大都市上海的灯红酒绿),因此必须仰他人鼻息,最后的结局就是更势利,没有原则的依附性得到淋漓尽致的表达。在这个依附的过程里,传统士人的气节与人格荡然无存。正是有鉴于此,曹聚仁呼吁的是知识分子自身的"忏悔",通过心灵的忏悔来重建知识人的道德人格。

书生吴宓的辛亥志

辛亥年八月十九日（公元1911年10月10日），武昌起义发生，十七岁的吴宓时为清华学堂中等科一年级学生。三天后，吴宓阅报方知湖北武昌府"革党举事"，吴宓的日记以"乱事""鄂乱"等描述武昌起义。起义五天后，居住在北京城外清华园的吴宓，已经无法通过阅报获知武昌事的详情，盖清政府已经禁止北京各报登载各省乱事。

新闻封锁的结果，自然是谣言四起和流言播扬。武昌革命，深深镶嵌到书生吴宓的日常生活之中，也具体而细微地影响了其生活的流向，自此，几乎每天的日记，都有对此事及其影响的记载、观感与评论，从中我们看到的不是一个接受新知识和新式教育的青年人对"革命胜利"的欢呼，而是对时局动荡、风雨飘摇的焦虑。九月初八，吴宓记：

> 今日北京情状略如常日，闻初五六两日备极恐慌，今日似又稍清。然京官眷属业已纷送出京，其逃避出京之人，日不可以数计。城中各校学生业已尽退，几乎全空，而仍上课维持如故。京津等各火车，日售票至三千余张。而以拥挤不得上车而复归者，每晨又数百人。由津至沪轮船之拥挤称是，船价确已涨至二十五元。而天津旅客客栈等处，住客已满不能容。北京亦然，租价日增。而北京市面恐慌

尤达极点，汇兑亦几不通，诸人皆告窘乏。余始欲向王世叔商量借钱三四十元，以为危急时逃亡上海之预计，继思如此窘乏，决不能得钱，乃止。

辛亥革命，对于北京的老百姓来说，是又一次颠沛流离的开始，是日常生活的突然中断，是穷形尽相的逃亡。这么多人往上海奔逃，决不是因为上海靠近"革命的南方"，而是因为上海有租界可以栖身暂避战争之苦难。即便如此，仍可见一线温暖人心的光芒，学生都走得差不多了，学校还在上课，教师还在坚持，或许亦可称之为文化的力量吧。

一介书生吴宓，该何去何从？书呆子吴宓，其实并不呆傻，他在这几天的人心惶惶中，其实在认真地盘算。身边的同学一个个"花果飘零"，作鸟兽散，难免不影响吴宓敏感的心灵，更何况，清华园还有隐忧："（一）为土匪，恐消息紧急时纵起剽掠，本园孤悬城外，其危可知。（二）为满人团本校而居之，乡人皆系满族，当此革命锋起，排满议兴，彼满人之嫉视汉人自意中事。如果事局一危，乃以诛戮汉人为暂快。"可没有盘缠，交通阻断，往何处逃？不如以静制动，以不变应万变，再说革命党未必能够获胜，即使成功，也未必会牵连自己的性命。而且，吴宓知其父安居沪上，关中家人安堵无惊，并无后顾之忧，何必冒险出逃？吴宓的浪漫主义情怀（英雄主义？），此时此刻，初见端倪。他给自己的不出逃，找了一个审美的理由："且吾生毫未履危险，今即使京师有事，使余能于此危境中安稳度过，则能广增闻见，多添知识，事后谈之亦津津有味，且多能掇拾轶闻琐事，为他日著书之资料。"真真乃一个孤臣孽子般的吴宓，危急时刻，尚不忘做历史的见证人，如此吴宓，恍若加缪般的存在主义者，人生不是要生活得最好，而是要体验得最多。

毕竟是书生吴宓，处此乱世流离，尚不忘深自愧悔学业之荒怠。九月初十的日记：

自鄂事发生以来，至今恰二十日，余等既忧国势之将来及世界之

> 变迁，复以乱耗迭传并为故乡虑、为家中虑，而又为一己生命之安危虑。以故，心常大扰，皆毫未习学课。余至今日始觉心绪稍宁，略可注意课业。盖此事将来之趋势现时既未能知，吾辈居此虽有危险，即知之而亦无补救之术，乃徒以此事往复胸中、自觉烦恼其又奚益？

儒家讲反求诸己，佛家讲禅定，道家讲超然物外，这都是超凡入圣的高标准，翩翩少年吴宓，就已经在日常生命的拓展中如切如磋地实践了，或许精神世界就是在这一点点的打磨与杌陧中牵缠、滋养而成？个人、家庭与国家之命运如此紧密地纠结在一起，如一团历史的浓雾盘旋在他的视线里。

本有美国驻华使馆庇护的清华园，最终失去了这一层脆薄的防护。九月十九，分得遣送费二十元的吴宓与同学朱斌魁、陈烈勋等仓皇入城，乘火车出走京城，至天津，又转乘招商局"普济"轮船去上海。

> 宓诸事不管，但自己挣扎，或偶牵一友之手，行过火车站附近一带地区。轨道、铁丝、纵格、横阻，高下不平，又黑暗无灯，行过甚困难。宓几次跌倒，痛且悲。终由小艇载送，登入"普济"轮船。此船极小，本为运煤之船。其时，争先南归者，大都是官宦宅眷：彼辈将其婢女、仆妇、行李、箱笼、器具、杂物，尤其许多马桶，悉置于统舱中。故统舱中之空气极秽浊，入其中者即将呕吐。

这是晚年吴宓自编年谱中对辛亥年逃亡的记录与记忆，哪有一丝从皇权专制的京城，奔向革命而自由的南方的狂喜？历史烟尘中剩下的也仅仅是吴宓离开清华园时，"怆然欲涕，未审他年得一重睹此景否耶"的不舍与悲恸，这份在辛亥革命史宏大叙事下的小人物的情感与记忆，或许才是更经得起时间磨洗的细节与真相？

"与其积钞票于箧，不如积阅历于身"

1939年2月25日，丰子恺在日记中记述抗战对其日常生活观的影响："抗战以前，吾尝深居简出，好静恶动。今则反动甚烈，每思遍游天下，到处为家。……但有旅行，决不吝惜。与其积钞票于箧，不如积阅历于身。"以《护生画集》与其师弘一法师为20世纪中国留下了最美心灵遗产的丰子恺，此时此刻，因抗战而流落到广西两江等地的桂林师范学校任教，拖家带口自然饱尝人世间颠沛流离之苦，但他并未因此沮丧和愤恨不已。被突如其来的历史转折改变了个人生活轨迹的丰子恺，倒也因此有了一个切近机会来观察内地社会的民风民情。比如在那两年工作之余写下的《教师日记》，处处有吉光片羽式的灵感与洞见，也有很多对广西地方风物的记述，以及对广西质朴、敦厚之民风的描写。

自然，正如加缪所言，人生不是要生活得最好，而是要生活得最多。刻意地为体验民间疾苦而去吃苦，自然不免带了几分矫情，而这因个体无法抗拒的时代巨变而带来的个人生活苦难，却实实在在地为艺术家丰子恺提供了洞察人生的素材。在1938年11月17日的日记中，逃难将近一周年的丰子恺喝了两杯广西当地的米酒，如此评述其一年的逃难生活：

过去一年中,艰苦、焦灼、紧张、危险,已经备尝。在他方面,侥幸、脱险、新鲜、快意的滋味也尝过不少。……过去的生活,犹如一片大平原,长路漫漫,绝少变化,最多不过转几个弯,跳几道沟,或是渡几乘桥梁而已。这一年间的崎岖之路,增加我不少的经验,给我不少的锻炼。然而我绝不是赞美崎岖之路而不乐康庄大道。谁不愿在康庄大道上缓步徐行呢?但走崎岖之路也有它的辛劳的报酬,并非全然不幸,尤不必视为畏途而叫苦连天。

以艺术的眼光将生活审美化,并不意味着在一种乡愿哲学主导下与一切制造苦难的力量和解,或者无视他人的苦痛而陷溺在一种所谓"苦难美学"中,打造一个犬儒主义的丝绒牢笼包裹自己。正因为是唯美主义的心灵和眼光,丰子恺更无法容忍生活中的冷漠、残忍与嗜血等,也无法忍受抗战标语的粗糙和空泛,他在意的是《护生画集》所展现的那种生命情调和悲悯情怀。长沙文夕大火,丰子恺在1938年11月25日的日记里有尖锐的批评,从中我们可以窥察到一个卓越的艺术家衡量人世间言行和政治的标尺:

长沙自焚,实在太早。敌兵尚未犯汨罗,我们先自毁,而且不通知人民,以致惨毙甚众。这真是作孽!……报纸的新闻写得很可怜:今日第一临时市场成立,有肉担两副,菜担三副,以后可望渐渐恢复……闻大火发于午夜,焚死者不计其数!此无数人中,谁无父母,谁不要命?而使之白白地惨死,谁任其咎?当局者直接任其咎,一切自暴自弃的中国人间接任其咎。

此时此地的丰子恺主要的社会身份是桂林师范学校的艺术教师,因此展现其人文心灵最主要的空间是学校,而主要对象则是广西当地的学生。丰子恺强调"以艺术兴学""以礼乐治校"的办学宗旨,并认为这种宗旨比注重短期效应的抗战建国更为高远,因此当听说桂林一旦失守,该校可能改组为投笔从戎的游击队,便旗帜鲜明地反对:"游击队非不可贵,但不出抗战建国之上。以彼易此,大蚀其本。此犹以杖作薪,图

丰子恺作品《愿作安琪儿空中收炸弹》

得眼前一饱，不顾后来行路艰难。"正如史家钱穆在抗战途中撰写《国史大纲》以文化民族主义情怀激励国人士气，丰子恺以艺术民族主义的方式来为这个民族守护健全的心灵，他不忍看到国人感受他人生命悲苦的道德意识因战争的惨酷和非人道而弱化，甚至丧失。对他人甚至动物的生命的同情、爱惜和尊重，是丰子恺即使在战争年代也仍旧守护的道德底线。一方面，丰子恺试图通过艺术的方式来重振民众的底气和民族大义，这在这两年的逃难日记中处处可见；另一方面，丰子恺毕竟是有个性的艺术家，不是意识形态的宣传工作者，他期待的是细水长流润物无声，而不是急功近利的战争动员，更警惕战乱扭曲中国人的心灵。

1938年11月30日，日机四十余架轰炸桂林，导致省政府全毁，死伤二百余人，当天丰子恺将自作宣传画悬挂在教室墙壁上给办壁报的漫画组学生观看，结果听到学生的哄堂大笑，丰子恺莫名其妙，学生告知乃是因其所作四幅漫画中，有一幅描写敌机轰炸之惨状，画一母亲背负一婴儿逃向防空洞，婴儿头已被弹片切去，飞向天空，而母亲未知，背负着无头之婴儿一路狂奔而引起围观学生的"哄堂大笑"。第二天，丰子恺面对学生演讲，主题为"漫画宣传艺术"，在讲述这个"哄堂大笑"的故事后，他很愤懑地说道："我想诸生之心肠必非木石，所以能哄堂大笑者，大约战祸犹未切身，不到眼前，不能想象。报志所报告，我所描写，在诸生还以为是《水浒传》《封神榜》《火烧红莲寺》所说：白光一道，人头落地，光景新鲜，正好欣赏，所以哄堂大笑，而无同情之感。"他进而指出，学习艺术首先要"矫正人的态度"，也就是他在这册日记中反复致意的对生命苦难有同情感，并且能转化为实际救助行动的人的意识和立场。

如何培养这种人同此心、心同此理的"同情心"？1938年11月3日，丰子恺在授课的三个班级联合成立大会的演讲中曾指出一条通达物我齐一之境界的心路：

再推广一步，你们与世界上一切国民，同是人。再推广一步，你们与天地间一切禽兽草木，同是天之生物。所以外国人受非人道待遇，我们要代为愤慨。禽兽被虐待，我们也要发同情心。你们能把胸襟放宽，人我之见自会减弱，彼此之争自会消灭。无人我之见，无彼此之争，实为团体生活最大的幸福。团体要像人的身体：五官四体，决不互相争斗。故我劝你们，要把世界当作一个身体看。退一步说，要把中国当作一个身体看。退几百步说，至少要把桂师当作一个身体看。这就是说，我们要有"万物一体"的大胸怀。

丰子恺念兹在兹的这种"万物一体的大胸怀"，放在充斥着战争、革命与运动的20世纪中国，放在敌我之分和阶级斗争为纲几乎摧毁了传统伦理和道德自觉的中国革命中，似乎显得如此天真、迂腐乃至不合时宜！可这恰恰是像丰子恺、弘一法师、沈从文等这样的读书人，以柔弱之躯、敏感之心自外于20世纪的残暴与无情，而以文字、图画和自身践履守护的一份悲天悯人的精神遗产。

张季鸾的人生观

1927年12月1日，蒋介石与宋美龄两人于上海西摩路（今陕西北路）369号的宋家和静安寺路（今南京西路）的大华饭店举行结婚仪式，此一结合曾被一语双关地称为"中美合作"（"中"为蒋中正，"美"为宋美龄）。结婚之际，正是主持北伐的蒋介石基本上底定中原意气风发的时刻，在接受报刊采访和面向公众发表演讲时，志得意满的蒋介石宣扬时髦的"革命＋恋爱"人生观，大意是若恋爱不成功，婚姻不幸福，则人生与革命均意兴阑珊了无生趣。此论一出，社会各界赞成者有之，反对者有之，不屑一顾者亦不乏其人。

当时主持《大公报》笔政的张季鸾，公开撰文批评权势熏天的蒋介石的"人生观"，在此前后，《大公报》亦刊文批评国民党掌控政权之后推行党化教育、厉行新闻管控、推行舆论一律的倒行逆施。此时此刻的《大公报》正当1926年改组之后生气蓬勃之际，以"不党、不卖、不私、不盲"四不方针及其实践驰名报界，锐不可当而谠论迭出。蒋介石与宋美龄结婚的第二天，张季鸾就在《大公报》社评版发表《蒋介石的人生观》，痛斥蒋介石所谓"有美满姻缘始能为革命工作"的人生观是一种似是而非、道貌岸然的人生观，人生意义的丰富与饱满，并不一定取决于世俗婚姻之幸福,而恋爱成功与否更系私人生活范围,与其时反对军阀势力重建中国社会的革命毫无关系。

张季鸾充满感情地写道:

> 呜呼,常忆蒋氏演说有云:"出兵以来,死伤者不下五万人。"为问蒋氏,此辈所谓武装同志,皆有美满姻缘乎?抑无之乎?其有之耶,何以拆散其姻缘?其无之耶,岂不虚生了一世?累累河边之骨,凄凄梦里之人!兵士殉生,将帅谈爱,人生不平,至此极矣。呜呼,革命者,悲剧也。革命者之人生意义,即应在悲剧中求之。乃蒋介石者,以曾为南军领袖之人,乃大发其欢乐神圣之教。夫以俗浅的眼光论,人生本为行乐,蒋氏为之,亦所不禁。然则埋头行乐已耳,又何必哓哓于革命!

以张季鸾的视角,革命是一将功成万骨枯的人世间大悲剧,而革命造就的领袖对于那些为了崇高的理由而牺牲的年轻生命,应该有一份顾念与体恤之情,以将帅婚姻的幸福与恋爱的虚荣,来粉饰革命者甚至"被革命者"灰暗的人生,无疑是对那些革命洪流中被消音的底层人物的二度伤害。"累累河边之骨,凄凄梦里之人",正应了"可怜无定河边骨,犹是春闺梦里人"的哀婉情调,折射的是张季鸾对普通民众在大时代的坎坷身世之同情。这份身在公共舆论最高层,却心系社会最底层的淑世情怀,与张季鸾个人身世和人生观有着密切的关联。

张季鸾祖籍陕西,当其十三岁时,进士出身的父亲张翘轩病故在山东济南任上。寒冬腊月,张季鸾骑驴旅行三日,赶上启棺含殓,哭拜父亲最后的遗容。父亲身后的张家一贫如洗,其母带领张季鸾兄妹三人自山东扶柩回陕西归葬,一路辛苦一路风尘,让官宦子弟出身的张季鸾对苦难中国的底色有了一份切身体验。其后张母病逝,张氏兄弟姐妹大多夭折凋零。张季鸾在陕西教育公费资助下,负笈日本,参与同盟会的革命事业,归国后参与多份革命报刊创办。自1926年入职新记《大公报》馆,一直到1942年因病去世,张季鸾成了《大公报》这份民国第一大报的灵魂，个人声望在抗战时期更是达到其人生的顶点。身份和地位在改变，结交的人群在变化，时局更是风云变幻，可盘旋在张季鸾心灵世界的那一份精神底色却几乎从未有过改变。很难说张季鸾是一个纯粹的传统主义者或西化的自由主义者，他似乎是一个无法被历史论述归类的人，却因此而成为一个值得后人反复细说和重访的历史人物，或许至少有一点是明确的，张季鸾是一位有着浓厚士大夫意识而又深具现代民族国家认同的报人。

1934年12月25日，张季鸾在《国闻周报》发表一篇《归乡记》，细述其离家三十年后重返故土的见闻与感触，其中有两段文字谈到其个人的人生观，恰恰可以与他在七年前批评的蒋介石的人生观成一对照，而从这些吉光片羽的内心独白中，也可以让我们体察到支撑张季鸾强韧的生命世界的骨架。张季鸾说："我的思想，是赞成维持中国的家族主义，但是要把它扩大起来。扩大对父母对子弟的感情，爱大家的父母与子弟。从报答亲恩，扩大而为报共同的民族祖先之恩。这种思想，是很对很需要。同时，应该排斥只知自私的错误的家族主义，不要只求自家繁荣，甚至于不惜损人利己。"张季鸾将其人生观的核心命名为"报恩主义"："我的人生观，很迂浅的，简言之，可称为报恩主义。就是报亲恩，报国恩，报一切恩！我以为如此立志，一切只有责任问题，无权利问题，心安理得，省多少烦恼。不过我并无理论，不是得诸注入的知识，是从孤儿的孺慕，感到亲恩应报，国恩更不可忘。全社会皆对我有恩，都应该报。现在中国民族的共同祖先，正需要我们报恩报国，免教万代子孙做奴隶！"

这听上去似乎卑之无甚高论，其实却是支撑相当多中国人日常生活的心智结构。在中国人的价值系统与文化意识中，个人从来不是拔地而起的原子化的个体，而是生活在由恩情与回报构成的环环相扣的情感世界之中的，个体对他人的感恩与情怀可以从血缘性的关系，推己及人到拟血缘性的关系网络之中，所谓四海之内皆兄弟也。而受人滴水之恩当涌泉相报等古训，也深刻地说明报恩与市场性的交易行为在本质上的差异，以涌泉来回报滴水之恩的不对等性，正说明中国文化对恩情的感念之心，超乎其他民族文化滋养下的个人之想象。张季鸾正是在这样一种文化传统的浇灌下，从个人性的前世今生的故事与情怀，通过文人论政的报人生涯，演绎出一段报恩主义的生命实践。

"单身汉"金岳霖的美好生活

晚年金岳霖在回忆录中这样写道:"梁思成、林徽因是我最亲密的朋友。从1932年到1937年夏,我们住在北总布胡同,他们住前院,大院;我住后院,小院。前后院都单门独户。30年代,一些朋友每个星期六都有集会,这些集会都是在我的小院里进行的。因为我是单身汉,我那时吃洋菜。除了请了一个拉东洋车的外,还请了一个西式厨师。'星六碰头会'吃的咖啡冰激凌和喝的咖啡都是我的厨师按我要求的浓度做出来的。除早饭在我自己家吃外,我的中饭晚饭大都搬到前院和梁家一起吃。这样的生活维持到七七事变为止。"

由此可见,在以金岳霖为核心的知识社群形成的过程中,除了共同的知识背景、职业特性和生活空间外,还有一些独特的因素在发挥着凝结的作用。一是金的"单身汉"生活为朋友间的尽情交往提供了自由自在的"公共空间",而知识分子最在意的就是这一份不落俗套、不被羁绊的精神自由,"单身汉"的生活使金少了很多俗务,他自己在回忆录中也说过,从1914年起就脱离了亲戚的生活,进入了朋友的生活。这种独特的生活方式反而为金的交游提供了便利和性情。二是生活习性在北平知识社群的"分层"中发挥着隐性而有效的作用。例如作为从欧美留学归国的教授,吃西餐,喝咖啡,举办茶会等都是日常生活中必不可少的元素,而金岳霖的"家"恰恰可以提供这些细节的满足,使得这些学者虽然身处仍旧落后的中国,却可以"象征性"和"周期性"地缅怀和重温西式生活方式。

金岳霖的"星六碰头会"在人员构成上比林徽因的"太太客厅"更加广泛,当然一些重要成员是交叉的。金的特点是平易、亲和,他的身上弥漫着知识贵族的气息,但在日常生活中也许不像林徽因那样严格维持生活的品位。金岳霖是一个"智慧的沉思者",在智性上他能够"孤独"在知识与思维的"自由王国"里,但在生活中,他仍旧烙刻着传统知识分子的印记,需要在一个知识社群的内部交往中寻求归属感。如许纪霖教授在《走出阁楼以后》一文指出的那样:"理性是个人的,而激情总是要有所附丽。过去的金岳霖如同一匹行空的天马,独往独来。但在小阁楼里游戏久了,也会感到些许寂寞。或许,中国知识分子在本性上就不具尼采、克尔凯郭尔那样的孤独气质,最终还是要寻求一个群落,一个可以依赖的归宿。"

在金岳霖的"星六碰头会"上出现的人物既有他的老朋友,也有一些新面孔,这就说明这个社群不是自我封闭和自我循环的,而是适度敞开的。例如张奚若、钱端升、陈岱孙等都是其多年的老友。据其自述,"我的最老的朋友是张奚若。我在1914年就碰见他,不过那时只是碰见而已。认识他是在1917年的下半年开始的,那时我转入了纽约的哥伦比亚大学。他一直在哥大学政治。从1917年下半年起我们是同学,就西方的政治思想史来说,我们也是同班。他无意取学位,但是写了一篇很好的《主权论沿革》"。

金岳霖与钱端升的交往则呈现另外一种特性:"钱端升先生也是我多年的老朋友了。不过他同我是否常见面是要分阶段的。他有时是北大的,有时是清华的,有时又是南京中央大学的。我到南京开《哲学评论》会,就住在他家。那时他在中央大学教书。在西南联大时,他是属于北大的,我们又在一块了。"而金与陈岱孙的相识更是偶然中的机缘巧合:"我最早认识他是我们都在清华学务处的时候。梅校长南下,委托他代理校事。有一天我发现我没有手纸了,只好向他求救。……陈先生不久搬到北院7号同叶企孙先生同居。他们虽单身,可是有条件办伙食。张奚若同我都在那里包饭,这样我们也有了一个落脚点。这个办法维持了相当长的时间,可能在七七事变以前一个时期才解散了。"

从金岳霖的这些追忆可以看出,当时北平的知识社群的交往主要是建立在学缘、业缘等基础上。自然,这种因为同学关系、同事关系甚至"同人关系"形成的链条是相当稳固的,在这种表面的理由背后所隐含的是共同的志趣和追求,包括价值上的相互认可,这是当时北平学术社群的核心部分,在它的外围当然经常有一些陌生的、异质的因素接近、参与,也试图从中受到熏染,因此,这个知识社群的成员在成分上是多元化的,甚至是流动的,而这恰恰是这个社群充满魅力和凝聚力的重要原因,尤为关键的是能够为当时北平的大学生提供增长见识的空间。

陈岱孙的描述也说明了这个判断:

> 金先生住的是后院。他经常于星期六下午约请朋友来他家茶叙。久而久之,这就成为一种习惯。他在星期六下午都备些茶点在家恭候朋友的光临,而他的朋友也经常于是日登门作不速之客。其中有的是常客,有的是稀客,有的是生客。有时也还有他在心血来潮时特约的客人。我是常客之一。常客中当然以学界中人为最多。而学界中人当然又以北大、清华、燕京各校的同人为最多。但也不排除学生们。我记得,在我作为常客的一两次,我就遇见了一些燕京大学的女学生。其中有一位就是现在经常来华访问的华裔作家韩素音女士。学界中也还有外籍的学人。我就有一次在他家星期六茶会上遇见30年代美国哈佛大学校长坎南博士。他是由他的(也是金先生常客的)女儿慰梅和女婿费正清陪同来访的。此外,他的座上客还有当时平津一带的文人、诗人和文艺界人物。有一次,我在他的茶会上遇见几位当时戏剧

界正在绽蕾的青年演员。另一次,我又遇见几个玩斗蟋蟀的老头儿。人物的广泛性是这茶会的特点。

　　胡适也是金岳霖这个"星六碰头会"的座上客。他曾经在日记中零星地记载参加这些茶会的情形,如1931年3月14日,他在当天日记中写道:"到金岳霖家吃茶。我到得太早了。与岳霖闲谈。吃茶的人渐渐来了,有Miss Jones, Mrs. Swan, Prof. & Mrs. Jameson（琼斯小姐、斯旺夫人、詹姆森教授及其夫人）、志摩、叔永、莎菲、擘黄、奚若夫妇、端升、熊□□。""常客、稀客、生客"大致已经勾勒出这个茶会的人员结构,可见即便在这样一个相对沙龙化的聚会中,其成员并非一成不变的,也不是同质化的平行结构,而是内部分层的,存在核心与边缘的区分。遗憾的是七七事变的狼烟一起,知识人这种近似欧洲启蒙运动时期沙龙聚会的优游生活就被"腰斩",在大逃亡和大迁徙中,知识群体被折腾得七零八落,知识分子的"黄金时代"仅仅在昆明西南联大时期有过短暂的"回光返照"。在之后漫长的20世纪中国历史中,知识社群更是被政治、经济等各种力量隔离、分化成原子化的知识分子,人以群分、相互取暖变脸成人人自危甚至卖友求荣;20世纪30年代北平知识界的这种以金岳霖"星六碰头会"为象征的平等而自由的高频度公共生活,也似乎成了此曲只应天上有的人间绝响!

《独立评论》的聚散离合

《独立评论》创刊于"九一八事变"之后的1932年,终刊于1937年抗战全面爆发,是民国知识分子同人刊物的一个典范,它发表的政论影响至深且远,所凝聚的知识群体也是一时之俊彦。胡适的日记可以为我们提供一个《独立评论》社员聚、散、离、合的"文化地图"。"聚"指的是社员最初的聚集和周期性的聚会,意味着《独立评论》的开端和延续,知识分子的"聚"经常以聚餐会的形式表现。1932年1月28日,胡适草拟了一个办周报的计划,送给聚餐会的朋友们看。蒋廷黻也草拟了一个大政方针,分三项:一、内政,二、外交,三、人生观。胡适在日记中认为蒋的办刊方针不高明。1934年5月4日,五四运动15周年纪念日的时候,胡适约请了独立社员晚上在他家聚餐。丁在君、蒋廷黻、吴景超、任叔永夫妇、竹垚生、周炳琳、涛鸣、何醉帘(廉)等《独立评论》经常的聚会成员都参加了。当时刚刚从日本回国的客人汤尔和也参加了这个聚会,并在餐桌上用一种非常乐观的语气描述了他在日本的见闻,认为中国的外交局势可能不会变得太坏。1934年6月15日,《独立评论》社员再度聚餐,蒋廷黻在聚餐会上大谈国际形势,引发与会者浓厚的兴致。自然,这种社员式的交往并不局限于固定的模式,有时也会以更私人化的方式在日常生活中进行,并发生一定的延伸。例如,1934年1月19日,丁文江就来到胡适家中吃午饭,谈了一个多钟头,主要话题是谈教学的心得体会,尤其是谈起用功的学生,更是眉飞色舞。胡适在当天日记中认为他是一个最好的教授,对学生最热心,对课程最费工夫。另外,如翁文灏出车祸后,胡适等人就充分地调动社会资源,为翁提供最好最及时的救助和治疗。1934年2月17日,胡适早起看报,得知翁文灏前一天在京杭汽车路上武康附近,被汽车撞伤,头部受伤甚重,流血甚多,恐有生命危险。他读了几乎堕泪,认为此种人才,世间稀有,岂止是一国之宝而已?!午间去探访丁文江,他在协和医院病榻上,对着胡适也居然无言,双泪齐堕,胡适就更感悲伤。

"散"指的是《独立评论》社员在时势变迁中的风云流散,其中最重要的就是部分《独立评论》社员面对国事浇漓而不忍筑象牙塔于浩荡时代洪流,而终于被匡世济民的政治理想所鼓召,纷纷然入阁。这自然与胡适所谓对政治"不感兴趣的兴趣",自觉处于庙堂之外的"江湖"、做政府的诤友之想法大相径庭。对于朋友的这些"选择",胡适自然免不了有一点感伤和惋惜。1934年3月2日晚上,《独立评论》聚餐,参与的人数非常零落,只有蒋廷黻、吴景超、周炳琳、吴宪、任叔永夫妇与胡适,共七人,与此前每次聚会的济济一堂构成鲜明的对比。1935年12月12日,吴景超到胡适家告别,谈到他收到翁文灏的信,要他去做翁的助手,翁文灏当时也已答应做国民政府行政院秘书长。当时《独立评论》社的另一重要成员蒋廷黻也已南下南京,不是担任外交次长,就是行政院政务处长。《独立评论》社员有三人入政府,对于维持这份政论杂志的生命力自然造成了不少负面影响。到了1935年12月15日,《独立评论》另一成员周炳琳回到北平,胡适去看他,其时他已久就实业部次长之职。《独立评论》社员共有四人相继加入政府成为幕僚了。胡适面对这一境况,并不是消极等待,而是想方设法挖掘新人,培养新人,试图组建新的《独立评论》编辑部。1935年5月17日,《独立评论》

三周年纪念号出版。晚上有聚餐会，陈之迈与张奚若在座。陈之迈当时才二十八岁，在胡适印象中文笔思想都不坏，是今日学政治的人之中的一个天才。胡适特别注意他，想把他拉进《独立评论》社来，将来让他和吴景超、蒋廷黻三人一起组成一个《独立评论》编辑部。

"离"指的是《独立评论》社员在政治上的分歧。《独立评论》社员的交往网络具有相当的稳固性，但这并不等于说这些知识分子对政治、社会问题等的看法全然一致。20世纪30年代在胡适、张奚若与蒋廷黻、丁文江等《独立评论》知识群体中爆发的"民主与独裁"大论战就充分说明了这一点。事实上，尽管政见不同，但并不影响他们的私谊，而且他们强调的是"求同存异"，并不为了虚假的和谐而掩饰内部的分歧，相反可以在媒介上的言论空间和生活空间中因对政治的不同看法争得面红耳赤，之后仍旧是朋友。这也是这个知识群体保留了古代士大夫遗风而性情毕露的表现。1933年6月13日，胡适午前到中央研究院，见着李仲揆和傅斯年。在此之前傅斯年因为胡适关于保全华北的政论非常生气，写了一封信给胡适，说他要脱离《独立评论》社，但同时他希望主张的不同不至于影响到私交。此次胡适与傅斯年长谈之后澄清了他的误会。他认为对于凡出自公心的主张，朋友间应相容忍、相谅解，并建议那些认为《独立评论》立言太过温和的朋友多写一些不温和的政论，而不能因为对杂志言论立场不满就当甩手先生。因此，在胡适看来，《独立评论》绝对不是宣传某家某派政治观点的阵地，而是进行辩论和说理的公共园地。这种论辩性的公共交往并没有削弱这个知识群体的友谊，反而将之强化了。

1934年1月8日，胡适在《独立评论》第八十五号发表一篇文章论述武力统一中国之不可能，其直接论辩对手就是此前《独立评论》上主张武力统一的蒋廷黻和吴景超。胡适在日记中认为这两个朋友的论调的效果将会是"教猱升木"。围绕这一事件，胡适在给朋友的书信中也多有涉及。1934年12月20日，胡适在给傅斯年的信中写道：

> 在君忽然作驳我的独裁不可能论，我写信（二千多字的长信）答他，你见着否？我说："将来你们这班教猱升木的学者们终有一天要回想到我的话。那时我也许早已被'少壮干部'干掉了，可是国家也必定弄得不可收拾了，你们那时自己忏悔误国之罪，已无及了！"胡适之不肯公然谈中医，也是这个意思。廷黻论专制的文发表时，此间省市两党部中人皆大欢喜！我听了真栗然以忧。"我岂好辩哉？不得已也。"这是你们山东亚圣的味儿了！汪蒋的"感"电，我充分利用来作了三篇文字，正是要"顺水推船"，导人入于水泊。我正想"趁火打劫"，岂料丁大哥出此下策，为一班妄人增加气焰不少！

1936年1月26日，胡适在给翁文灏、蒋廷黻、吴景超的信中写道：

> 今早经农送来一篇记在君在湘情形的文字，中有衡山纪游的诗四首，其一首题为《麻姑桥晚眺》：红黄树草争秋色，碧绿琉璃照晚晴。为语麻姑桥下水，出山要比在山清。此诗似是在君自寓其出处之怀抱，我读之因想起宋人杨万里的一首诗：初疑夜雨忽朝晴，知是山泉终夜明（鸣）。流到前溪无一语，在山作得许多声！我想吴达诠别号"前溪"，大概是用此诗之意。我对于你们几个朋友（包括寄梅先生与季高兄等），绝对相信你们"出山要比在山清"。但私意总觉得此时更需要的是一班"面折廷争"的诤友诤臣，故私意总期望诸兄要努力做 educate the chief（教育领袖）的事业，锲而不舍，终有效果。行政院的两处应该变成一个"幕府"，兄等皆当以宾师自处，遇事要敢言，不得已时以去就争之，莫令杨诚斋笑人也。

胡适对友朋虽不无惋惜，但既然事已至此，他就屡屡写信劝诫这些《独立评论》的老友"出山要比在山清"，不能做纯粹官僚和顺从的"奴才"，而应该继承古代士大夫遗志，成为政府的"面折廷争"的诤友诤臣。

"合"指的是尽管《独立评论》的成员在政治言论上并不全然一致，而且在学术与政治之间也有不尽然相同的取舍，但他们对于《独立评论》在这样一个内忧外患的时代境况中应该承担的使命却有着高度一致的共识，对于该杂志也大都有着浓烈的情感注入。这份情谊可能是维系这样一个以《独立评论》为联系纽带的知识群体在时代风云流散中不至于彻底分崩离析的关键所在。1934年1月28日下午，胡适到清华大学，见着蒋廷黻、吴景超、叶公超。他们去蒋廷黻家吃茶，恰好这天钱端升也从天津来。期间蒋廷黻说："昨夜翻看《独立》，觉得我们做的文章至少总可以算是认真想过才做的。只此一点，《独立》当然是今日国内第一个好杂志！"最明显地表明这一点的是胡适本人在日记和书信中屡次三番地表示其甘愿牺牲个人时间为《独立评论》工作的原因。1934年4月9日，胡适在日记中说，近几个月来，《独立评论》完全由他一个人负责，每星期一总是终日为《独立评论》工作，夜间总是写文字到次晨三点钟。他的妻子江冬秀常常因此而责怪胡适，劝他早早停刊。胡适常常这样开导她："我们到这个时候，每星期牺牲一天做国家的事，算得什么？不过尽一份心力，使良心上好过一点而已。"这种《独立评论》群体之间的"合"不仅表现在这种言语之间的认同，而更表现在当杂志被政府迫害的时候，胡适敢于担当责任，为朋友开脱的政治勇气和道德意识。

革命在远方？

1926年的深秋，北京大学年仅十九岁的学生王凡西离开了北京，对政治实践充满了激情的他，对于北京"理论学习上的苦闷，学生运动的单调（和南方的火热斗争相比）"再也无法忍受。在北洋军阀治下的革命青年，对于那个激情燃烧的充满火与剑的南方革命的中心——广州产生了无限的向往，就像昆德拉的小说《生活在别处》寓意的那样，此时此地的生活总是无聊而倦怠的，而别处的生活却是诗意而浪漫的。其时北伐在进行之中，革命胜利似乎在望，而后方的革命圣地却已经弥漫着"分田分地真忙"的世俗气味。这让满怀赤子之心的王凡西深感失望。这是一幅怎样令人沮丧的"后革命情景"：

凭我这双带点清教徒色彩的眼睛看，这儿的革命者不够革命。他们没有那份严肃气，无警觉心，更没有悲愤情怀。享福与贪欢心情很普遍，生活相当随便。对我有似至宝的革命书报，这儿认真阅读的人却仿佛很少；年轻人聚在一起，女人问题谈得比政治问题起劲得多；孙中山的那两句有名口号，这儿已被普遍地改为"恋爱尚未成功，同志仍须努力"。革命及其理论问题永远不会听人提及。酒食征逐与方城作战成了干部们假日和工余的主要功课。恽代英的艰苦作风虽为人

> 乐道，然从而效之者却少而又少。……人们将革命工作看成为官职，因之将革命的参加者看成简单谋差使的人。

在革命动员中充满神圣感的政治，居然如此迅速落潮为充斥着世俗欲望的此岸狂欢，革命成了一种谋生的职业和现世的交易，这在理想主义者王凡西看来无疑是在降格革命和矮化革命者。

这自然并非偶发的现象，而确实是那个天地玄黄的大时代一种让人惊异的革命景观。革命既解放身心，又在锻造一种新的锁链；革命既是浪漫主义的慷慨悲歌，又是理性的精心计算；革命既是对世俗生活响亮的拒绝，可同时又在追逐一种新的生活秩序。在这样一个大熔炉中，一个怀抱真诚的革命者就像被置入炼狱之中一般，身心俱疲。张国焘曾经说，1925年的广州，是一个奇特的地方，各种新旧事物奇妙地交织在一起。在街面上，一方面可以看到烟赌馆林立——作为军队财政和税收的主要来源，少数私人汽车为军人所有，载着军人和军眷在马路上疾驰，旧式文学和黄色书刊占据出版物多数；另一方面，街头巷尾又随处可见五颜六色的革命标语，十字街头往往横挂大红字书写在白布条上的动人口号，熙熙攘攘的人行道上，走着系红领带的黄埔军人和穿中山装的革命者，工会和民众机构的门前，装饰得色彩缤纷，如繁花绽放。

武汉是20世纪20年代北伐革命的另外一个中心。作家黄白薇曾经饱含深情地追忆武汉的革命时代："那个可追忆的黄金时代哟！每个青年的热血在沸腾，青年的血充实在伟大的中国的命脉里，活泼，生动，发光……欢喜的灵魂在跳跃，国魂也在跳跃。整个武汉的民气都疯狂了，醉着澎湃热烈的革命高潮。"武汉城里的革命青年男女手牵着手，走在长江河畔，迎着夏夜的微风，一起唱着情歌。他们热烈地谈着国家的未来，他们开怀大笑，他们相互取笑，他们正在恋爱。"人人都知道这是革命，革命啊，革命的赐福，革命的享受呵！"革命高潮中的武汉军校，从上千名女知识青年中选拔了两百名，编成女兵队。女兵们身穿灰色的学兵服，跟男兵一样训练，剪发、背枪、列队走在武汉三镇的大街上，唱革命歌曲，喊反帝、反封建、反蒋口号，刷标语，散传单，作演讲，演话剧，进工厂宣传，政治给凡庸的日常生活注入了一股歇斯底里的兴奋剂，多年之后，她们当中的成员仍然自豪地说："我们每个人，每天都处在兴奋之中，根本不理睬社会上对我们的非议。"

这些女生还发动过一个"打倒封建墙"运动。因为武汉军校设在武昌两湖书院，女生队驻在原育杰中学旧址，中间隔着一道墙，女生们便说这是封建墙，要打倒，并开始动手拆除隔墙。校方只好解释说，隔墙只是隔队，男生队彼此间也有隔墙，不是封建，男女有别并非男女不平等，并答应在被推倒的墙缺处开一个小门，白天派一个卫兵，晚上再锁。但是过了些时候，卫兵也没有了，干脆是门虽设而常开。更奇特的是，这些女兵还曾经成立过一个"接吻队"，专门跟罢工工友接吻，而该队的队长，原本还是南洋一位富商的大小姐。在汉口，曾经有男工在总工会本部门前集体示威，高呼打倒妇女协会，宣称自从国民党到此地以来，宣传妇女解放，恋爱自由，以致他们的妻子都不再回家住宿，彻夜在外流连。武汉还发生过两次妇女裸体游行，第一次只有两个人，第二次就增加到八个人，一律裸体，唯肩头披一件薄纱笼罩全身，并且喊出了"打倒羞耻"的口号。这无疑是将政治革命与生活革命做了最夸张的结合，即此也可以管窥其后中国革命在私人生活领域翻天覆地之由来。

后来成为新儒家代表人物的牟宗三对20世纪20年代中期的这种革命文化及其内蕴的革命精神的两歧性，有着深切的洞察：

> 那大浪漫时代的形态却不是如此，所以那内在的忘我的志气之锤炼根本就是非道德的。那是道德的影子，那忘我无私的貌似圣人而实非圣人，也只是圣人的影子。这就是神魔混杂的忘我。我因我当时的那开扩解放向上的感觉，我了解了这神魔混杂的貌似圣人的境界。《水浒传》里面那些好汉也是这种境界。这当然也是一种开扩解放向上；但却是向下堕的向上，封闭的开扩，窒闷的解放，最后是一个全

体的物化，臭屎一堆，那也有一种风力与风姿，却是阳焰迷鹿趋向混沌的风力与风姿。

这话虽说有点刻薄，却也揭示了革命政治的某种实质，可惜更多的革命者没有这份旁观者的清醒，或者根本不愿意面对这份尖锐的真实，而让自我沉溺在个人解放与民族解放的宏大叙事之中。

（感谢李志毓博士为本文的写作慷慨提供了相关史料）

矛盾体:"五四之子"顾颉刚

史家顾颉刚、傅斯年都是胡适1917年入北大教书后结识的弟子,所谓五四新文化运动学生辈的健将。顾在治学上极崇敬美国留学回来的胡适博士,认为其治中国哲学史极有系统与条理,与傅斯年也有同窗之谊,同为《新潮》杂志的核心人物,但在如何对待家庭责任等生活伦理上却对胡适、傅斯年颇有腹诽。1919年1月14日,时年二十七岁休学在苏州家中的北大学生顾颉刚,在日记中写道:

> 看他做的行述(指胡适述其寡母行状的文章。——引者注),不能说他善处家庭。他母久患喘疾,侍奉需人。他到北京来做教授,自然一则为传布学问,二则为维持家计,不能说他只应居家侍奉的。但是他为什么不接他母亲到京寓呢?说是病体难行吧,则他娶了妻,为什么要接到北京,不留在家陪伴阿姑呢?前天孟真(指傅斯年。——引者注)来信,说吾在家里生活很苦,极望速到北京。又说他生平也是极苦,只是能弃亲故之欢,绝室家之虑,日夜读书作文;如此应付世事,觉得无丝毫苦恼可言。孟真家有祖父母,有寡母,有病妇,我劝他暑假回去,他只是不去。我校暑假,足有三月,胡先生家有病母,不但不回去,反托人接妻子出来。他们二人学问为我所最钦服的;他们

将来的事业，实是未可限量；但是他们这样对待家庭，总不是我所愿闻。他们对于学问事业兴味过高了，自然家庭一方面渐渐地淡下去。

儒家强调君子应修身、齐家、治国、平天下，圣人亦言"父母在，不远游，游必有方"，在传统伦理的格局中，孝道极为重要，而"修身齐家"等个人性的事务与"治国平天下"等公共性事务并不龃龉，处理家务的能力是可以外推到对国与天下的治平能力。但晚清以降，尤其民初后，旧式文人开始向现代专业知识分子转型，家庭与事业（包括学业）似乎开始分离了，两者不再呈现出一种相辅相成的关系，而似乎成为一种鱼与熊掌不可兼得的二选一的关系。胡适也好，傅斯年也罢，事业都在大城市，而家庭都在小村落，似乎难以两全，甚至，家庭在傅斯年那里成了拖累。清末志士谭嗣同说要"冲决网罗"，"五四"强调恋爱神圣，其实都是在转型的过程中逐渐疏离家庭和家族的价值，家庭不再是温情所系，而是桎梏人心的牢笼。

胡适、傅斯年等都是民国留洋的翩翩青年，在处理家庭与事业的冲突时，虽亦显内在之紧张，但因有西方社会的生活体验，总可以找到自我解消困境的资源，顾颉刚未放洋游学，因此在家庭问题上似乎更显得颠踬迷离，甚至张皇失措。顾在上引文辞中对胡适、傅斯年等新文化运动中师友的严词臧否，似为掩饰内心的怯弱。正是这个强调家庭伦理重要性的顾颉刚，在《新潮》杂志连续刊发两篇批评旧式家庭的文章，他愤然指斥："中国人只有祖宗的子孙，没有社会的分子，所以家庭的组织越顽健，社会的组织便越薄弱，以致使家庭的分子更不能有正当的发展，只逼得人通向'苟且'的一条路上去。"性格软弱而心志强韧的顾颉刚，担忧如此大逆不道的文字被父亲读到引起纠纷，故使用笔名顾诚吾。用一套自己并不认可的价值规范，去谴责身体力行脱离旧式家族伦理束缚的同道，并以此自我标榜，这真真是一个矛盾体大放异彩的时代！

尽管对旧家庭的伦理与生活有如此激烈而负面的价值评判，他却仍旧愿意"作茧自缚"，而不是"金蝉脱壳"："予笃好学问，顾终不能忘家庭。妇殁之后（指其妻子吴徵兰1918年病逝，年三十。——引者注），苟绝裾而去，岂有责我者；而我以祖母暮年，两儿甚幼，不能不负此居家之责任，遂休学未行；此半年中亲琐碎之务，亦颇无味。事业不举，学问不进，予视二君（指胡适和傅斯年），大有愧矣。顾我终不愿以事业学问，而牺牲我他方面之责任。虽未能两全，或将两失，而在我直觉中终应如此行去。"就理智而言，顾颉刚意识到必须改变这种生存状态，不然学业、事业都会伊于胡底，而就德性言，自有一份义不容辞的伦理在推促他担负起持家之重责。一边是意兴盎然的读书写字、学问精进等，一边是意兴阑珊甚至极其无聊的家庭琐屑，"五四之子"顾颉刚确实是强作解人而难掩其内心之撕裂、挣扎。

名士陈布雷在回忆录中亦有类似表述，作为次子必须待在宁波慈溪乡下撑持因父丧而塌陷的大家族，家族繁琐之俗务搅其心，而受过新式教育的他，心思全不在儒家教训之所谓"齐家"，这种生命情趣与道德义务之间的撕扯，让陈布雷疲累不堪，新式教育亦无助于他的管理家族事务，在致友人信中，陈布雷叹息道："今而后乃知书生之无用，余向日在校之所习，到乡村理家族事，一无所用之，而乡人所视为克家之条件，在余乃无一而备。"这或许是传统心灵秩序和价值系统崩解后，受过新旧两种教育的知识人共通性的心灵世界？趋新而无法全然摆脱旧世界，怀旧而不能凛然抗拒新时代，亦当时人所谓"旧屋已拆，新居未造"，徊徨于无地自容的十字街头。

余英时先生说顾颉刚的一生是"未尽的才情"，反观"五四"这一年顾与胡适、傅斯年之间细微的分野，顾显然既不能做到胡适那样温文尔雅、云淡风轻，以至天下人皆言"我的朋友胡适之"式的包容士林，也无法做到傅斯年那样的虽千万人吾往矣的乾纲独断、一意孤行，因此只能左支右绌、瞻前顾后，虽才情横溢，亦心思细密，且有与傅斯年在史学研究与学术组织等方面一决高下之雄心，却终究无法穷尽其才、才尽其用。

民初政局的一段往事

1913年，中华民国举行了第一次国会选举。众议院统一党人王绍鏊在事过境迁之后的回忆里不无慨叹：

> 当时的竞选活动，除了一些人暗中进行贿赂外，一般人都采取公开发表演说的方式。我在江苏都督府任职期间，曾抽暇到江苏的苏、松、泰一带作过四十几次的竞选演说。竞选者作竞选演说大多是在茶馆里或者在其他公共场所里。竞选者带着一些人，一面敲着锣，一面高声叫喊"某某党某某人来发表竞选演说了，欢迎大家来听呀！"听众聚集时，就开始演说。有时不同政党的竞选者在同一茶馆里同时演说，彼此分开两处各讲各的。听讲的大多是士绅和其他中上层人士。偶尔也有几个农民听讲，但因讲的内容在他们听来不感兴趣，所以有的听一会儿就走了，有的坐在那里也不听。

据此可见，公开演说这种现代政治的竞争形式，已经在共和国的运作逻辑里发生作用，以演说争取民意，自然比以暴力胁迫民意要更为正当，前者是一个公开说理诉诸交往理性的平等过程，而后者则是一种直接诉诸政治暴力以强凌弱的方式。即听众而言，正如鲁迅在《药》《阿Q正传》等一系列讽刺小说中所描述的那样，革命与共和仍旧是悬浮在中国社会的政治符号,而广大的底层民众,并没有真正被动员起来,他们与革命者似乎生活在两个不同的民国。

因此,革命失败论就成了民初知识界甚至政界一种主流论述,而继续革命或永远革命论就成为20世纪中国最具有正当性的政治论述。社会学家陶孟和在民初宪政失败之后反思道:

> 这七年的民国,会造出这许多委曲求全的人民来。有一派人说这是政治上的罪恶。这几年的政治不良,荼毒人民,是人人都知道的。政治舞台上的角色,总是不外乎那几个:军人、元老、名流、"民党"、流氓、卖国奴、留学生和前朝的滑吏。这些形形色色的人物,也有一人兼戴着几种头衔的,一个一个的都登过场,个人独唱全体合唱的戏已经由他们都演完了。假使请他们再演一番,仍然还是旧套头,翻来覆去,又有什么意思?倘若老角色渐渐地下台,一班新角色再上台,所演的恐怕还及不上他们的老前辈呢。所以政治的罪恶既然已经铸成,使人民流离困苦,丧家亡身,那是已往的不可收拾的了。但是一般的人民现在还在那里热心地希望那造罪恶的去除他们的罪恶,去解人民的倒悬,岂不是妄想么?这不是推理上所谓连环推论(Vicious circle)永远出不去环外么?我想我们人民受苦不都是政治上的罪恶,不都是军人、元老、名流、"民党"、流氓、滑吏、留学生、卖国奴的罪恶,实在是我们人民自己的罪恶。大概美国林肯说过的:什么样的人民,也就应该有什么样的政府。

在陶孟和的印象中,民初政治其实就是一套假共和之名行武斗之实的表演性政治,在这场表演性的政治戏剧中,社会精英的溃败有目共睹,而习惯做看客来围观政治的民众,其实也以自身的懈怠、冷漠、分散、私欲等助长了邪恶的政治。在陶孟和看来,出路只有一个:那就是人民应该有更为自觉的政治意识和公共参与精神。他掷地有声地说:

> 民治国的人民不能袖手旁观听凭当道的处置,更不能谄媚官长去做他们的傀儡。因为人民所组织的、所活动的、所奋斗的,都是为保

护自己，增进大家的利益。大家不联络起来保护自己，就要受己以外的人支配剥削的。那贪鄙庸懦的虽然可以借着巴结逢迎有权势的去保护他本身，增进他自己的利益，但是那权势有变迁，有升沉，是一个不可靠的东西。

清末仁人志士浴血奋战翘首以盼的共和复兴，并未在政权易帜帝制瓦解后自然降临，一个旧世界的坍塌，意味着维持政治秩序、文化秩序和心灵秩序的精英阶层的边缘化甚至消散，而在民初的政治实践中，革命党人掌握了武力和政权，却似乎并未形成"强有力的中心主义"（杜亚泉语）。如何重建权威便成了民初政治的一个核心议题。所谓期待越高，挫败感越强，幻灭感愈剧，而民初政治实践的失败，就让政客们甚至知识人对政党政治失去了信心，暴力政治即此而洞开了20世纪中国前半叶的闸门。亲历清末民初这一段血雨腥风的政治迷雾的李大钊，曾经在政论刊物《言治》撰文指出民初社会自杀现象弥漫的根由：

> 满清末造，吾人犹有光复之希望、共和之希望，故虽压迫横来，而吾人以有前途一线之望，不肯遽灰其志，卒忍受其毒苦。今理想中之光复佳运，希望中之共和幸福，不唯毫末无闻，政俗且愈趋愈下，日即卑污，伤心之士，安有不痛愤欲绝，万念俱灰，以求一瞑，绝闻睹于此万恶之世也。呜呼！社会郁塞，人心愤慨，至于此极，犹不谋所以救济之。世变愈急，人生苦痛且随之益增，而生活艰窘，饥寒更相困迫，佛说天堂而天堂无路，耶说天国而天国无门，万象森罗中，但有解脱之一路，即自杀是也。

政治的昏暗与专横，与人心的溃烂、绝望是连带在一起的，即此可见政治与人心之间存在隐秘的关联。

对清末民初的政治变迁颇有洞察的鲁迅曾在《申报》发表一篇题名为《现代史》的短文，文章标题与内容构成一种奇异的互文关系。文章内容并没有直接涉及现代史，而是描述了作者记忆里的两种"变戏法"：

> 一种，是教一个猴子戴起假面，穿上衣服，耍一通刀枪；骑了

羊跑几圈。还有一匹用稀粥养活，已经瘦得皮包骨头的狗熊玩一些把戏。末后是向大家要钱。一种，是将一块石头放在空盒子里，用手巾左盖右盖，变出一只白鸽来；还有将纸塞在嘴巴里，点上火，从嘴角鼻孔里冒出烟焰。其次是向大家要钱。要了钱之后，一个人嫌少，装腔作势地不肯变了，一个人来劝他，对大家说再五个。果然有人抛钱了，于是再四个，三个……抛足之后，戏法就又开了场。这回是将一个孩子装进小口的坛子里面去，只见一条小辫子，要他再出来，又要钱。收足之后，不知怎么一来，大人用尖刀将孩子刺死了，盖上被单，直挺挺躺着，要他活过来，又要钱。

鲁迅通过标题"现代史"，引导读者从一个特定的视角来看待中国的"现代史"，这就是"变戏法"的角度，也就是充满欺骗、讹诈、暴力与虚伪的轮回性历史，历史成了游戏的对象，其实是历史中的个体成了游戏的对象，无数的生命被消耗在虚无而可笑的"变戏法"过程之中，尤其是文中的那个被当作戏法道具的孩子，被大人任意羞辱、玩弄与虐杀，成为赚钱的工具。而"别的孩子，如果走近去想仔细地看，他是要骂的；再不听，他就会打"。最后的结局就是戏演完了，"看客们也就呆头呆脑地走散"。对于真相的追寻被阻隔，在日复一日的谎言与虚假的重复之中，人们开始变得呆头呆脑且麻木。这则寓言或许从更深刻的层次解释了民初宪政挫败的根源吧。

民国报人的风骨

在20世纪30年代前期的中国，位于天津的《大公报》和立足上海的《申报》一南一北，环视全国，形成舆论呼应之势。两份报纸在内容与风格上存在显著的差异，前者稳重大方，言论相对理性温和，后者充满了摩登上海的商业气息，报纸上花哨的各类情色广告，很容易让初读者将之误作市井小报。前者的文艺副刊和言论的作者群体主要来自北平的知识界和文艺界，而后者大多来自上海滩亭子间的各类文人。撇开这些差异，两者却有着很多的相似性，比如都是创办人从他人手中购买，独立经营的，在办报宗旨上都坚持言论的独立性，都可以视为社会精英办大报的价值取向。史量才1912年从席子佩等人手中购得《申报》后，即明言其"无党无偏，言论自由，为民喉舌"之定位，而1926年后的新记《大公报》更是以张季鸾、胡政之、吴鼎昌三位创办人所公共议定的"四不方针"（即"不党""不卖""不私""不盲"）而声名鹊起于报界。

如果说史量才是《申报》的大脑，指挥着这份发行量只有几千的小报迅速地攀升为具有广泛影响力（20世纪30年代发行量一度达到15万份）的全国大报，那么张季鸾就是《大公报》的灵魂，他在该报所发表的政论，犀利尖锐而不失洞见，总览全局而大气磅礴，《大公报》成为舆论重镇，张可谓建首功之人。从两人的生平与志趣来看，史脱胎于民国时期最富有现代气息的上海，出入于金融家、实业家等地方精英所构筑的社会网络之中，游刃有余地打造其报业帝国，并创办"《申报》流通图书馆"等实体。从他的身上，我们可以窥见独立于国民党与共产党的"中间势力"的崛起，而其所夸耀于时人的是其处心积虑经营的《申报》。后者则具有传统士大夫的流风余韵，虽然早年亦曾留学日本，但其思想的根底在传统儒家以清议与谠论匡护公共价值与正义之准则。他先后参与过多家报纸的创办与经营，但其一生所着力的是文人论政，依靠《大公报》的公共平台，在全国造成理性而健全的舆论，进而影响最高当局的决策。张的一生以笔耕为主，甚少厕身于实业之经营。他的人生哲学就是报恩主义，报国家、人民与故土之恩，他人格伟岸，个性耿直而随和，在知识界与政府当局之间游走，扮演了民情上达的中介角色。曾任国民党中宣部副部长的陶希圣在追忆张季鸾的文章中对此有评说："北方的书生论政，政治当局重视北方的政论，互相呼应，很少隔膜，《大公报》尽了一番力。"

张可谓忧国忧民的传统士人，被蒋介石以"国士"视之，其一生与蒋结下不解之缘。据说蒋介石连其辖下的《中央日报》都不阅览，遑论《新华日报》等左翼报纸。他只读《大公报》，通过它了解时事与言论的动态。重要新闻政策往往通过《大公报》转达于全国报刊界。抗战后《大公报》内迁到陪都重庆，张身染沉疴，蒋介石亲往探视，并与重病中的张握手闲谈。张去世后，蒋在致《大公报》的唁电中发出"握手犹温"之感慨，公务繁忙的蒋介石多次主持或参与悼念张的公共活动。而张也是秉持"士为知己者死"之文化传统，其诸多言论往往发时人所未能发，而表蒋介石欲表达而未能明言之意，为蒋造成有利的舆论氛围。例如"九一八事变"后，《大公报》反复申述抗战之长期性与艰巨性，呼吁全国民众作持久抵抗，不以意气而草率交战致民族巨痛，而此时胡适等自由派知识分子在北平政论刊物《独立评论》上,也发表诸多号召长期抵抗的政论,两者虽遭到激进民族主义者的怀疑与痛骂,却很长时间内不改论调,这与蒋介石的筹划不谋而合,自然是通过舆论为蒋"减压"。西安事变发生后,张痛感张学良、杨虎城之鲁莽与全国局势之危殆,高瞻远瞩,写出《西安事变之善后》,提出此事的善后措施。当时,《大公报》几乎每日都刊载张所撰写的时评,后来张所写的评论《给西安军界的一封公开信》,被宋美龄用飞机运载数万份运到西安上空广为传发,创造了"航空发行"的中国报史首例。

但张也并非蒋介石的"御用文人",作为深受传统价值影响的报人,他深知道统与政统之间的张力,"道尊于势"自然是其原则。当蒋介石的某些行为违背他所认同的民族大义时,张就毫不留情地批评。最为人所乐道的例子就是1927年12月2日(蒋介石与宋美龄结婚的次日),张在《大公报》发表《蒋介石之人生观》,斥责蒋"离妻再娶,弃妾新婚"的私人道德之糜烂,又慨叹"兵士殉生,将帅谈爱;人生不平,至此极点",并痛斥蒋介石"不学无术,为人之祸"。可观其一生,虽与蒋介石时有芥蒂,却并未影响到其作为一个"报人"与蒋作为一个"政治家"之间的情谊。这份张与蒋之间"惺惺相惜"的"私谊",最大限度地保证了《大公报》"公论"的独立与自主。尽管《大公报》时有犯禁之评论与新闻报道,却屡屡化险为夷,脱离严峻惩罚,不能不说与这份特殊关系有关。而当张去世后,《大公报》笔政由具有一定左翼倾向的王芸生主持,虽言论仍袭该报一贯的风格与尺度,却频频遭到蒋氏政权的打压。

反观史量才与蒋介石的关系,则从未有如此般其乐融融,史与蒋介石也很少私下密切接触。相对于张季鸾的文人论政,史量才更具有实业家的气象,他不仅仅是关注言论力量,更关切报业作为一种社会经济实体力量的发展。正是依托于这样的思路,史并不满足于《申报》自身,他在上海积极地兼并和创办新报,并开设很多依附于《申报》的社会实体。或许缘于20世纪30年代上海资本家的支持,以及独立于政治

蒋介石在张季鸾葬礼上率治丧委员会致祭

1942年11月19日史量才遇害八周年纪念,《申报》登载的史量才遗像、遇害当时报道及威风凛凛的蒋介石图片

统治的"地方社会"的发达,雄才大略的史在上海纵横捭阖,先后出任上海市民地方维持会与上海临时参议会的主要负责人,甚至在南京开会面对政治势力以"百万雄师"相"武力威胁"时,兼具实业家、报人与社会活动家等多重身份的史量才毫无畏惧之态,反而扬言其手下有百万读者,足以纠集民意与舆论抗衡独裁之政府。当蒋介石20世纪30年代初内外交困而被迫宣布下野时,史量才居然胆敢在《申报》上刊发题名为《欢送》的时评,并呼唤一个政治革新的后蒋新时代的来临。而《申报》对于时任南京中央大学校长朱家骅挪用救灾款的辛辣批评,更是激起了朱的愤慨。1932年7月15日,朱在给正焦头烂额地忙于第四次围剿红军的蒋介石去信:"上海报阀史量才利用他的报业权威,勾结上海的一班无聊文人,专做危害党国的工作。例如《申报》的《剿匪评论》,对于南京中央大学学潮的记载和评议,《申报·自由谈》和《申报月刊》登载陶行知等的文章,黄炎培做《申报》的设计部长,都是不利于党国的。"蒋阅后暴跳如雷,命令禁止邮递《申报》,于是从7月16日到8月21日长达三十五天的时间内,《申报》无从在蒋控制的区域内与读者见面。后经多方斡旋,才获恢复邮递。

《申报》批评蒋介石的围剿行动,实际上不是在消灭"共匪",而是在制造更多的无家可归而只能被逼上梁山的"共匪",直言这种现象产生的根由不在于共产主义和共产党,而根植于持续的鸦片种植、不断攀升的苛捐杂税、地方政府的腐败无能和国民党军队对乡村的破坏,换言之,造成中国贫弱的根源在于专制横暴的国民党政权自身。针对民权保障同盟会总干事杨杏佛被蒋刺杀,以及更早的第三党领袖邓演达的被刺等,史量才积极参与了由宋庆龄等发起的反蒋社会活动。

1931年12月20日,《申报》全文刊登了《宋庆龄之宣言》。宋在文中愤慨地指出:"国民党已不再是一个政治力量,它早已丧失革命集团的地位,名誉扫地,遭到全国人民的厌弃和痛恨。"史量才无疑并不仅仅满足于做一个像张季鸾那样的谋士或国士,他是有政治抱负与政治行动力的。"九一八"后，国民党提出"攘外必先安内"的一味妥协政策而大失民心，以及蒋不断从江浙沪资本家那里榨取钱财与共产党打内战而导致与这个群体离心离德，都仿佛让史量才感觉到上海民族资产阶级重建中国政治社会的可能。而他这种跑马圈地的大规模扩张行为，以及《申报》的巨大影响力，自然让依靠上海等地财阀支持发家的蒋介石视其为"心腹大患"，必欲除之而后安。蒋对于史初出之以"胡萝卜加大棒"的政策，威逼利诱兼而用之，一方面安排一些闲职予史量才以安抚，同时却逼着史量才辞退《申报·自由谈》的主编黎烈文，事实上是对于主张革新的黎大量刊发左翼作家鲁迅、茅盾、郁达夫、老舍等针砭时弊，尤其是痛斥国民党党治文化的杂文的不满。在这一切都未达到其预期目标时，蒋的本相毕露。于是中国新闻史上最无耻的一幕发生了，1934年11月13日下午，史量才与其夫人沈秋水及儿子等六人在由杭返沪的路上，被戴笠布置的六七个特务拦堵刺杀。史在杭州的手迹"山中岁月无古今，世外风烟空往来"成为绝笔。之后，《申报》的情势急转直下，被国民党委派的潘公展所控制，几乎再也无法发出不偏不倚的独立言论了。

张季鸾与史量才，同为民国报界奇才，与蒋介石的私人关系大相径庭，一得善终，死后哀荣备至；一竟被暗杀，虽然大张旗鼓查凶，最终不了了之，史只能含冤九泉。同为政客与报人的关系，对于张季鸾，蒋介石能够以犯颜直谏的"国士"待之，多有宽容和褒奖，自然与蒋自身也认同传统价值有关，并且与张始终坚守书生议政，而并无由议政而进一步干政之野心多有关联。而蒋对于史量才，则从未简单视之为手无寸铁之书生，对于其挟《申报》自重，领袖群伦于上海市主流社会，并与国民党左翼，甚至上海市黑社会或明修栈道或暗度陈仓，都多有忌惮与仇视。多次拉拢不成之后，便使出其惯有之消除政敌（史充其量只能算一个潜在政敌）的暗杀手段了。可叹张、史身后的《大公报》和《申报》竟然都未能庚续他们主政时之浩然气势，后者甚至沦为党报附庸。

由此可见，中国舆论之发达与报业之壮大，与主持报纸者是否具备领袖风范与政治智慧关系甚大，政治生活中所谓人亡政息之规律也见诸报界。而舆论之独立也并非仅有诉诸西方社会所言第四权力之一途，张季鸾借助其与蒋介石的私谊，而让《大公报》最大程度上实现了"四不方针"的办报宗旨，也让今天的传媒人能够获得一些历史的启示。换言之，史量才式的立足于社会力量与政治权力的拓展舆论空间，与张季鸾式的从权力内部争取支持来获取言论的不受干涉，可以道并行而不相悖，共同合力打造出一个相对独立的公共舆论空间。

十字街头的塔

在20世纪30年代的北平文艺圈,周作人可以说是一个"精神领袖"式的核心人物。他的周围聚集着当时一大批优秀的文人、学者,如俞平伯、废名、孙伏园等人。这个圈子的交往模式与林徽因、金岳霖等人的交往大异其趣,与这两种具有浓厚西方色彩的"公共交往"迥异的是:周作人等的交往更带有传统文人的特性,通过聚餐、尺牍、唱和、听曲、逛旧书店等方式建立一种日常性的联系,这种联系又显得非常随意和自然,不像金、林等人的交往时间和沟通模式是相对固定的,而是性之所至而任意相往来。如果说金、林等所形成的交往网络更多的是侧重智慧和知识的话,那么周作人等人的交游注重的是心灵的契合和趣味的重叠。新文化运动后的周作人发生大的逆转,到了20世纪30年代开始宣扬"闭户读书论",注意"生活之艺术",在对古书、民俗等的把玩中品味生活,这种闲适的生活方式和趣味吸引了诸多追随者。

事实上,1925年发表在《语丝》周刊上的《十字街头的塔》就隐含了周作人的这种"社会转向",从一个新文化运动的"流氓鬼"转型成一个文质彬彬的"绅士鬼"。他在这篇短文的结尾这样袒露其心曲:

别人离了象牙的塔走往十字街头,我却在十字街头造起塔来住,

> 未免似乎取巧罢？我本不是任何艺术家，没有象牙或牛角的塔，自然是站在街头的了，然而又有点怕累，怕挤，于是只好住在临街的塔里，这是自然不过的事。只是在现今中国，这种态度最不上算，大众看见塔，便说这是智识阶级（就有罪），绅士商贾见塔在路边，便说这是党人（应取缔），这也没有什么妨害，还是如水竹村人所说"听其自然"，不去管它好罢，反正这些闲话都靠不住也不会久的。老实说，这塔与街本来并非不相干的东西，不问世事而缩入塔里原即是对于街头的反动，出在街头说道工作的人也仍有他们的塔，因为他们自有其与大众乖戾的理想。总之只有预备跟着街头的群众去瞎撞胡混，不想依着自己的意见说一两句话的人，才真是没有他的塔。

这个时期的周作人还没有彻底学院化，还没有建筑起自己的"象牙塔"，但他也不愿意完全生活在"十字街头"的喧嚣中，他"怕累，怕挤"，他只能在"十字街头"的繁华中建构一座心灵的"象牙塔"，也即在出世的实存中保留一份超然的情怀，明净地观照和赏玩这个世界。

如果说在20世纪20年代的周作人尚且在出世与入世、愤激与平和、学院与社会之间游离不定的话，那么到了30年代，他性格中淡泊、宁静和疏离的面向越来越突出，谈论时事、典故、民俗的随意舒展中隐含的是在"文化的向度"中向自我内心世界的开掘，并且将自然、人生与社会的情趣灌注到这种动态的过程之中。周作人将日常生活作为一个审美化的进程，由此，短暂的、破碎的、繁杂的"日常世界"便与一个永恒的、辽远的、深邃的"文化世界"对接起来，正是在这个对接的过程中，周作人的社会网络自然地伸展，与诸多诗友和同好的唱和、交游赋予了日常生活网络一层"文化的光斑"，这种光斑所营造的气氛、感觉造就了一个更加稳固的"塔"，安顿了周作人与其朋友们的灵魂。

正是这种价值系统的魅力，凝聚了一大批崇尚精神自由的知识分子，他们在日常世界的频繁交往中"行到水穷处，坐看云起时"，在一种审美和观照的态度里沉溺在当下的可以把捉的文化世界的精神里，相对于"遵命文学"的泛滥也不失为一种"沉默的反抗"。学者高恒文曾撰文分析这个知识群体的社会学特征:"他们或在北大任教,或毕业于北大而在北平的高校任教,清一色的学院中人。周作人是这些人的文学前辈,并且曾经是他们中许多人的老师,如俞平伯、废名、梁遇春等。《骆驼草》的创刊标志着1926年以后在周作人身边形成的一个以周作人为中心的文学集体在30年代初中国文坛上的第一次公开露面。"

其实,周作人并未如其所称的那样隐逸与颓废,《新青年》时期的那种虽千万人吾往矣的卓然独立精神,仍旧在隐蔽地延续,只不过以前的反抗可能更多指向政治权力的压抑,而如今则大多指向随波逐流谄媚大众和舆论的平庸之流。这一点在其1930年3月18日为天津《益世报》写的短文《中年》亦可窥见。他如此直抒胸臆:

> 我决不敢相信自己是不惑,虽然岁月是过了不惑之年好久了,但是我总想努力不至于不惑,不要人情物理都不了解。本来人生是一贯的,其中却分几个段落,如童年,少年,中年,老年,各有意义,都不容空过。譬如少年时代是浪漫的,中年是理智的时代,到了老年差不多可以说是待死堂的生活罢。然而中国凡事是颠倒错乱的,往往少年老成,摆出道学家超人志士的模样;中年以来重新来秋冬行春令,大讲其恋爱等等,这样跟着青年跑,或者可以免于落伍之讥,实在犹如将昼作夜,"拽直照原",只落得不见日光而见月亮,未始没有好些危险。我想最好还是顺其自然。

街头的群众也罢,青年也好,都是20世纪20年代政党力量崛起、主义喧嚣以后,在中国社会权势熏天的势力。革命者往往迎合这两者来汲取社会力量,而这在退隐回内心城堡而海阔天空的周作人看来,却是一种"神圣化的媚俗"。"塔"在周作人及其交往的朋友圈子中,其实就成为内心自我的表征,在革命洪流的淘洗之下,他们都是这种不被意识形态化的自我的消极守护者。

亭子间里的上海文人

《中报》记载，20世纪30年代上海的亭子间是"龟棚"式或称"火柴匣"式的住屋，没有新鲜的空气和暖的阳光，起居饮食，厨灶便桶，多挤在寸金范围区内，楚河汉界，不容越雷池一步。天气炎热时，亭子间热得和蒸笼火炕一样，汗气四溢，臭虫结队。租房者无法，就群向露天大旅社投宿，结果，疠疫横生，传染了一屋子的人，不可收拾。

一篇题名为《亭子间作家》的散文也描述了两个亭子间作家的生活空间的逼仄：

> 像鸽子笼似的，房子的幅面，不够五尺宽，放着两张床，两张写字台，所有的地方就几乎被占光，来访的客人要是在三五个的话，简直便连驻足的空儿也没有了，在冰冻的冬天里倒容易过去，但是一到了炎炎的暑天，日子可就难挨了。

该文作者对于亭子间作家除了同情之外，也有一些指责，这种指责倒是让我们注意到了某些文人哭穷的另一面：

> 一辈子就永远踞踏在亭子间里边活受罪，有时想了起来也会不自禁地觉得悲哀，而这悲哀的延续往往是非常短促的，一下子又忘记了。其实他们两个每一个的入息并不算小，要租那种较舒适的房子自

丁聪漫画《书中没有黄金屋》

然不是无办法。但是从来都是这样：钱一得到手，镇日价便到外头吊儿郎当，喝酒，跳舞，咖啡座，尽情地纵乐着，轻轻地不上几日的工夫，就把整个月辛苦得来的收获花个干干净净了。

更多的文人并没有这样的潇洒时刻，他们局促在亭子间枯坐半日，没有写作的灵感，或者即使好不容易写了出来，投寄出去，眼巴巴地盼望稿费，得到的却是退回来的稿子，这时还得面对房东时时的白眼和恶狠狠地催交房租。

生活贫困化导致的结果就可能是"牢骚"，牢骚其实也就是变相的公开诉苦。周本斋在《文人与穷》一文里说："因穷达的不同，文学也呈异观。达者的文学，是歌颂文学。穷者的文学，是牢骚文学。"这种两分法略显简单化，但是也有一定的合理性，在一个人治社会里，文学者的"达"往往意味着他对权力者歌功颂德,将独立人格折算成个人利益,而穷者陷入生活之困顿,常有怀才不遇之感慨,故牢骚满腹。文人自然靠写稿谋生,可当时的稿费似无法应付生活所必需。

其时《申报·谈言》一篇评论的作者感慨道:"在这年头,除了极少数有特殊的地位的作家,每月所入足以应付衣食住之外;其他的一切握笔杆者,差不多都在过着支离破碎的生活,终日咬着牙根与穷鬼周旋,间亦有聪明能干的改途易辙,或奔赴宦海,不过那是少之又少。而别无旁路可走的就只有埋头硬干,以至于贫死、饿死、病死为止。"鲁迅大概在这位作者所说的"少数有特殊的地位的作家"之列,故鲁迅能够经常呼朋唤友去看电影、喝茶,而在上海左翼文人聚会的圈子里,也经常是他买单,这都是有他足够的稿费收入做保障的。

另外一个文人则算了一笔具体的账:

> 卖文是很不容易的:呕尽心血,绞尽脑汁,写出五六百字,做成一篇文章,还要预付二分没有还价把握的邮花,才能寄到报馆。可是编辑先生与你有缘与否?还是一个问题。即是抱了最大的希望,刊了出来,酬金至多也不过一元至两元之数,但这一元至两元酬金的代价,不知亏损我的心血多少呢!这还算好,有时做一篇文章,语气必定要激烈一点,否则获不到编辑先生的同情,但政府里的大人们,偏偏不原谅你,说你是××派,当即派几个侦探来监视你,把你包围,使你有行不得之叹!运气不济,有尝铁窗风味的危险。

文人得在编辑的尺度与政府的言论尺度之间拿捏分寸,稍不小心就可能以言获罪。除了这种政治性的言论要求之外,各种报刊也有不同的用稿标准,文人得学会写不同风格的文章以顺应买方的需求,精神性的文字也某种程度上商品化了,"但是,一个文人一变而为百货店,确是不易。有的刊物要幽默,有的要礼拜六派或蝴蝶鸳鸯,有的要不反动,而有的不正动。因此,文人要迎合各种市场的需要,确是不可能的事"。

政治规训和商业压迫,这两个外在的因素,自然直接限制了文人的自由表达，很多文人感觉自己不是在写作，而是在出卖灵魂。《申报·自由谈》上的一篇文人内心独白很是震撼人心：

> 为了生活，我拍卖了我的灵魂，为了生活，我拍卖了我的青春。我吃自己的脑汁，嚼自己的灵魂，是苦？是涩？也只有自己才知道。天啊，这是生活吗？这样，我所以每一看见笔，便存着敌意，便想逃，然而，直到现在我每天还是得寻找我的笔，握着，紧紧地。我想，总有一天我得搁下这劳什子，总有一天我得把我的灵魂叫回来。

这种认同的困境几乎是那个时代的上海文人的普遍意识，这样的认同困境对于上海文人的言论自然产生了深远的影响。

亭子间文人的生活世界，无疑是局促在一种物质上的巨大压迫与精神的深度压抑之间。除非有强大的内心世界，这样穷困潦倒的生活，自然会逐渐掏空文人所有的浪漫与激情，只剩下在字里行间虚构性的浪漫意识与批判精神，底里却是穷酸气煎熬出来的自轻自贱与自恋自傲杂交出的"戾气"。孔子说，"君子固穷，小人穷斯滥矣"，又言"士志于道，而耻恶衣恶食者，未足与议也"，劝导其门人都要像弟子颜回那样安贫乐道，坚守一个纯粹的精神世界。这在小国寡民的农业社会里或许不难做到，可在"居上海，大不易"的现代大都市，衣食住行都需要按月甚至逐日计费的时代，贫困往往成为气节的杀手锏，而亭子间往往成为埋葬文人理想的坟墓。

第二辑 相遇

"如今我们已回来,你们请看分晓罢"

1917年夏,留学美国七年的胡适回到中国,任教于北京大学,曾与章太炎同在北京的少年中国学会演讲。他那天特意用英文朗诵了一句《荷马史诗》中的诗句:"You shall see the difference now that we are back again."这句话在其早年日记里也曾多次出现,胡适自己将之翻译成:"如今我们已回来,你们请看分晓罢。"这可谓近代以来留学欧美学生群体的宣言,弥漫着底定天下、廓清寰宇而舍我其谁的豪迈。晚清以后,中华帝国的政治、社会和文化秩序都发生严重的危机,如何超克这一史无前例的危机,中国大多数读书人已经不再是像古人那样回到三代之治和儒家经典去求索治乱之道,而是"向西方寻求真理"。西方的面孔与内涵也有一个变异的过程,从容闳等最早的留美幼童到甲午海战之后的周氏兄弟为表征的留日狂潮,再到民初以后以胡适为代表的留学欧美热潮,一波接一波,后浪吞前浪,将留学生群体与民族的救亡图存捆绑在一起,留学生群体被赋予了学术、教育与文化之外的多重历史使命。或许正因为此,留学生的待遇、资源与权势也就远远超过国内新式学堂的毕业生,更无论旧学出身的读书人。

史家罗志田先生曾在为美国学者史黛西·比勒的《中国留美学生

史》所写的序言中指出:"大约从20年代起,英美留学生逐渐取得一些思想学术的优势。于是有所谓'镀金'的英美留学生和'镀银'的日本留学生,两者在很多方面的待遇开始出现差异,且日渐明显。"北京大学法科毕业生陶希圣(后来担任国民政府中宣部副部长、《中央日报》总主笔),1924年前后,离开任教的安徽省法政专门学校,通过朋友介绍进上海商务印书馆编译所任职,充分体会到了所谓"海归"与"土鳖"的待遇差别。1955年,年近古稀的陶希圣面对即将留学欧美的台湾青年学子演讲,不无感慨地叙述了自己当年在编译所遭受的"歧视性待遇":

> 有一显明的象征可以说明每一人的待遇。我是国内大学毕业而有教书经历的,月薪八十元,坐的是三尺长尺半宽的小桌子,加一硬板凳。桌上的墨水是工友用开水壶式的大壶向一个小瓷盂注入的。
>
> 若是日本明治大学一类学校毕业回国的人,月薪是一百二十元,桌子长到三尺半,宽到二尺,也是硬板凳。如果是日本帝国大学毕业回国者,月薪可到一百五十元,桌子长到四尺,宽到二尺半,藤椅子。桌上有水晶红蓝墨水瓶,另加一个木架子,内分五槅,可以分类存稿。
>
> 若是欧美一般大学毕业回国的留学生,月薪可至二百元,桌椅同于日本帝国大学的留学生。如果是英国牛津、剑桥,美国耶鲁、哈佛,而回国后有大学教授经历,那就是各部主任,月薪二百五十元,在待遇上顶了天。桌子上有拉上拉下的盖,除自己坐藤椅外,还有一个便凳子,预备来接洽工作的人坐。

时隔三十年,中国时局变动如此剧烈,而陶氏经历之事情如许复杂(如在杜月笙襄助下协同高宗武脱离汪精卫集团的"高陶事件"等),却仍能如此细致地回忆出商务印书馆在留学生(内部亦有分层)与非留学生之间的待遇差别,这种工作场所的标志性等级区隔,自然给心气甚高而自视不凡的陶希圣一种历久弥深的创伤性体验,久而久之,就成为沉潜到意识深处的创伤性记忆而反复被诉说。陶在演讲中仍流露为国内大学毕业生鸣不平的委屈之气：

> 一个人从学校到社会，是他一生事业的起点。国内学生好像从山脚爬起，要爬到二千尺，是很困难的。留学生回国也许是从一千尺爬起，爬到二千尺便比较容易了。但是留学生也要警悟，国内学生的数量比留学生大，他们的淘汰率也是比留学生的淘汰率大的。从千百人里超拔的有数的国内学生，论学问，论见识，不比留学生差。同时那些没有受过淘汰的留学生，往往没有什么长处和特点。

陶希圣所言虽难免因个人经验而浸透了某些怨愤心绪，不过，他对留学生的判断也并非全然没有道理。清末以来留学者如过江之鲫，动机则千差万别，而在国外无熟人社会之牵绊、规约，若又系官费，则以留学之名，行游乐之实者大有人在，这些人也就是钱锺书调侃的方鸿渐之类的冒牌洋学生。在传统中国，私塾也好，书院也罢，温故知新的都是同样一套儒家经典，不存在因学校出身而导致的身份上如此赫然的等级差别，而意在向西方学习平等诸真理的留学，却在事实上打造出中国知识界一种新的不平等，并强化了留学生与非留学生群体之间的人际隔阂和恶性竞争，这无疑是历史的反讽。留学日、美、欧但并不以此为荣的陈寅恪先生当年就曾对其学术助手浦江清说："祸中国最大者有二事，一为袁世凯之北洋练兵，二为派送留美官费生。"

清华出身留学美国密苏里大学、康奈尔大学等知名学府的萧公权先生曾指出留学生群体的林林总总：

> 我知道若干中国学者在欧美大学中研读多年，只求学问，不受学位。史学名家陈寅恪先生是其中最特出的一位。真有学问的人绝对不需要硕士博士头衔去装点门面。不幸是有些留学生过于重视学位而意图巧取。他们选择学校、院系、课程，以至论文题目，多务在避难就易。他们得着了学位，但所得的学问却打了折扣。更不幸的是另有一些人在国外混几年，回国后自称曾经某大学授予某学位。他们凭着假

学位做幌子，居然在国内教育界或其他事业中混迹。

如此看来，并非留学出身的商务印书馆编译所所长王云五，以留学国别、学校等而制定的福利标准、工资标准，就难免以出身论而纵容了留学生群体中的浑水摸鱼者，而轻忽了国内大学毕业生中的秀异人士。

中国游子的美国意象

1912年，蒋梦麟在纽约哥伦比亚大学攻读哲学及教育学博士学位，此时的他刚从美国西岸的加州伯克利转到东岸的纽约，对纽约象征的美国文化与生活有了切身的体验，那不亚于茅盾《子夜》里所描述的"震惊感"，首先映入视野的是作为现代景观的建筑："纽约给我印象较深的事物是它的摩天大楼，川流不息的地道车和高架电车，高楼屋顶上的炫目的霓虹灯广告；剧场、影院、夜总会、旅馆、饭店；出售高贵商品的第五街，生活浪漫不拘的格林威治村，东区的贫民窟等等。"这是一个弥漫着俗世繁华意象的美国，对于从中国浙江乡村出来负笈留学的蒋梦麟，自然充满了冲击力。

但更让蒋梦麟感慨不已的是美国社会文化的多元和包容，以及支撑这种多元文化的平等意识：

> 在社会生活方面，新英格兰人、爱尔兰人、波兰人、意大利人、希腊人、犹太人等各族杂处，和睦如邻，此外还有几千名华侨聚居在唐人街附近。当时在这个大都会里的中国菜馆就有五百家之多。纽约市密集的人口中龙蛇混杂，包括政客、流氓、学者、艺术家、工业家、金融巨子、百万富翁、贫民窟的贫民以及各色人等，但是基本上

这些人都是美国的产物。只有美国这样的国家才能产生这样高度工业化的大都市,也只有美国才能出现这种兼容并蓄的大熔炉。种族摩擦的事可说绝无仅有。一个人只要不太逾越法律的范围,就可以在纽约为所欲为。只要他不太违背习俗,谁也不会干涉他的私人行动。只要能够找到听众,谁都可以评论古今,臧否时政。

蒋梦麟由此发现了"美国主义"的内涵就是:"法律范围之内的自由,理智领域之内的思想自由和言论自由在纽约发挥得淋漓极致,大规模的工商业,国际性的银行业务,发明、机械和资源的极度利用,处处显示美国主义的精神和实例。在纽约,我们可以发现整个美国主义的缩影。"进而言之,蒋梦麟认为这种崇尚自由和创造、尊重多元和平等的美国主义,并非仅仅局限于大都会纽约,而是在美国社会各地随处可见的景象。

几乎同一年在美国派克维尔学院留学的湖南籍青年蒋廷黻,对于小镇上的美国社会也有一些片段化的观察和体验:"派克维尔当时可能有一千人,包括派克专科和派克学堂的四百名学生在内。那里没有电影院和酒吧。有两家冷饮店,一家附设在安伍德医生的药房里,另一家也是由镇上一位医生经营的。我没有见过乞丐,也没听过有什么犯罪。贫富并不悬殊。大部分人都步行,少数人坐马车。每个人都守法、信教。大家都努力工作。"这种崇尚简朴生活和坚持宗教原则的价值理念,也同样是支撑蒋梦麟所言的美国主义的地方性基石。正如托克维尔在《论美国的民主》一书中所指出的那样,清新质朴而有活力的地方社区,是美国政治生活良性运转的基础。

但当时生活在美国的中国年轻人,无疑是背负着"向西方寻求真理"的神圣使命前往,而与西方社会真实碰撞中发生的种种不快,或许更能刺激他们的民族主义情绪的发酵。蒋廷黻对于这种"远距离的爱国主义"有着深刻观察:

美国教会,为了筹集所需费用,往往谈到中国的穷人,损及中国人的尊严,此举使在欧柏林读书的中国学生大起反感。这是他们伤了我们的自尊心。然而这种自尊可能是不对的,因为他们所说的多半是事实。但我们却不希望他们在美国公开这些丑事。其实在中国学生中,谈到自己国家的种种,有时所用措词,比教会牧师所用的更粗鲁、更尖苛。但是同样一件事,经牧师们一说,我们就大感不快,感到有失尊严。离国数年后,我们又把祖国理想化了。凡是在国外的人都较为爱国,这可能是一条不易的真理。

蒋廷黻是冷静而客观的,对中国人"家丑不可外扬"的成见有反省,他清醒地认知必须正面地接受美国人的批评,批评祖国绝不意味着就不爱国,这是两回事,他反对原教旨主义的爱国主义。这正是美国文化所赋予他的一种新的文化自觉和价值观念。

相对而言,稍晚留学美国(20世纪20年代)的江西籍学子萧公权对于美国社会的观察似乎更深透和客观一些,似乎没有那么多自我肯定的美国主义的投射。他注重的是美国人情的区域性差异,认为"中部的人比较朴质而忠厚,虽然和南部各州的人一样,他们一致歧视黑人,在黑白之间划了一条不可逾越的界限。例如黑人不许住白人的旅馆,进白人的餐厅,坐白人的公共电车。哥伦比亚的电影院卖票给黑人,但只许他们经由一道狭而且陡的楼梯到为他们特设的简陋座位上去看"。但这些中部人士对待亚裔学生,却比较善意和照顾。这自然与蒋梦麟所言的美国社会没有种族摩擦的记述大相径庭,或许是针对黑人的制度性的种族歧视已经内在化了,因此被驯化的种族反而无法在公共空间里表现出一种反抗的姿态,这就给一些走马观花的留学生制造了一种种族和谐的假象。

萧公权在回忆录《问学谏往录》里写道:"也许是由于工商业高度发展的影响,美国东部和各地大都会的人,一般说来,待人接物不及中部人的友善和恳挚。他们对东方人的态度大概倾向于冷淡而不显示轻蔑。"这确实是很精准的洞察。不过,虽然在前引文字里,萧公权似乎对美国社会颇多批评，但总体上而言，他也很欣赏美国人身上弥漫的"美国精神"："美国人最显著的长处是抱乐观，有朝气。他们奉行'天助自助者'的信条，不肯无报酬而工作，也不愿无功而食禄。"这自然很能引发自清华学校毕业至美留学的萧公权的共鸣。以美国返回的庚子赔款而建立的清华大学的校训"天行健，君子以自强不息"更是与这种自力更生的美国精神在价值上形成了隔海共振。

不过，萧公权也注意到了美国精神从质朴到奢华的转折，他对这种倾向也表示了某种担忧："美国，多数的人过重实用，有时倾向于一种重物质而轻'精神'的人生态度。技术和经济的进展，逐渐于无形中冲淡了殖民时代的宗教情绪，增加了新世纪物质享受的要求。致富是个人'成功'的主要标的。'白手起家'，由赤贫而成巨富的人是社会里赞扬和歆慕的对象。"这是一种历史学家史华慈所言的物质主义末世救赎论，但在美国，因为有强劲的宗教精神的制衡，它并未冲决网罗而形成对政治生活的重大侵蚀。萧公权认为美国政治的成功，不能不归功于普通美国民众的政治意识和权利观念，以及他们在乡镇的充分的政治生活实践。在他看来，"宁可革命流血，不肯放弃自治权利的'农人'是美国民主政治的基层柱石"。换言之，具有政治智慧的人民才是民主政治的基本元素。

这就正如蒋梦麟在美国旧金山上岸时的观感所呈现出的那样，美国人民与美国主义是融为一体的，他们深切地领悟到了自由与权威、权利与责任、个体与共同体的关系，因此才能形成一种有序良俗政治。晚年的蒋梦麟如此回忆初登美利坚大地的那一刻的美国意象："我上岸时第一个印象是移民局官员和警察所反映的国家权力。美国这个共和政体的国家，她的人民似乎比君主专制的中国人民更少个人自由，这简直弄得我莫名其妙。我们在中国时，天高皇帝远，一向很少感受到国家权力的拘束。"这种对自由社会的想象，与美国社会的实际之间的张力及其不适感，是需要这些早期留学生在美国学习、生活了很长时间后，才能慢慢领会和调适的。不管怎么说,蒋梦麟、蒋廷黻和萧公权这三个来自中国不同区域的青年人在年老之际留下的美国追忆,为我们穿越时间的闸门重温最初的一代留学生在美国的见闻和感触都饶有意义,他们毕竟是深刻地影响了其后中国教育、政治和学术走向的知识分子。

魂兮归来,燕京精神!

中国人对于司徒雷登的印象大都源自毛泽东发表于1949年8月8日的雄文《别了,司徒雷登》,通过这篇社论,司徒雷登作为战后美国在华政策失败的代表人物的历史形象被定格在我们的集体记忆之中,社论勾描出来的司徒雷登"是一个在中国出生的美国人,在中国有相当广泛的社会联系,在中国办过多年的教会学校,在抗日时期坐过日本人的监狱,平素装着爱美国也爱中国,颇能迷惑一部分中国人"。这样一位被定性为帝国主义者的文化代表,最后的命运更是被塑造成极其滑稽、丑陋而孤独的境况:

> 人民解放军横渡长江,南京的美国殖民政府如鸟兽散。司徒雷登大使老爷却坐着不动,睁起眼睛看着,希望开设新店,捞一把。司徒雷登看见了什么呢?除了看见人民解放军一队一队地走过,工人、农民、学生一群一群地起来之外,他还看见了一种现象,就是中国的自由主义者或民主个人主义者也大群地和工农兵学生等人一道喊口号、讲革命。总之是没有人去理他,使得他"茕茕孑立,形影相吊",没有什么事做了,只好挟起皮包走路。

这是一个高度政治化和脸谱化的司徒雷登,遮蔽了历史人物的复杂面相，尤其是司徒雷登作为文化传播者和教育者的侧面。1945年9月13日，抗战期间迁移到成都等地的燕京大学在北平复校，在借用的校园里举行了一场欢迎会，参加完这场聚会的燕京大学校长司徒雷登在当天的日记里写道："对于这么一个纯粹是华人集团所表现的热心、高效率、足智多谋，这不啻是一次令人兴奋的见证，大量的燕京大学毕业生，不时听到各方面对校方维持学术水准的赞语，关于这些几乎就是不可思议的'燕京精神'表现了。"在民国的高等教育体系里，教会大学如燕京大学、圣约翰大学、辅仁大学等都是大学行列中的佼佼者。虽然这些大学大都有浓厚的宗教背景，但作为办学者，这些学校的校董会却基本上坚持宗教与教育分离的原则，即崇尚教育自由和学术自由。这才是奠定所谓"燕京精神"的基础。

司徒雷登在他的晚年回忆录中对此直言不讳：

> 燕京大学是整个传教大工程中的一部分，其存在的使命不仅是为教会成员的子女提供教育，更关注于培训一些教会的职工。这个副业反倒成了它在中国土地上建立的唯一正当理由，也正是由于这个副业我们才有希望获得外部的资金援助。我希望大学坚定不移地维持基督教的氛围和影响，又希望它能够远离那种让人厌烦的说教行为。不应当强迫员工和学生参加礼拜和其他宗教活动，不应当对基督徒有照顾政策，拒绝信教的人也不应当受到歧视和惩罚。不管从哪一个方面来看，燕大都理应是一所真正的大学，无拘无束传授真理，而宗教信仰的表达则只应当是私人的事情。

燕京大学的存在和延续依靠其基督教背景争取的外援，但其办学方式却坚持自由和多元的准则，在这种宽松氛围里容许基督教文化的传扬，这可谓是将自由主义与宗教文化完美结合的典范。

燕京大学不仅是创造、传播和接受知识的空间，同时也是滋养心灵和塑造美德的空间，而对于后者，非强制性的宗教文化往往可以扮演良性的角色。正是在这样一种自觉的办学方针指导下，燕京大学的新闻系、社会学系、法学院、政治学系、哲学系等都成为当时中国学术界最一流的院系，拥有费孝通、吴文藻、张东荪、许地山、梁士纯、冰心等一大批最一流的学者和学生。

司徒雷登的《在华五十年》中记录了1919年前后，为了这样一所一贫如洗仅仅停留在理念中的教会大学的诞生，他在北平为选校址四处求人甚至远赴陕西，以及在美国为了筹措建校款项而开始的"乞讨之旅"。其间有种种不为世人所知晓的甘苦心酸，也有作为一个基督徒的司徒雷登所体现的坚韧与执着。他在回忆录呈现的只是这个筹款过程的冰山一角，却足以让我们感触不已："到处搭建关系、求人捐钱，这种工作真的不适合我；而且一天到晚都干这个，别的事情根本拿不出时间去做，我心中焦急万分。每次踏上'乞讨'的旅途，我都苦于一阵阵的神经性消化不良的煎熬，绕完一圈之后就又立刻好了。"司徒雷登这种筚路蓝缕的办学精神，融汇在燕京大学的校训之中，而凝聚并升华为一种具有感召力的魅力人格，他从1919年建校伊始到1946年离职担任美国驻华大使，一直未曾长久离开燕京大学。可以说，燕京大学与司徒雷登是空间与人格融为一体的文化象征，而校训"因真理得自由以服务"的意涵，更是充分折射了司徒雷登的人格内涵。据司徒雷登的追忆，这个校训是将耶稣的话"人本来不是要受人的服侍而是要服侍人"，以及美国开国元勋托马斯·杰斐逊在弗吉尼亚大学大门上的希腊文铭刻"你们必晓得真理，真理必叫你们得以自由"融合了起来，其实质就是将古老的宗教真理与现代的启蒙真理结合了起来，既高扬现代知识人追寻真理的主体性，同时又训诫现代人要有一颗谦卑而献身的灵魂，是传统儒家经典所启示的读书做人之心路与世路融会贯通的另一种表达。

令人扼腕的是，到了1951年，燕京大学和北京其他大学合并，并被除名，私立教会大学的身份也荡然无存，美籍教师都被遣散回国。但司徒雷登在晚年的回忆中，却坚信"整整三十年，燕大作为一个高等学府释放出了无穷的力量，在学生身上激发出了光辉灿烂的精神火花。在这个中国人信仰动荡不安、意识形态冲突的时代，燕京大学的影响力永远不会彻底消亡"。

1921年,亨利·墨菲手绘的华纳纪念体育馆(男子体育馆)、水塔(博雅塔)、湖泊、小桥效果图。建筑师非常巧妙地结合了美观与建筑的实用性,并与环境融为一体

老清华的体育精神

清华国学研究院的复兴，让民国清华的人文精神重新进入世人的视野，原来清华并非仅仅是工程师的摇篮，换言之，清华的立校宗旨从一开始就在规避其培养的学生沦入韦伯所言的"专家没有灵魂，纵欲者没有心肝"之境地，相反，从矗立在清华园内陈寅恪所撰写的纪念王国维碑词中的"士之读书治学，盖将以脱心志于俗谛之桎梏。真理因得以发扬，思想而不自由，毋宁死耳"等文句，我们赫然可感知到那种提升人心、振拔士林的浩然之气。至少在先秦时期，有游侠之风气的士人，并非四体不勤五谷不分的文弱书生，而是被尚武精神灌注的体格硬朗之群体。如雷海宗所言：其时"当兵绝非如后世所谓下贱事，而是社会上层阶级的荣誉职务。平民只有少数得有入伍的机会，对于庶人的大多数，当兵是一个求之不得的无上权利。在这种风气之下，所有的人，尤其是君子，都锻炼出一种刚毅不屈、慷慨悲壮、光明磊落的人格"。

清华虽系从留美预备学校发端，但其崇尚体育精神的制度与文化，除了来自美国大学的传统外，却恰似在与中国士人的这一种隐而不彰的传统相接榫。这可以说是清华的另一种精神传统，即与人文精神相对应的尚武精神或体育精神。萧公权在《问学谏往录》里所言及的清华体育精神，恰与雷海宗所言互为呼应：

> 清华特别注重体育。其主要目的不在训练少数运动选手而在普遍地培养学生的体力，用以矫正中国读书人文弱的积病。每天清晨高等科的学生要集合在广场上，由体育教员布汝士先生（Mr. Bruce）领导，做十五分钟的柔软体操（天雨改在体育馆举行），然后才分别到教室里去上课。每天下午两点到三点钟，宿舍、图书馆、教室的门都关锁起来。学生纵然不在操场或体育馆做运动，也得在校园里空气流通的地方散步或坐地。

通过"强迫运动"的方式来养成学生体育运动之习性，进而强健其体魄和人格，逐渐就改变了中国读书人自汉以后的鄙视体力培养的陋习，这也就是杜亚泉先生所言的"艰苦其身体，淬砺其精神"。

政治思想史家浦薛凤在其回忆录中亦提及清华教育生活中的这种特质：

> 强迫运动亦是清华特点。初上课后，每天下午四时，各处摇铃，寝室、教室、自修室随即一律锁闭，全体学生均须走到户外，自由选择，参加各项运动，以一小时为限。足球场虽只一个场所宽大，前后左右尚有空地，足球甚大，随便玩踢；篮球场及网球场则各处设置，为数不少，校中亦备置球与球拍，供应使用；至如秋千、铁杠亦均俱备。至如练习跳高、跳远、赛跑，亦有其人。不少同学固已换穿短衫、短裤、运动鞋。但是依然长衫、马褂、背心，并肩携手在操场周围或沿着园中马路来回散步者，更是大多数。

新旧相接时代，即使体育运动的穿着亦蔚为大观，体育除了锻炼身体、调节心灵的意义外，尚可培养协作意识与勇敢精神。当时或许谓为强迫运动，若养成嗜好习惯，则受用一生矣。

清华不仅仅通过这种方式强迫学生课余的运动，而且将体育的成绩与毕业衔接在一起，通过一种更为严格的方式推动学生的体育运动习惯。浦薛凤回忆道：

1948年4月29日清华大学校庆，参加比赛的校女排队员合影

清华学校每级学生值毕业之年第二学期，必须经过"动作活泼"考试（Agility Test），即必须百码赛跑（十四秒钟以内），跳高（两尺六寸），跳远（似为六尺），掷铁球（一丈四尺），爬绳（在体育馆内举行，双手须达一丈二尺高度），以及游泳（在体育馆内游泳池中举行，以能自泳池面游泳来回为度）。高予一级（庚申级）之徐笃恭君曾因活泼考试未能及格，校中予以留级一年，而不让随班出洋！盖学校任何规定，如不严格执行，势必成为具文。但其结果，徐君笃恭不愿留级，不肯返校，竟然牺牲赴美留学机会。

即此而言，体育其实也是在养成学生的规则意识，现代大学教育强调自由精神，但自由若与秩序、规则、权威等脱节，则势必自由得一塌糊涂而一事无成，清华学生往往不好群居终日言不及义的空谈，而注重躬行实践和自强不息，往往亦与这种体育精神相关联。

即使如嗜书如命的20世纪30年代清华历史系学生何炳棣，也在晚

年时常感慨大学时代清华园塑造的强健体魄,感激于其时体育风气之熏染:

> 七七事变之后长期丧失经常运动的机会,以致在海外生活了半个多世纪,也始终未能重新燃起锻炼身体的意志;一生体力再也无法超过二十岁时的顶峰,实在令我不胜感慨。可是,中年自称"蒲柳先衰"的杨联陞学长永不能忘我曾经是"斗牛壮士"。1938年秋北平燕京大学校长司徒雷登的日文秘书、燕京历史学会会员萧正谊先生和我初见之后,对清华七级陈某(陈岱孙先生的堂弟)表示惊异:"我以为何炳棣是江南文弱书生,没料到他是关西六尺大汉。"

清华园重视体育,本与中国汉代以后知识人的传统格格不入,但在传统私塾教育中成长的读书人,却往往感激于这种新式学堂的体育精神。清华体育亲历者萧公权就曾指出:"这些重视身体发育,培植尚武精神的教育措施,与中国宋明以后的传统观念几乎完全相背。平心而论,这正是医治中国读书人文弱的对症药,未可厚非。"而前引史家雷海宗所念兹在兹的,如"纯文之士,无论如何诚恳,都不免流于文弱、寒酸与虚伪;心术不正的分子,更无论矣。唯一春秋以上所遗留的武德痕迹,就是一种临难不苟与临危授命的精神"才可能在中国新式教育中凝聚并显现出来,而其积弱之病根才可能拔除。

文化自信心从哪里来?

胡适在1934年6月11日的日记中,曾透露他写作关于民族文化"信心与反省"系列文章的缘由:"写一长文,《再论信心与反省》。约四千五百字。我的《信心与反省》一文,引起了不少的反响,细看一班青年人的论调似乎中毒之深远过于我的预料,故不得不再论之。"所谓青年人的"中毒论调"是从胡适器重的一个年轻作者寿生(真名"申尚贤",是一个来自贵州准备报考北大的知识青年)的来稿引起的。

"寿生"在《独立评论》第103号上发表《我们要有信心》,面对国事蜩螗,人心唯危,甚至弥漫在社会上的"中国不亡是无天理"的悲观论调,提出"我们是还有生存权的"主张。他首先指斥当时应对国家危机的两种社会心理,要么是"闭着眼拿什么五千年的古国哟,精神文明哟,地大物博哟来遮丑",要么是"布满了卑怯、等死的哀鸣,好像中华民族只能靠人过活,永无翻身之日了似的。……这两种心理,都是妨碍新中国的产生的。前者,是惰于自树,固陋自限,以夸祖先的光荣为事,走上了'白头宫女在,闲坐说玄宗'的绝路。后者,是丧尽自信,甘心媚外,得过且过,苟且偷活"。

如何解释具有悠久文明传统的中国在近代以后与日本截然不同的民

族命运？寿生认为："我们今日之改进不如日本之速者，就是因为我们的固有文化太丰富了。富于创造性的人，个性必强，接受性就较缓。富于模仿性的，接受性虽强，但创造力就有限了。日人今日之优于我者，就因其本来的文化根基极浅，模仿性强，能以全力接受外来文化，我们还在徘徊、比较、争论之际，她已尽量吸取了。"在这样一种为中华文明衰落论"辩解"的论述基础上，寿生进而对《独立评论》自1932年创刊以来的文化论述多有批判，认为其论述也是导致民族文化心理消极甚至低迷的一个诱因。

胡适在同一期的《独立评论》发表《信心与反省》，指出"寿生"所谓"我们是还有生存权"的信心是建筑在散沙上的，因而这种对于中国文化的信念是"虚妄而自大的"。胡适从历史的角度考察中国的文化传统，认为中国最富于生命力的时期往往是最善于模仿的时候，而不是"玄想创造"的时候。他说：

> 我们中国民族最伟大的时代，正是我们最肯模仿四邻的时代：从汉到唐宋，一切建筑、绘画、雕刻、音乐、宗教、思想、算学、天文、工艺，哪一件里没有模仿外国的重要成分？……到了我们不肯学人家的好处的时候，我们的文化也就不进步了。我们到了民族中衰的时代，只有懒劲学印度人的吸食鸦片，却没有精力学满洲人的不缠脚，那就是我们自杀的法门了。

胡适进而对中国文明独有的蔑视人权、戕害人性的现象加以严峻批评：

> 试举一个例子：欧洲有三个一千年的大学，有许多个五百年以上的大学，至今继续存在，继续发展：我们有没有？至于我们所独有的宝贝，骈文、律诗、八股、小脚、太监、姨太太、五世同居的大家庭、贞洁牌坊、地狱活现的监狱、廷杖、板子夹棍的法庭，……虽然"丰富"，虽然"在这世界无不足以单独成一系统"，究竟都是使我们抬不起头来的文物制度。

在如何重建民族文化自信这个问题上，胡适不同于鼓吹"中国价值"的那些文化复古论者或者中体西用的调和论者，而是主张深度反省的自责主义："我们的民族信心必须站在'反省'的唯一基础之上。反省就是要闭门思过，要诚心诚意地想，我们祖宗的罪孽深重，我们自己的罪孽深重；要认清了罪孽所在，然后我们可以用全副精力去消灾灭罪。"

一位署名"子固"的青年读者来信说读完胡适的文章后，夜不能寐而投书《独立评论》。他认为胡适在中西文化比较中，过于贬抑前者而高扬后者。他主张"忠孝仁爱信义和平是维系并且引导我们民族更向上的固有文化，科学是外来文化中能够帮助我们民族更为强盛的一部分"。这卑之无甚高论。他进而认为清末以来的"西学东渐"和所谓新文化运动，既没有真正引入西方文化的精髓，又失落了传统文化的精义，结果是"走入迷途，堕落下去"。胡适对此很不以为然，而这种论述发生在青年人身上，更让其为文化界的全盘倒退深感担忧：

> 我要指出：我们民族这七八十年来与欧美文化接触的结果，虽然还不曾学到那个整个的科学工业的文明，究竟已替我们的祖宗消除了无数的罪孽，打倒了"小脚、八股、太监、五世同居的大家庭、贞洁牌坊、地狱活现的监狱、夹棍板子的法庭"的一大部分或一小部分。这都是我们的"数不清的圣贤天才"从来不曾指责讥弹的；这都是"忠孝仁爱信义和平"的固有文化从来不曾"引导向上"的。这些祖宗罪孽的崩溃，固然大部分是欧美文明的恩赐，同时也可以表示我们在这七八十年中至少也还做到了这些消极的进步。

胡适也不以历史进步而沾沾自喜。他认为：

> 不过我们的"向上"还不够，努力还不够。八股废止至今不过三十年，八股的训练还存在大多数老而不死的人的心灵里，还间接直接地传授到我们的无数的青年人的脑筋里。今日还是一个大家做八股的中国，虽然题目换了，小脚逐渐绝迹了，夹棍板子、砍头碎剐也废

止了,但裹小脚的残酷心理,上夹棍打屁股的野蛮心理,都还存在无数老少人们的心灵里。今日还是一个残忍野蛮的中国,所以始终还不曾走上法治的路,更谈不到仁爱和平了。

这种理性的文化民族主义和世界主义胸怀,值得今人深思和回味。

美国记者的北平往事

民国都市的历史记忆之中，上海因其公共管理、社会秩序、生活方式等方面的现代，而成为所谓典范性的"东方的巴黎"。北平在时人和后人的历史论述中间，往往是跟一个传统而乡土的故都形象粘连在一起，也就是它显得不那么现代和便利。可是在海伦·斯诺（美国著名左翼记者埃德加·斯诺的夫人）的晚年回忆录《我在中国的岁月》中呈现的却是一种截然相反的印象：

> 北京以东方治安最好的城市而闻名。交通警察都是些彪形大汉、相貌英俊的山东人，显出一副快活、友好的神态——至少对神圣不可侵犯的外国人是这样。我极少看到在上海司空见惯的那种凶残劲儿，上海那帮印度巡捕，经常在大街上用警棍敲打黄包车夫和苦力们的脑壳。北京有上水道、下水道、电灯以及有轨电车设施，主要大街是碎石铺的地面。

这是新婚不久的海伦对1933年北平的印象，她与斯诺用很少的费用就在煤渣胡同二十一号租了一座四合院，并安顿了下来，并且有余力经常举办上流社会的鸡尾酒会和各种聚会。在写给斯诺妹妹的信中，她显然对在北平的奢华而廉价的生活津津乐道：

我们有三间佣人住的房子及浴室，有五间带浴室的房子及灶房供我们自用。房子都盖在庭院的四周，像西班牙别墅那样，四周有高高的围墙，庭院砖道之间有一个小花园。……我很喜欢这儿，气候好极了（自三月份以后），我们的小花园欣欣向荣，树木茂盛……橘子树、柠檬树、石榴树、紫藤萝、丁香、棕榈、松树、月季，应有尽有。有位花工带着长成的花木，每周来这儿转悠一次，他那些花木的售价，低廉得叫人难以置信，有时一美元（二十五分金币）买一百株。假如我们心血来潮，就把叶凋花败的拔掉，再换上一些含苞待放的新花。……下一个周末，我们打算到西山远足，我们要骑驴游山，沿途在几座著名的佛教古刹歇夜。

海伦将美国的开放包容的社交生活带入了古老的北平，私人生活领域与公共空间形成了一种互动，极大地震动了习惯于周旋在熟人世界中的个人，大门口开始出现了陌生人，而迎接陌生人的不再是疑虑、惊惧与本能式的排斥，而是敞开胸怀的欢迎，这无疑是两种不同生活方式的碰撞与交会。直到垂暮之年，海伦仍旧不能忘怀她与先生筹办的第一次鸡尾酒会，他们赋予了日常生活以一种反叛的意涵："北京的女老板们有一条严格规矩：决不许混进杂人。然而我想要一举摆脱我们的一切社交义务。在沉静严肃、老于世故的北京，从来没举行过这么一个无所不包的聚会。我不仅邀请了日本人，甚至还请了几位中国人，这是极为少有的做法。"正是在这次聚会上，斯诺夫妇结识了杨宪益、戴乃迭夫妇，并成为终生至交。杨宪益对他们说："这是我有生以来参加的最好的酒会，我在这里见到了我很久就想认识的人，而且我们还进行了真正的交谈。"作为一种平等主义的社交聚会，让来自不同文明世界的个人形成了心灵的沟通，而对于左翼新闻记者斯诺夫妇来说，这种本来应该被轻蔑和拒绝的资产阶级化的社交生活，却因为撬动了古老文明的封闭内核，而具有了一种开端启新的革命意义。

当时的北京，享受上流生活在这些外籍人士看来是太轻而易举了。

时隔数十年，海伦还记得当时的基本开销："布置整个住宅的全部费用约为一百美元，约合四百到五百大洋。我们在北京期间，每月生活费大约为五十美元——我们过得像王侯一般。每月八十块大洋的伙食费，大约是二十美元，包括正式请客的费用在内。因为外汇汇率变了，我们的花费更少。房租十五美元，两位仆人每月八美元，中文教员五美元。"而在当时北京的外籍人士的交往世界中，一种"地道的北京方式"的生活就是"租住一座清代的皇宫，摆上种种古玩，训练一大帮仆役，款待访问的贵人名流。周末，你还要在西山租赁一座古庙，在跑马场养一群马匹，供打马球、乘骑、赛马之用。你要去北京俱乐部打网球，去狗展把你的狗给人看"。

而在几乎同时代曾经生活在北平的《纽约时报》记者阿班的记忆中，北平的日常生活和公共生活简直就是"黄金世界"，每当追忆似水年华的时候，回忆起这段甜蜜时光，他就有一种"怀旧的痛楚"：

> 那时的北平社交生活，大约从未有复制，也是万难再复原的。除公使馆卫队外，偌大的北平，平均只有区区两千六百名美欧人士居住。外币在这里值大钱，因此娱乐活动都是极尽奢华的。北平俱乐部、法国俱乐部、德国俱乐部以及八宝山的高尔夫俱乐部，都是让人流连忘返的所在。京城城墙外数英里处，便是赛马会，更是个快乐无比的地方。西方人几乎人人有能力在西山租个废弃的小寺院，作为避暑的别墅。秋日来临时，打野鸭、野鹅也是件乐事。野鸡和鹌鹑都极尽肥美，往往损坏庄稼。冬天时，总有三个月可以滑冰。

而维持这种美好生活的成本如此廉价，让新闻记者阿班几乎有了一种穷奢极欲而享尽浮华的放纵：

> 那些日子里，一个住在北京的外国人，如果挣的是美元或英镑，即便入息微薄，照样可过钟鸣鼎食的生活，算下来居然还无甚开销。我那手艺高超的厨子每月薪水不到五美元，头号仆人比他少一美元，还要既当管家，又当贴身侍从。另一个仆人老王替我洗衣、熨衣、擦

鞋,外加照料菜园子,每月才挣十四块中国货币。而且,他还让我签了一纸合同,规定由他提供肥皂、浆水和上蓝剂(防止白衣服变黄的药水),我则负责提供鞋油,另外提供烧开水和热熨斗的煤炭。我的人力包车,连同车夫一起,每月是十八块三角中国货币,那多出的三毛钱,是为了加装两盏电石灯,招摇一下。

正是中国极其廉价的人力和性价比超高的有闲阶级消费方式,吸引了诸多来自西方的"北平玩家"。根据记者阿班的观察,北平的外国人很少参与商业活动,因此,这里的外国人的生活,与天津、上海的同类相比自有极大的不同。北平的外籍社区里,大部分是外交人员、军人及家属,亦有相当数量的传教士(他们比较自我隔绝)。令人意想不到的是,北平还住着一大群退休的西方人,靠微薄的收入就能过活。他们选择在故都居住,实在是因为爱上了这里的文化与生活。这里时不时还住有学习中国历史和中国艺术的西方学生,或一些探险家,比如安得思(Roy Chapman Andrews)和赫定(Sven Anders Hedin)。

从海伦和阿班这一"左"一右、一女一男的回忆中可见,20世纪30年代的北平几乎也成了西方人的极乐世界,相对于上海,北平的人力更低廉,文化更传统,空间更广阔,更可以满足西方人生活在"乡村里的都市"和"都市里的乡村"的双重欲望,而不管是批判资产阶级的左翼,还是拥抱资产阶级的右翼,在历史记忆中都会对这种浮华而生动的上流社会弥漫着一种怀旧的情调,充分说明了人性之中有超越意识形态的共通之处。

摩登上海的另类历史

李欧梵在关于摩登上海的研究中,对旧上海物质文明的精致气味,进行了近乎完美的怀旧之旅。在这趟旅程中,他注意到了舞厅在塑造上海文明中的功能:"当咖啡馆主要还是上等华人、外国人和作家、艺术家光顾的场所时,舞厅却已经进入各个阶层,成了流行的固定想象,这可以在无数的报道、文章、卡通画、日报的照片和流行杂志上看出来。事实上,上海的艺术名家,像叶浅予、张乐平都曾用舞厅和舞女来做他们的卡通题材。"这是一个令人销魂的上海,是冒险家的乐园,却是穷人的地狱,曾被誉为东方的巴黎、时尚的中心,而上海的租界更被认为是西方文明的典范,从此地出发扩展出去,才有了一个现代的上海。

在茅盾小说《子夜》的开头,以上海为背景的城市呈现出如此光怪陆离的面相:

> 太阳刚刚下了地平线。软风一阵一阵地吹上人面,怪痒痒的。暮霭挟着薄雾笼罩了外白渡桥的高耸的钢架,电车驶过时,这钢架下横空架挂的电车线时时爆发出几朵碧绿的火花。从桥上向东望,可以看见浦东的洋栈像巨大的怪兽,蹲在暝色中,闪着千百只小眼睛似的灯火向西望。叫人猛一惊的,是高高地装在一所洋房顶上而且异常庞大的NEON

电管广告,射出火一样的赤光和青磷似的绿焰:LIGHT, HEAT, POWER! 在小说开头的前两章,茅盾事无巨细地描摹了西方文明带来的物质象征:汽车(三辆1930式雪铁龙)、电灯和电扇、无线电收音机、洋房、沙发、枪(一支勃朗宁)、雪茄、香水、高跟鞋、美容厅、回力球馆、法兰绒套装、1930年巴黎夏装、日本和瑞士表、银烟灰缸、啤酒和苏打水、罗曼蒂克的必诺浴、舞女和影星。这些环绕在小说主人公身边的衣食住行的"西方元素",并非作者的天马行空的日常生活想象,而确实是弥漫在20世纪30年代上海资产阶级生活圈的现实。

这样一个充满着尖叫的情欲与迷离的物欲的都市,其实有着一个对西方文明漫长的接受史。曾经在上海长期居住的《密勒氏评论报》主持人鲍惠尔的回忆录《在中国二十五年》中,细腻地展现了乡土的东方的上海,是如何变脸成一个摩登的国际化大都市。鲍惠尔说:

> 在我到达上海两三个星期后,我听到不少有趣的迷信和风俗,譬如窗帘和电风扇,都一样地被认为是有害人类健康的。其原因主要是由于上海的欧洲人社会,比较来说,几乎有好几十年的孤立,跟整个世界有相当的隔膜。而且,那个时候的上海,溪渠纵横交叉,低潮时候,一泓泓绿水,都浓得像菠菜汤似的;于是,成了养育蚊蚋的大本营,卧床必须罩以蚊帐,始能安眠。后来,由于大量地点燃蚊香,蚊子的威胁才稍减轻了些。如果不点燃蚊香,就得由用人不断地到卧室来,向家人或客人足踝上喷煤油。一位有发明天才的传教士,发明了一种长方形的纱布袋,让人把脚放进去,在膝盖上面扎起来,以防蚊咬……几年后,上海的蚊虫威胁,由于很多沟渠和池塘被填塞起来,才算大大地减轻。再几年,由于市政当局普遍地向阴沟中喷射一种油液,把蚊虫滋生的环境摧毁了。不过,蚊虫虽然减少了,苍蝇还是很多;这些苍蝇群集在后院和弄堂里的垃圾堆上,大吃大喝。

鲍惠尔刚到上海,就有好心人对他好言相告,电扇是不健康的,容易使人得肺炎和胃病。因此,那时候的上海人,几乎人人都穿着兜肚,或者用一条宽宽的羊毛肚带，围在腰部。即使在很炎热的天气仍旧如此，以防冷风从外面吹进体内，招致胃痛。即此可见，西方的器物，对于上海原住民来说，是一种相当异质也因而相当陌生的物事，因异质而滋生尝试的好奇，也因陌生而产生没来由的担忧与恐惧。在这种器物文明象征的西方的光芒之下，上海所浓缩的传统中国的生活方式，显得既不卫生，也不科学，进而就是一种化外之民的野蛮生活。而在传统中国读书人的夷夏之辩中，中国以外的人民才是"文化中国圈"之外的等待归化的蛮夷。历史似乎发生了一个巨大的颠转，一种相对轻柔的以文化为等级序列的世界结构，被另一种相对粗野的以文明和实力为等级秩序的世界结构所替代。而上海，恰恰就是处于这两种文明（文化）最剧烈地碰撞和交融的核心地带，这也正是这所城市百多年来弥漫着魔幻现实主义魅力的根由所在。

据鲍惠尔的记述，当时一个传教士团体，开始到各处教上海居民讲究环境卫生，并特别强调苍蝇传播各种病菌的危险性。这些宣传环境卫生重要性的传教士，绘制各种图表，说明苍蝇是怎样出生，怎样生活，怎样传染病菌的等等。有些大幅彩色图画招贴，不是贴在讲演卫生地方的墙壁上，就是贴在大街小巷的布告牌上；图画里的苍蝇都是放大了的，以加重苍蝇的危险性；描绘苍蝇怎样在垃圾堆里爬行，再带着肮脏的脚，飞到人类的食物上，把肺痨病传染给人类。在这一次次的宣传活动后，上海各地区的环境卫生有了显著改善。在以往的历史叙述里，传教士群体被赋予了太浓厚的政治意味，而被扭曲变形，其实，对于中西文明的对话与沟通，尤其是西方现代科学文明和医疗知识传播到中国的土地，传教士可谓是一个"圣徒般的群体"，而上海奇迹的诞生，在某种程度上也跟这样一个群体的文明贡献有着不容轻视的历史关联。在民族国家叙述之上，是否有一个代表着普世价值的人类叙述的可能性，有着虽短暂但却辉煌的国际化历史的上海，也许可以尝试着为崛起的中国交出一份令人满意的答卷。

内山完造的上海记忆

1932年4月13日,已经定居上海的鲁迅写了一封给回日本探亲的友人内山完造的信,之前内山写信(4月2日)劝鲁迅离开大革命失败后被恐怖文化笼罩的中国,去日本居住一段时间,以调适身心。鲁迅在回信中说道:

> 早先我虽很想去日本小住,但现在感到不妥,决定还是作罢为好。第一,现在离开中国,什么情况都无从了解,结果也就不能写作了。第二,既是为了生活而写作,就必定会变成"新闻记者"那样,无论从哪一方面看都没有好处。何况佐藤先生(指鲁迅友人佐藤春夫)和增田兄(指鲁迅友人增田涉,日本中国文学研究家)大概也要为我的稿子多方奔走。这样一个累赘到东京去,确实不好。依我看,日本还不是可以讲真话的地方,一不小心,说不定还会连累你们。再说,倘若为了生活而去写些迎合读者的东西,那最后就要变成真正的"新闻记者"了。……书店(指内山完造在上海虹口区北四川路魏盛里169号开设的书店。——引者注)还是每天都去,不过已无什么"漫谈"了(此前内山书店曾于1923年设立"文艺漫谈会"。——引者注)。颇为寂寞。仁兄何时来上海?我热切地盼望你能早日归来。

此时此刻的鲁迅确实是寂寞的，一贯以冷眼看人生的他对于这位日本友人表现出的"热切"，并非形式主义的礼节，而确实是一种在孤寂而压抑的公共生活中，对于知己的期盼。无疑，内山完造成了晚年鲁迅私人生活中最重要的几位外国友人之一，其开设的内山书店，更是成为鲁迅汲取新知（他购买了大量的日文书和翻译书籍）和了解文艺界的窗口。纵览鲁迅这几年"流水账式"的简略日记，内山、内山夫人和内山书店出现的频率极高，鲁迅、许广平一家与内山一家的交往极为频繁，两家经常共同宴饮、互送玩具和食品，比如1932年5月20日条目下，鲁迅记载："上午内山君送来海苔一合（盒）及增田君所赠之香烟道具一副、玩具狮子舞一座。"甚至在内山书店发生财政困难的时候，鲁迅会为内山代为支付员工的工资。

内山文化程度并不高，小学四年级时就辍学，而后做过学徒、店员，1913年他来到中国上海，1917年创办内山书店。十年之后，从广州迁徙到上海的鲁迅，在一次偶然的闲逛中发现了这家日本人开的书店，从此与内山结下深厚友谊。这自然与鲁迅在青年时代曾长期旅居日本有关，他懂日语，又对日本文化和生活非常熟悉，更有一群交往密切的日本友人。内山书店对于鲁迅来说不仅是一个购书场所，而且成为他不可或缺的文化空间，承担着其他书店无法代替的功能。学者王晓渔在研究这一时期上海知识界的专书《知识分子的"内战"：现代上海的文化场域（1927—1930）》中指出："对于缺乏体制内交往空间的鲁迅来说，内山书店成为他跟外界交流的重要渠道。不管许广平还是内山完造或店员王宝良，都特别提到内山书店的一个细节，即专门辟有茶座，七八张沙发和椅子围着一张小桌子，供客人联络感情、交接朋友之用。内山书店成为具有一定开放性的空间，一方面通过内山完造的介绍鲁迅认识了大量日本人士；另一方面鲁迅可以在此约见朋友，文学青年也慕名前来结识、拜访。"

2012年翻译出版的内山完造的回忆录《上海下海：上海生活35年》

让我们能够窥见这个神秘的日本人的内心世界。尽管这本回忆录的史料价值不太高,内山完造在书中发表的议论也大多流于对中国的浮光掠影式的印象,但仍然值得一读,尤其是回忆录最后的"上海漫谈"部分,提供了一个日本人观察上海的视角。他从黄包车夫的日常生活、上海公园的管理方式等谈起,认为日本人所谓"在中国住的都是未开化的野蛮人"无疑是一种傲慢和偏见,他认为中国社会能够维持几千年的长时间的集体生活,倘若没有秩序、毫无章法的话是不可能延续的。因此,内山认为中国人自有其独特的习惯与秩序的形式。对于中国人之间发生冲突解决的主要方式之一——仲裁,内山显然也特别欣赏,并借此反思日本人动辄诉诸暴力和战争的极端形式,正因为此,内山看到了中国人在日常生活中马马虎虎、大大咧咧的方式,虽然与日本人那种一丝不苟的较真和细致有着较大的差异,但未必不是一种缓和冲突促进和解的生活态度。

1934年8月29日,鲁迅在内山寓所避难时与日本友人的合影,左起为内山完造、林哲夫、鲁迅、井上芳郎

内山的回忆录细致地记录了1932年上海"一·二八"战事前后，中国普通老百姓逃难的情景，这种记录弥漫着内山自己所称的"人道的愤怒"："每天中国人持续搬家，终于在7月28日这一天达到顶峰。卡车、汽车、黄包车、老虎车、小车排成长长的一列。乡下的百姓们也带着一大家子人，卷起席子，提着箱包、空罐子和粪桶（中国特有的圆桶状的大便器），父亲一边担着旧桌子、椅子、凳子（没有椅背的椅子）、脸盆，另一边担着米袋，争先恐后地朝租界蜂拥而来。"在逃难的人群中，也赫然展现着贫富的两极分化。内山写道："时髦的妇人把大皮包放在路边，和车夫讨价还价；七八个工人把铺盖（被子）用席子裹起来扛在肩头走着；父亲担着扁担，前面的筐子装着一个孩子，后面的筐子装着家具和生活用品，临产的母亲坐在黄包车上，怀里还抱着两个孩子和米袋。"显然，租界无法提供相应的居住空间，这些从各自的家庭空间出走到租界的普通人，根本就没有地方落脚。内山完造充满同情感地记载道："他们漫无目的地在街道上徘徊着。到了晚上，倘若是晴天的话，就会像并排的咸鲥鱼干一样随便躺下，和衣而睡，但是下雨的时候当然就不能睡在街道上了，也不能在街道上徘徊，那么这么多人到底去哪里了呢，真是难以想象。"或许从这些记忆的底层视角，我们可以理解，思想如此深邃尖锐的左翼作家鲁迅，为何会跟一位思想力度显然不够深刻的日本文化商人，长时期保持着密切的交往。内山也以自己与鲁迅的交往，以及作为民国上海独具特色的文化空间内山书店的创办者，被载入了现代中国文学史和中日文化交流史。

民国新学生的浮世绘

自清末民初梁启超发表《新民说》，倡导少年中国以降，在进化论和社会达尔文主义思潮的鼓动之下，在亡国灭种危机的刺激之中，古今中西之争被演绎成了新旧之间的生死搏斗，"新"代表希望和未来，而"旧"只是象征着过去和衰朽，正是在这样一种历史观的映照之下，新青年、新式学生、新式教育在时人和后人的叙述中被寄寓巨大希望，而五四运动等一系列学生风潮又似乎展现了青年群体所蕴含的巨大政治能量，此前只是在公共话语中被阿谀的青年文化，迅速转换成撬动历史的青年力量。无论是李大钊的《青春》，还是李璜、王光祈等发起的少年中国学会，或者清末民初触目皆是的新旧思潮论战，似乎都在层累而成一种拜物教式的崇新厌旧文化。依照这种历史逻辑，似乎科举停废、新学兴起之后，青年学生都成了天之骄子。显然，当我们揆诸历史，会发现真实的历史却是一个巨大的反讽。天之骄子似乎更多地沦落为社会弃儿。

李大钊早在1917年时就已指出：

> 吾国今日之学生问题，乃为社会最近所自造之阶级身份，而被造就之人，一入此阶级、一得此身份之后，乃以此阶级身份之故，社会反与为冰炭之质、枘凿之势，所学无论其为何科，社会皆不能消纳之

应用之。一般耆旧老宿,一闻"学生"二字,即摇首蹙额,似一为学生,即于中国社会为无用。而学生者,又不能不谋自存之道,不能不服事畜之劳。于是无问其所学为工、为农、为商、为理、为文、为法政,乃如万派奔流以向政治之一途,仰面求人讨无聊之生活。然即政治界亦何尝欢迎此为社会所排斥厌弃之学生?⋯⋯然则中国之学生,实为最可怜之一阶级,最可怜之一身份,而社会造就之乃所以戕贼之。学生正所以学死,循是而不变,人而着学生之冠服,即无异于自杀。社会而日日培养学生使蹈于自杀之途,以趋于自绝之运,即无异于杀人,其结果亦为社会之自杀。

学生所学不能为社会所用,而学生身份更是成为一种耻辱性的社会标签,似乎新式学生都是斯文扫地不学无术之徒。乡村回不去,城市也不能真正融入,政治空间也无从介入,因此新式教育似乎造就了青黄不接的过渡时代的一个既无德又无用的"多余人"群体。

新式学生阶层这种上不着天、下不着地的两头不靠的孤悬状态及其隐痛,恰如史家罗志田指出的那样:

> 近代以还,由于上升性社会变动的途径多在城市,边缘知识分子自然不愿认同于乡村;但其在城市谋生甚难,又无法认同于城市,故其对城乡分离的情势感触最深。他们不中不西,不新不旧;中学、西学、新学、旧学的训练都不够系统,但又粗通文墨,能读报纸;因科举的废除已不能居乡村走耕读仕进之路,在城市又缺乏"上进"甚至谋生的本领:既不能为桐城之文、同光之诗而为遗老所容纳,又不会做"八行书"以进入衙门或作漂亮骈文以为军阀起草通电,更无资本和学力去修习西人的"蟹行文字"从而进入留学精英群体。他们身处新兴的城市与衰落的乡村以及精英与大众之间,两头不沾边也两头都不能认同——实际上当然希望认同于城市和精英一边而不太为其所接受。

1926年11月,新记《大公报》社长吴鼎昌在该报附属的《国闻周报》发表一篇题名为《智识阶级与革命》的文章，分析当时革命青年剧增和革命文化兴盛的社会因素。他说：

> 民国以来，国内外大学专门毕业学生岁以数千计，各省中学毕业学生岁以数万计。大学专门之毕业学生，一部分欲进为学者之生活，作高深之研究，希于世界学艺界中占一地位，以谋国家社会精神上物质上两方之进步发明，则国家无最高学府以养成之，社会无学艺机关以奖进之，甚至以教员终身，亦饥寒交迫。其大部分欲投身社会者，则政府机关肥美重要之差缺，大小人员概都与军政要人有连，绝无容纳学校出身人才之余地，……私人机关本属寥寥，而当事人物，大都脑筋陈旧，厌恶学生，……故每年国内外大学专门毕业学生，除有父兄及其他特别关系者外，欲循正当轨道以求容纳于社会者，百不得一。若夫中学毕业学生，除一部分进入专门大学外，更无消纳之处。试问此每年递增数万以上之毕业学生，欲求学不可得，欲做事不可能，生机断绝，路路不通。予以相当之知识，迫以及身之饥寒，当年富力强之时，正心粗气浮之际，其心理若何？其愤慨若何？故在今日学校出身之失业青年，对于现在社会上政治经济之组织，咸怀极端不满之意。苟有可乘，便思破坏者，与其谓为思想所激，毋宁谓为生计所迫。近年南北学生，纷纷投效革军，冒白刃而不辞者，为数日多。吾人一考其动机，实不胜同情之感，而深为国家社会惜者也。

当新式教育并不能提供一个相对稳定的职业时，被充满不确定性和异己感的社会忽视甚至压抑的年轻人，便极有可能投身政治革命的历史洪流之中，既可能纾解内心的苦闷，同时也可能暂时缓解经济上的拮据，甚至还可能在创造历史和改天换地中获得一种意义的亢奋感，一批学生阶级出身的人自此而步入职业革命家的生涯。

与此同时，我们还可以读到被宏大叙述的历史所遮蔽的对新式教育的另一种批评。新式教育表面上似乎旨在扩大教育平等、促进社会公平，但其实因为新式教育的门槛较高、成本亦高，加之学生毕业之后的求职更多地依赖于家庭、学校出身、社会关系网络，新式教育反而不如传统中国的科举考试更能够发挥社会阶层流动的杠杆作用（所谓"朝为田舍郎，暮登天子堂"的布衣卿相），更成为加剧社会撕裂的渊薮。曾为大学教授，后成为国民政府高官的陶希圣就曾经尖锐地批评民国时期的教育体制："从小学到大学的几层等级，逐渐把贫苦子弟剔除下来。最贫苦的农工子弟们没有受初级小学教育的机会。……其中升入中学的少数青年，大抵出于中资或富裕的工商业、地主、官僚家族。……更就能够升大学的来说，大抵是中资以上的富裕人家。大学则是所谓'上层社会'，即大地主、金融商业资本、工业资本阶级的领域。他们的子弟是最能住进大学的。"或许正因为此，20世纪二三十年代上海一些昂贵的私立大学里的学生，在教育部的报告里呈现出的完全是消费主义者的形象："这些大学生们从不关心任何严肃的事情。他们过着娱乐休闲的生活。他们的衣着昂贵，饮食考究。他们消费进口商品。他们经常出入影院和舞厅。他们出门坐着雪佛莱汽车。他们既不关心国家大事，也不关心他们的学业。"高等教育成了社会结构再生产的有效机制，而堵塞了社会不同阶层流动的可能性，这自然就会引发底层出身的知识分子强烈的不满，而这些学生的公共形象，在一个内忧外患的民族国家处境中更是显得格外刺眼。一方面是法政学堂、师范学校等在持续地生产一个无法定位自身的边缘化知识群体和革命者群体，另一方面是一些著名教会大学和私立大学在不断地孕育饱食终日无所用心的中产阶级接班人，两者的贫富分化形成尖锐的对照，而中国社会就在这两种类型学生及其背后政经力量的对撞撕扯中缓慢而痛苦地新陈代谢。

清末民初的新旧之争

1918年5月15日，李大钊在《新青年》杂志发表一篇题名为《新的！旧的！》的文章，谈及民初中国人其实是生活在一种新旧不调和的矛盾世界之中，这种生活的特征就是：一个新的，一个旧的，其间相去不知几千万里的东西，偏偏凑在一处成为分立对抗的生活。这种生活在李大钊看来"最是苦痛，最无趣味，最容易起冲突"。

在李大钊传神的笔触之中，民初中国成了一个魔幻现实主义的亚洲共和国：

我前岁在北京过年，刚过新年，又过旧年。看见贺年的人，有的鞠躬，有的拜跪，有的脱帽，有的作揖；有的在门首悬挂国旗，有的张贴春联，因而起了种种联想：

想起黄昏时候走在街头，听见的是更夫的梆子丁丁地响，看见的是站岗巡警的枪刺耀耀地亮。更夫是旧的，巡警是新的。要用更夫，何用巡警？既用巡警，何用更夫？又想起我国现已成了民国，仍然还有什么清室。吾侪小民，一面要负担议会及公府的经费，一面又要负担优待清室的经费。民国是新的，清室是旧的。既有民国，那有清室？若有清室，何来民国？又想起制定宪法，一面规定信仰自由，一面规定"以孔道为修身大本"。信仰自由是新的，孔道修身是旧的。既重自由，何又迫人来尊孔？既要迫人尊孔，何谓信仰自由？又想起谈论政治的，一面主张自我实现，一面鼓吹贤人政治。自我实现是新的，贤人政治是旧的。既要自我实现，怎行贤人政治？若行贤人政治，怎能自我实现？又想起法制习俗，一面立禁止重婚的刑律，一面许纳妾的习俗。禁止重婚的刑律是新的，纳妾的习俗是旧的。既施刑律，必禁习俗；若存习俗，必废刑律。

在李大钊看来，造成这种触目惊心的矛盾生活现象的根源是新旧的性质相差太远，而活动又相邻太近，换句话说，新旧之间，纵的距离太远，横的距离太近；时间的性质差得太多，空间的接触逼得太紧。同时、同地不容并存的人物、事实、思想、议论，走来走去，竟不能不走在一路来碰头，呈现出两两配映、两两对立的奇观。说到底，这就是中国社会在晚清之后被迫卷入现代世界体系的过程太过急迫，作为一个古老帝国的转身速度远远赶不上外部世界要求的速度，也赶不上那些先知先觉者期待的强度。但性情敦厚宽和的李大钊，并未因此而主张一种极端主义的除旧布新，他期待的是《新青年》所试图影响的新式知识人，在政治、社会、文学、思想等方面能够开辟出新的道路，创造一种新的生活，以包容负载那些残废颓败的老人，不但使他们不妨害文明的进步，且使他们也享享新文明的幸福，尝尝新生活的趣味。

在当时《新青年》杂志编辑钱玄同看来，李大钊鼓励新青年创造新世界固然不错，但打破矛盾生活却必须征服旧世界和旧人物，他不能同意李大钊牵引旧人物"咸与维新"的包容态度。在钱玄同的认知世界里，"那些残废颓败的老人，似乎不必请他享新文明的幸福，尝新生活的趣味。因为他们的心理，只知道牢守那笨拙迂腐的东西"。新旧之争成了势不两立，难以两美，必须你死我活。

这种新旧生活杂糅的世界，梁启超谓之过渡时代，而在五四新文化人物汪叔潜看来，就是"新旧交哄时代"，这样的时代新旧之间界限模糊，且新旧之间常常偷梁换柱移花接木，让人真假难辨，比如明明旧人物也，彼之口头言论则全袭乎新；自号为新人物也，彼之思想方法，终不离乎旧。汪叔潜将当时新旧之争的参与者概括为三派，一派是伪装为新派的旧派，被他命名为"伪降派"，骨子里其实并未认同新文明和新道德，只是迫于时势和利益之考量，而违心假装屈从。一派是根本不知何谓新的盲从者，其实也是没有信仰而随波逐流的跟风者，这种人其实对新世界的建立并无实质意义；另外一种就是既提倡维新，又调护守旧的折中派，这一派对于造成不新不旧之舆论界最为有力。汪叔潜认为对于清末民初的中国人来说，新旧之间泾渭分明，新就是外来的西洋文化、政治制度、伦理道德等，旧就是中国固有的传统文化和制度，两者根本相违，绝无调和折中之余地。新旧之间的关系势必就成了"旧者不根本打破，则新者绝对不能发生；新者不排除净尽，则旧者亦终不能保存。新旧之不能相容，更甚于水火、冰炭之不能相入也"。

其实回溯清末民初人的精神世界与生活世界，新旧的价值观念也是随着时空变迁而变化的，新旧之间并不存在一种绝对的界限，新旧位置可以互换，其内涵亦可以相互渗透，只是对于意识形态竞争来说，新旧之争被赋予了古今中西之辨的内涵，也就被演绎成何者具有存续正当性的生死问题，同时新旧之争又牵连着话语权的争夺与利益的计算，就更趋复杂化。一个署名为"敢生"的作者在清末的《觉民》杂志发表《新旧篇》，认为新旧之争是一个伪命题，他对维新者与守旧者各打五十大板。他的言论值得今人省察："某不解夫今之诸青年，何爱新之甚也！理则尚新理，学则尚新学，欲国之强也则曰'新国'，欲民之智也则曰'新民'。夫理岂能新，发明而已；学岂能新，进步而已；国岂能新，强之而已；民岂能新，智之而已。"

同时，他也在文章的末尾指出："某甚不解夫诸先进，何好旧之深也！曰述而不作，曰率由旧章，斯诸先进之口头禅也；曰创新说，曰更旧制，斯诸先进所深恶而痛绝者也。彼其心以为惟古人已行之法，得谓之法，古人已明之理，得谓之理；更旧制则背古法也，创新说则反古理也。是以淤塞而不知通，腐败而不知革，视古人如神明，视变更若蛇蝎。"作者倡导的是追求公理，不分新旧的多元态度。如此看来，清末知识界对于新旧之争的态度似乎比民国更开明，这或许与民初知识界面对民国宪政的繁扰、民生的凋敝、文化领域的庞杂造成的内心世界的挫败感有关。回头想想，这些知识人大都自以为是在追寻西方启蒙运动形成的自由主义价值，可是当我们翻阅陈独秀、钱玄同等人在新旧之争中批驳杜亚泉、吴宓等试图推陈出新者的"接续主义"（而非断裂主义）时火药味极浓的文字，又哪里能够找到一点自由主义本应包含的多元主义意味？

新旧之争中的学院政治

1930年11月28日,胡适全家自上海迁回北平,在南京过江到浦口车站遇到刘瑞恒,得知蒋梦麟辞卸教育部长回北京大学消息。当时北大已残破不堪,蒋刚开始不愿就职,经胡适与傅斯年、顾临等热心筹划,中华教育文化基金董事会给予资助,蒋才北上。北京大学又进入新时代。胡适应聘担任北京大学文学院院长,主讲《中国中古思想史》等课程。事实上,胡适当时除了北大的职务以外,还兼任了北平图书馆的董事委员长、中华教育文化基金董事会的名誉秘书、中央研究院的名誉研究员、协和医学院的校董。

1933年,北大校长蒋梦麟打算将国文系主任由文学院院长兼,这个计划导致国文系主任马裕藻,教授林损、许之衡相继辞职,于是引起一场喧嚣一时的大纠纷。林损怀疑此举出自胡适的意见,因此愤恨到极点。他在愤慨中写了几封大失风度的书信。其一致蒋梦麟校长:"梦麟校长左右:自公来长斯校,为日久矣,学生交相责难,喑不敢声,而校政隐加操切,以无耻之心,而行机变之巧,损甚伤之。忝从执御,诡遇未能,请从此别,祝汝万春!林损。"其二致适之先生:"适之足下:犹石勒之于李阳也,饮马金戈,尊拳毒手,其寓于文字者微矣。顷闻足下又有所媒孽,人生世上,奄忽如尘,损宁计于区区乎?比观佛书,颇识因果,佛具九恼,损尽罹之,教授鸡肋,弃之何惜!敬避贤路,以质高明。林损。"

事实上,胡适一直关注着北大的发展,也为之创造了很多机会与资源。他在日记中多次提到关于北大人事调整的事情。1931年1月30日,胡适已从上海到北平,蒋梦麟同一天之内为了北大的人事纠纷两次拜访胡适。胡适在日记中对蒋作了褒贬,认为其决定采用院长负责制是一大进步,但他对蒋梦麟用温和态度敷衍王烈、何基鸿、马裕藻三人甚为不满。当天晚上胡适就找傅斯年深谈,请他劝蒋梦麟努力振作。同时他又写信劝丁西林、徐志摩回北大,以巩固其在北大的"新势力"。

1931年3月12日,胡适制作出《北大与中基会合作计划》,将对北京大学的规划进一步推进。当天晚上他把计划书拿给任鸿隽、翁文灏、傅斯年阅读并请他们提意见与建议,然后又做了修改。1931年9月14日,蒋梦麟与周炳琳皆要胡适出任北大文学院院长,胡适以各种理由推托了。1934年2月21日,蒋梦麟劝胡适回任北大文学院院长。胡适仍然不肯。他认为自己若不决心走开,此职终不能得人来做。但到了1934年5月2日,事情发生了重大变化,胡适在这一天到北大文学院复任院长。国文系的学生代表四人来拜访,胡适告诉他们,如果必要的话,他愿意兼做国文系主任,并指出他改革国文系的原则是:"降低课程,提高训练"。

而时任北大教师的废名则在一封长信中规劝胡适不要担任北大文学院院长:

> 说一句衷心之言,先生不应该担任文学院长之职,天下人之事让天下人去做,若大人者自己来做事,则一怒应该天下惧,那(哪)怕是一件小事也要关系十年的大计也。再说一句衷心之言,今日各方面都缺乏人才,凡事都等于老爷唤听差而已。我自知,对于世事不无不

恭之嫌，然而从此可以见我的一个最恭之意，即尊重先生个人地位之庄严是也。

桑兵在考察近代中国学术的地缘与流派时也敏锐地注意到这种学院政治的形式：

> 1931年胡适在北大文学院开学演说时声言："北大前此只有虚名，以后全看我们能否做到一点实际。以前之'大'，只是矮人国里出头，以后须十分努力。"不过积重难返，历史系因朱希祖去职，傅斯年代管系务，尚能引进新人，尽管钱穆、蒙文通等并不为主流派所欣赏。而国文系在胡适接替兼职的蒋梦麟出长北大文学院着手改革时，连裁并课程也遭到马幼渔的抵制。直到1934年，胡适才征得蒋梦麟的支持，解聘林损等人。傅斯年得知"国文系事根本解决。王慰"。拍手称快之余，认为"此等败类，竟容许其在北大如此久"，是由于马幼渔曲意袒护，指马为"此辈之最可恶者"，"罪魁马幼渔也。数年来国文系之不进步，及为北大进步之障碍者，又马幼渔也。林妄人耳，其言诚不足深论，马乃以新旧为号，颠倒是非，若不一齐扫除，后来必为患害。"请求蒋梦麟当机立断，不留祸根。并称："马恶贯满盈久矣，乘此除之，斯年敢保其无事。如有事，斯年自任与之恶斗之工作。"措辞如此激烈，固有胡适一派的宿怨作祟，亦可见前此浙人把持之甚。而胡、蒋合力，在籍系声势已衰之际尚只能动林损而不敢碰马幼渔，则其鼎盛之日的八面威风可想而知。

由此可见，在北京大学这样一个学院空间里，充满着各种各样的知识群体，而这些知识群体对传统文化、西学源流、大学模式、政治价值等各种问题的观点分歧很大，与此同时，因为不同的地域、社会阶层、教育背景，他们的生活方式与社会习性也有着相当大的鸿沟，更复杂的是在这样一个学院空间里还夹杂着非常之多的"社会因素"，比如对中基会的文化权力的争夺等等。如果说五四新文化运动时期北京大学还能有一个"兼收并蓄"的大气象与大格局，那么到了20世纪30年代，北京大学的"新旧之争"更多地转化为"地域之争",空间生产开始成为吞没时间性(传统与现代的分歧)的重要机制,不同的空间产生不同的群体,这些群体的共处方式更多地呈现出某种斗争性品质,当然也会有一定程度的合作。

乡村葬礼中的传统之魅

1923年夏天,将廷黻的父亲在湖南邵阳乡间去世,其时,蒋刚从美国哥伦比亚大学博士毕业归国。这时,离他告别故土留学美国的1912年已整整十一年。父亲的葬礼,将他推到一个传统与现代仪式的抉择之中。最核心的问题就是:应否请和尚念经。当时的蒋廷黻刚刚接受西式现代教育归来,自然在科学(现代)与迷信(传统)的认知框架内认定请和尚念经完全是迷信。他在晚年回忆此事时说:

> 但从另一个角度看,如果不念经,我的亲戚故旧会以为我舍不得花钱。于是我对哥哥和弟弟说,依我的意见,我原不想省钱,但可以用这笔钱来修缮我家附近的一座庙宇,利用庙宇来办一所学校。他俩接受了我的建议。是年冬,我回家给父亲上坟时,邻里和亲友没有人认为我的决定是不当的。因此,我认为我是在乡间做了一个进步榜样。

但实情显然并非如蒋廷黻所想当然,传统之所以能够根植在乡村世界的心灵秩序之中,它是依托一整套从出生到死亡、从日常生活到鬼神祭祀的仪式来维系的,这种仪式不断地将对生活世界和死后世界的理解嵌植到乡民的内心世界,从而孕育出人生不绝如缕的意义感。大约五六年后,蒋廷黻的姐姐去北平探望他,告诉他一个故事,在蒋家住过并照顾过他们兄弟姐妹的叶奶奶，死前一年神神叨叨，以蒋父亲的口吻对蒋廷黻的兄弟姐妹说，你们反对请和尚念经是不对的。言下之意，是破坏了维系乡村世界那一套信仰秩序。作为一个出入传统乡村世界与现代都市社会的知识人，蒋廷黻由此反省自己："乡下人在礼貌上不愿公开批评我们不给父亲念经的事，但另一方面心里却感到不舒服，认为我们违背了传统。他们无法反对、改变我们。但这件事又无法令他们心平气和。他们认为我的违反传统的举措是野蛮的，无论如何都不该那样做。于是我即刻寄钱回家给父亲念经。从此我就没有再听说父亲回来对我们说什么了。"西方新式教育培育出来的个人，在沉默寡言的传统面前显得咄咄逼人，这种因占据新潮流的制高点而居高临下的姿态，未必不是一种新的理性的迷信与行为的野蛮。即此来看，蒋廷黻倒是对传统有着一份温情与敬意。

无独有偶，八十年后的2004年，台湾作家龙应台手捧其父龙槐生的骨殖（1934年前后，他父亲十六岁离开湖南衡山县的山沟沟，被国军招少年兵的部队带走，生前再未能返乡。——引者注）回到故土，在村里祠堂与同族长老们讨论父亲迟来的葬礼时，似乎面临着与蒋廷黻同样的困境：

  女人蹲在地上洗菜，本来大声喧嚣的，现在安静下来。一种尴尬又紧张的气氛，连狗都不叫了。看起来辈分最高的乡人清清喉咙，吸了口烟，开始说话："我们明白你们不想铺张的意思，但是我们认为既然回到家乡安葬，我们还是有我们的习俗同规矩。我们是要三天三夜的。不能没有道士道场，不能没有花鼓队，而且，家乡的习俗，儿女不能亲手埋了父母的，那骨灰要由八个人或十二个人抬到山上去，要雇人的。不这么做就是违背家族传统。"

面对这十几张族人黝黑而劳苦的面孔，龙应台轻声柔气地解释，佛事已在台湾岛上做过，父亲一生反对繁文缛节，若要铺张，是违背他的意愿，不敢相从。花鼓若是湘楚风俗，当然尊重。至于雇别人送上山，"对不起，做儿女的不舍得。我们要亲自捧着父亲的骨灰，用自己的手带他入土。最后一次接触父亲的机会，我们不会以任何理由给任何别人代劳"。最终，龙应台这一夙愿如愿以偿。

从这两则相隔八十年的湖南乡村生活中的葬礼可见，中国人的生活世界自有一套其自身的秩序、脉络和逻辑，尤其在慎终追远的儒家文化的浸润之下，对待死者如何离开这个世界，更是有着一套相对繁复而精致的仪式。这不是一套完全压制性的仪式，而是柔性的可以协商变更一些无伤大雅情节的仪式。这套仪式给予世俗生活中的芸芸众生一种安顿身心的秩序感，也使得乡村生活的个体在面对死亡这种生命中永恒的主题时，有了一份难得的释然。这种葬礼仪式，其实在某种程度上已经扮演了宗教救赎的角色。这正如研究中国社会的宗教的权威学者杨庆堃所指出的那样："缺乏强有力的神职系统绝不意味着在社会生活中宗教影响处于弱势。如果没有宗教的帮助，中国民众特别是妇女很难打发时间，更何况还要面对生活的困难。晨昏时，为宅神上香；到庙里为无数公共和私人的事情祈祷；为大事小事拜访民间算命者得到指点迷津的启发；参加庙会和宗教节日；按照黄历选择吉日来安排生活中的大事；对超自然力量加诸生活和世界的影响作出反应——所有这一切都强化了在传统社会秩序下宗教和日常生活的密切关系。"

但在20世纪反传统的强劲潮流扫荡之下，韦伯所谓的现代社会的"祛魅"过程，使得这些维持传统秩序的一整套系统性的神秘仪式支离破碎了，而且在自我辩护的理由上，面对唯科学主义的启蒙思潮和无神论的马克思主义的双重挤压，显得进退失据以至于节节败退。但这种所谓"败退"（比如"文革"中的"破四旧"等）只是一种在政治权力压迫下的短暂现象，只要时机成熟，传统又会卷土重来。因为对于一个没有普世性宗教信仰的民族，传统——包括儒释道等各种大小传统——其实就是一种自我救赎的精神资源和信仰资源。而传统的存在，除了发挥这种功能外，其实还能在更细微的层面培植个体的德性与秩序感，尤其是敬畏和谦卑的情怀。

第三辑 情感

"两地书"里的沈从文与张兆和

1934年年初,沈从文暂别新婚妻子张兆和回湘探亲,将其行经湖南境内各地的见闻,以细腻而温热的笔触一一记录,用书简的形式饱含深情地寄给远方的爱人,由此而催生了现代中国最优美的散文集之一《湘行散记》。时隔三年半之后,全面抗战爆发,沈从文和一批知识分子结伴,化装逃出北平,辗转飘零,最后抵达昆明。在那"烽火连三月,家书抵万金"的战争岁月,沈从文与张兆和保持着密集的通信联系,可在这些残存下来的信件中,除了艰辛而清贫的日常生活(比如借钱还债、人情往来、孩子抚养、柴米油盐等)的记述之外,我们却很难感触到三年前沈从文与张兆和通信里的柔婉而细密的情感世界,却分明多了一份相互的误会、牢骚与抱怨,现代史上最著名的"师生恋"似乎在经受一份牵缠而苦痛的折磨。

张兆和出身苏州的书香门第,却似乎践行着清教徒式的人生观,坚持朴素、简洁而有序的生活方式,并认为简单的生活才是合乎道德的生活。当她听闻逃难到长沙的沈从文租住了较大的房屋时,她在回信中说:"我想着你那性格便十分担忧,你是到赤手空拳的时候还是十分爱好面了的,不到最后一个铜子花掉后不肯安心做事。希望你现在生活能从简,一切无谓虚糜应酬更可省略,你无妨告诉人家,你现在不名一文,为什么还要打肿脸充胖子?我这三四年来就为你装胖子装得够苦了。"离开北平前的沈从文身兼《大公报·文艺副刊》的编辑,又是著名作家,自然有着广泛而活跃的公共生活,这种文艺生活在张兆和眼里似是一种不切实际的空虚生活,而沈从文的言行举止在她看来更是"不是绅士而冒充绅士"的勉强。她爱恋的是早年在上海给她写情书的那个未受城市文明污染的纯真而质朴的"乡下人",或者说她爱恋的是沈从文书信和小说里构筑的那个湘西世界。

自然,张兆和并非只是对沈从文提出严苛的要求,这种简朴生活方式,同时也是对自我的规定,这就充分彰显张兆和精神世界的单纯与强韧。她的人格、言说与行动是一个圆融的统一体,不容分裂也不会割裂。在1937年10月25日的书信中,张兆和批评沈从文对她的"小资产阶级生活方式"的想象:

> 我们的精力,一面要节省,一面要对新中国尽量贡献,应一扫以前的习惯,切实从内里面做起,不在表面上讲求,不许你再逼我穿高跟鞋烫头发了,不许你用因怕我把一双手弄粗糙为理由而不叫我洗东西做事了,吃的东西无所谓好坏,穿的用的无所谓讲究不讲究,能够活下去已是造化,我们应该怎样来使用这生命而不使它归于无用才好。我希望我们能从这方面努力。一个写作的人,精神在那些琐碎外表的事情上浪费了实在可惜,你有你本来面目,干净的、纯朴的,罩任何种面具都不会合式。你本来是个好人,可惜给各种不合式的花样给Spoil了。

在张兆和的心灵世界中,日常生活应该最大程度地简化,而生命世界应该最大限度地丰富,人应该更加本色而自然地生活在这个世界上。这其实也是沈从文在《边城》《湘行散记》《长河》等多种作品中反复表达的主旨。

对此,学者赵园有精辟的论述:"《边城》《长河》极美,但你是否意识到,之所以人皆以为美,正因为那里并无那种恣肆放纵的原始情调,没有那种深山大泽的原始性神秘,因而是更合乎'士大夫化'了的审美趣味,合乎中国传统的文化思想、审美理想的艺术世界。没有情欲的放纵(因而绝不同于《野店》《旅店》等),人物、世界皆纯洁明净如碧水,泛溢着的,是你所熟悉的中国式乡村社会静谧而暖融融的诗情。你由作品感到的,是作为中国作家传统心理的'节制'。《边城》《长河》一类作品说得上'思无邪',却也因此多少减损了点儿批判的力量。"沈从文对现代文明尤其是都市文明的批判,让他重新发掘了作为乌托邦的湘西世界,这样一个乡土世界其实在某种程度上更是传统中国士大夫从容涵泳的社会空间,也就是说沈从文在骨子里其实有"士大夫情结",这也正是先后在京沪都工作、生活过的沈从文憎恶后者而亲近前者的原因。20世纪30年代的北平既有传统士大夫文化的流风余韵,又有乡土中国生生不息的气味,自然让沈从文大自在大欢喜。可这种对精英知识分子文化的融入与认同,却似乎遭遇张兆和的不满甚至指责。

出身名门的张兆和似乎更有着一份人人平等的意识和劳动创造价值的观念,这似乎也暗示了新中国成立后,她并无太强烈的抵触情绪,反而是敞开胸怀迎接新时代的到来,与此形成对照的是,慑于1949年前后文艺空气的冷峻与政治化,自知创作空间会遭受极度压缩的沈从文,却曾经数次自尽未遂。在1937年12月29日的信中,张兆和决绝地表达了对过往生活方式的痛恨:"我还恨我们的生活不够窘迫,不能身经目击那许多变乱,彻底改造我们的生活,扫除一切虚伪的绅士小姐习性!我们都自己觉得太聪明一点,觉得比人超过一等,因此平时总觉得这件事别人能做,我不能做,不屑做。"即此而言,张兆和早已超越了少时家庭出身的限制,可以说成了民国上流社会生活方式的"叛徒"(与林徽因等显然不同),她似乎有着一份看透大家族生活的空洞、虚假本性之后的决绝(这或许与其幼年丧母,自小饱尝世态炎凉人情冷暖有关)。张兆和与其姐妹相比较,确实有着一份迥然有别的冷静严肃的心智及朴素清新的人格。

沈从文是以湘西世界的真实与野性,来拆穿、表述与反抗城市文明的虚假与空洞,在这一点上两者似乎应该有着更大的价值上的叠合,可事实上围绕基本的生活方式,尤其是女性应该如何自处的议题,沈张在书信中(我们可以想见在日常生活中更为剧烈)时常争执不已。沈从文有一个对女性形象想象的投射(落实到日常生活层面就是对张兆和的种种要求),比如他曾经在给别人的书信里说:"上帝造女人时并不忘记他的手续,第一使她美丽,第二使她聪明,第三使她同情男子,……"这里似乎看不到"五四"一代启蒙思想里的男女平等观念。作为现代知识女性的张兆和也有一个女性意识和女性角色的自我想象,这两者之间时常龃龉乃至冲突。质言之,沈从文的简单生活是自由而随意的,因而有时以率性为美,而张兆和的简单生活,却是自制而勤俭的,因而时常以克己为美。

时隔近六十年之后,《从文家书》的后记里,作为编选者的晚年张兆和的一段话,透露出她对沈从文的负疚之心,也许包裹着诸多对当年无休无止地抱怨、指责沈从文的懊悔之情吧,这似乎也在隔着遥远的时空注释着他们长达五十多年婚姻生活中的那些琐琐碎碎的不解、矛盾与隔膜:"越是从烂纸堆里翻到他越多的遗作,哪怕是零散的,有头无尾、有尾无头的,就越觉斯人可贵。太晚了!为什么在他有生之年,不能发掘他、理解他,从各方面去帮助他,反而有那么多的矛盾得不到解决!悔之晚矣。"沈从文生前曾经说过:"照我思索,能理解'我';照我思索,可理解'人'。"可见人与人之间理解的不易与珍贵,以此来观照两地书中的沈从文与张兆和,尤有一份难以言述欲说还休的哀婉与伤情。

真名士,不风流

1923年,留学美国的萧公权到纽约州绮色佳进康奈尔大学,第二年春季学期结束后,此前结识的一位在密苏里大学求学的中国女生,与其一位哥伦比亚大学的中国女同学来绮色佳消夏。萧公权尽地主之谊,跟她们几乎每天见面,无所不谈。天气晴明的日子萧陪同她们去观赏附近的风景。有些同学认为萧公权与这位女生已进入恋爱的阶段。此时的萧公权与留学生胡适一样,已非自由身,出国前夕(时年十六岁),抚养其成长的伯父母已根据生辰八字等为其约定一门婚事,女方是当时年约十二岁的薛织英。

萧公权的一位清华同学,也是其族侄萧庆云,正好此时勾留在绮色佳,见此情景便诚恳地劝他拿定主意,不要受旧传统的束缚,以免后悔无及。当时很多受五四新文化运动影响的青年人,尤其留学国外者,解除包办婚姻者大有人在,而这种选择往往被誉为冲决传统婚姻之网罗,追求自主幸福之生活的勇敢作为。成长于传统大家族而少时饱受儒家经典熏陶的萧公权,却对此种论调与行径很不以为然:

> 你的建议想必根据一个假定:由父母之命而成的婚姻,不及由自己选择而成的婚姻美满。这是五四运动以来流行于中国知识阶级间的

信条,其实婚姻是否美满并不全由"自主"或"包办"而决定。自主的婚姻有时可能基于双方的错误选择,其结果不是家庭幸福而是夫妻反目,甚至走上离婚之路。在交际自由的社会里,青年男女容易因一时感情的冲动,不考虑对方的性格、志趣等等是否与自己相近,便冒昧地结合了。这样盲目的自主婚姻是有危险的。父母之命的婚姻,就男女当事人来说,也是盲目而有危险的。但事实上这样的婚姻也未必结果悲惨。简单说来,婚姻是否美满,主要关键在当事人是否有志愿、有诚意、有能力去使之臻于美满,而不在达成的方式是自主或包办。

在萧公权的思想世界里,自主性未必一定通往婚姻的幸福,尤其当为数不少的"五四"一代青年人在一种全盘反传统的独亢情绪里,过于夸大自主的价值而恣意撕毁旧式婚姻的契约时。这时候的年轻人表面上看似乎自由了,但在萧公权看来,与包办婚姻可能的盲目相对照,这是泛滥无归的"盲目的自由",这种自我英雄化和正当化的言行,有时候未必有坚韧的心志去构造美满的婚姻生活,往往成就的是悲情意识和意气之勇。萧注重的婚姻自主,是一种更长时段的诚意与自主,而非刹那间的自主决断。萧公权认为,就婚姻幸福而言,做决断容易,苦心经营难。

或许正因为这种注重责任伦理,而反省心志伦理的精神气质,让萧公权在那个贬抑传统价值的转型时代,成为一个反潮流的谔谔之士。他同样热爱自由,但这是一种负责任的自由,而非自利式的唯我主义的自由,正是从这样一种价值世界出发,他为生活世界中的包办婚姻和个人的抉择进行辩护:

> 包办婚姻并不是只顾"传宗接代",而同时企图达成"郎才女貌""一对璧人"的理想,儿女的幸福也在考虑之中。我认为除非一个青年确实知道父母代择的配偶有重大(乃至不重大)的缺点,他很可不必反对。退一步说,即使我反对薛家的婚事,无论是由于原则上反对包办,或是由于不满意对方的才情容貌,我可以从早提出异议,

而不应该在订婚十年之后，因为看中了另一个女子，才去解除婚约。这本应是一种合乎人之常情、常识、常理的论述，作为强势一方的留学生和新式知识人群体，自然应该担负更多的伦理责任，至少应该引导其婚约中的对方慢慢转变角色，调适心智，适应这个新时代，至于这种新旧世界间的沟通是否有效，那要看个人造化。可惜在众声喧哗的后"五四"时代，这种强调责任论式的自由，完全被边缘化，而那种意志论式的几乎不负责任的自由论述，却流光溢彩，独领风骚。

萧公权引用新式青年胡适的婚姻，来为自己的选择辩护。胡适同样留学美国，同样有一个包办婚姻，却在一种"情愿不自由，也就自由了"的心态下，负责任地面对这份传统中国留给他的遗产。萧引用青年胡适1914年1月27日在美国演讲中国婚姻制度的大意，胡适说："西方婚姻之爱情是自造的（sel-made）。中国婚姻之爱情是名分所造的（duty-made）。"萧从此引申道，中国婚姻不是没有爱情。因为订婚的男女虽未见面，但彼此之间已互相关注。到了结婚的时候，"向之基于想象，根于名分者，今为实践之需要，亦往往能长成而为真实之爱情"。而对于当时新青年以文明的名义，任意废止旧式婚姻的行为，胡适在1918年9月写成的《美国的妇女》一文里颇有批评："近来留学生吸了一点文明空气，回国后第一件事便是离婚。却不想想自己的文明空气是机会送来的，是多少金钱买来的。他的妻子要是有这样的好机会，也会吸点文明空气，不致受他的奚落。……这种不近人情的离婚……是该骂的。"这无疑有胡适夫子自道的意味在内，却因为在一个更广阔的人文世界里考量婚姻、自由与责任，而显得格外意味深长，难怪萧公权要引之为同道中人。萧公权赞誉其为"'新文化'的倡导人，《终身大事》剧本的作者，替面临20世纪初叶过渡时期的青年们开辟了一条知新而不弃故的婚姻之路"。政治思想史大家萧公权就走在这样一条迥异于时髦青年的婚姻之路上，不离不弃，坦诚相待，却收获了与旧式妻子执子之手与子偕老的幸福。

《两地书》里的鲁迅与许广平

1925年前后,鲁迅在北平女子师范大学兼职,讲授中国小说史。他与许广平的感情生活也正是从此时此地开始。

学生给老师写信,这本来是一件很平常的事情,于鲁迅却牵引出一份弥足珍贵的感情。1925年3月11日,许广平第一次写信给鲁迅。在这封信中,她这样介绍自己:"现在执笔写信给你的,是一个受了你快要两年的教训,是每星期翘盼着希有的,每星期三十多点中一点钟小说史听讲的,是当你授课时,坐在头一排的座位,每每忘形地直率地凭其相同的刚决的言语,在听讲时好发言的一个小学生。"许广平这封信的意图是希望鲁迅给处于困厄中的自己指明一条精神的出路,她甚至在信的末尾直接呼吁鲁迅"救人一命,胜造七级浮屠"。信的署名是"谨受教的一个小学生许广平"。许广平写信态度谦卑,却又不无调侃和自嘲,而在信中对校园政治和社会生活的评论却是辛辣直截的。

鲁迅在收到信的当天就写了回信,信抬头称呼许广平为"广平兄"。在这封回信中,鲁迅先是评论了女师大的校风,然后很坦诚地阐述"如何在世上混过去的方法"。他觉得走"人生"的长途,最易遇到的有两大难关。其一是"歧路",鲁迅将"不哭也不返,先在歧路头坐下,歇一会，或者睡一觉，于是选一条似乎可走的路再走"。其二是"穷途"，鲁迅说他不会像东晋名士阮籍那样痛哭而返，而是"跨进去，在刺丛里姑且走走"。鲁迅最后将自己对付苦闷的态度归结为"专与苦痛捣乱，将无赖手段当作胜利，硬唱凯歌，算是乐趣"。这也就是他后来常常讲的"反抗绝望"和"韧性地战斗"的意味。歧路与穷途之间，鲁迅似乎是闲适而从容的，其实这种表面的轻松隐含的恰恰是他决绝的无所顾忌直面人生的心态。

鲁迅的这种生活态度引起了许广平的共鸣。在3月15日的回信中，她说自己在遇到"荆棘"的时候，要"尝遍之后，然后一根根地从身上拔下那些刺来，或者也无须把那些刺拔下来，就做我后天的装饰品"。她认为鲁迅对付苦闷的方法是"最高超、最须要的"。在这封信中，许广平对鲁迅以"广平兄"称呼她"诚惶诚恐"，因此请求鲁迅给予一个说明。她问道："先生吾师，原谅我太愚小了！我值得而且敢配当'兄'吗？绝无此勇气而且更无此斗胆当吾师先生的'兄'的；先生之意何居？"这就引来了鲁迅对此的解释。他说对于旧日或近来所识的朋友，旧同学而至今还在来往的，直接听讲的学生，写信的时候都称"兄"。其他较陌生的就称"先生、小姐"之类。到了4月8日的一封信中，鲁迅开玩笑地将许广平称为"小鬼"。他这样写道："一面又觉得无聊，又疑心自己有些暮气，'小鬼'年青，当然是有锐气的，可有更好、更有聊的法子么？"从此以后，在很长的一段时期，许给鲁迅的信署名都是"小鬼许广平"，并常常在信中以"小鬼"自谓，两人幽默之气质、性情之投缘可见一斑。

鲁、许通信中除了对社会生活、校园情况的交流外，另外一个重要的主题就是对鲁迅作品的品评。许自然对鲁迅的文章推崇备至。她在对鲁迅散文《过客》的评论中这样写道："他'不愿意喝无论谁的血'，在'许多伤''流了许多血'之后，他的心地是何等光明悱恻，'流血'仍且前进'闯入深坑'。"但鲁迅却劝她别太过于"轻信"，他反思自己的文字时毫不留情:"我的作品,太黑暗了,因为我只觉得'黑暗与虚无'乃是'实有',却偏要向这些作绝望的抗战,所以很多偏激的声音。"所以,他建议许广平等有理想主义情怀的年轻人,"须是有不平而不悲观,常抗战而亦自卫,荆棘非践不可,固然不得不践,但若无须必践,即不必随便去践"。简言之,鲁迅反对那种鲁莽和无谓的牺牲,强调斗争的策略。这既表明了他对社会黑暗的"清醒的认识",同时也表明他是不会将青年的血来"染红顶子",将青年的生命当"炮灰"和"工具"的。

鲁迅常为研究者所称道的"韧性的抗争""反抗绝望"或者说"横站"的精神气质,在这些早年的两地书中一览无余。在与学生许广平的自由而平等的精神交流中,鲁迅展现出一个自嘲而讽世的内心世界,同时他也担心这种"阴暗而牵缠"的情绪影响到年轻一代的成长,故而不时在"灰阑"般的叙述的尾端,绣上一段若有若无的"光明的花边"。鲁迅与许广平在最初的这段书信往来中,弥漫着嬉笑怒骂而自由挥洒的才情,有自我心灵的开掘,也有对人世间阴冷事物的白描,更多的是对女师大学潮的观察与评论,还有对当时北平文艺界和杂志界的品评,可以说鲁迅迅速地将心智早熟的学生许广平带入了一个更为广阔的人文世界,双方的精神意志是高度共振而融洽的。或许晚年鲁迅在沪上十年创作的《花边文学》《准风月谈》等汪洋恣肆的杂文的精神基调和文风,也与这段时间的书信体的创作有密切关系。

鲁迅的人生观在1925年6月13日夜写给许广平的信中展露无遗:

> 我明知道几个人做事,真出于"为天下"是很少的。但人于现状,总该有点不平,反抗,改良的意思。只这一点共同目的,便可以合作。即使含些"利用"的私心,也不妨,利用别人,又给别人做点事,说得好看一点,就是"互助"。但是,我总是"罪孽深重,祸延"自己,每每终于发见纯粹的利用,连"互"字也安不上,被用之后,只剩下耗了气力的自己而已。我的时常无聊,就是为此,但我还能将

一切忘却，休息一时之后，从新再来，即使明知道后来的运命未必会胜于过去。

明知所谓的友谊其实是暗含算计的利用，甚至是过河拆桥的诋毁和辱骂，却仍旧是好了伤疤忘了痛，仍旧投注个人的心血于青年的人生，若说鲁迅有宗教感的话，那么对青年和青年文化的信仰也可算其中之一种吧，或者如阿伦特所言对人的诞生意味的"开端启新"能力的信仰。许广平在回信中对鲁迅"忘却苦痛从新再来"的态度大不以为然，她直截了当地说：

> 我的行动，也甚似被人"利用"，这是世界的黑暗，傻子的结果，可见事情还是不要"有点不平，反抗，改良的意思"，免得自己吃苦，而且公举你出来做事时，个个都说做后盾，个个都在你面前塞火药，等你灌足了，火线点起了！他们就远远的赶快逃跑，结果你不过做一个炸弹壳，五花粉碎。

这种极具张力而诙谐的师生间通信，在鲁迅离开北平去厦门大学任教之后就基本结束了，之后的通信似乎是从充满心灵激情的恋爱时期进入了平淡的准婚姻状态，字里行间更多的是日常生活的牵挂和自身生活状态的描述。因此，鲁迅与许广平这段最初的书信往来值得不断地重温和体味。

冲决网罗的一颗珍珠

1918年的春天,上海锦江饭店的创办人董竹君来到其夫君夏之时的老家重庆合江。董出身上海洋车夫家庭,被迫沦为青楼卖唱女,结识革命党人夏之时后跳出火坑,去往日本留学接受新思潮和新观念。本以为与辛亥党人的结合,会让其生命绽放出异彩,却不料这恰恰是另一种悲剧的开端。借助董竹君的回忆录《我的一个世纪》,可以让我们管窥其时内地传统家族的生活世界的真实图景,也可以让我们感觉到革命者是如何在泥沙俱下的过程中变异的。

时过境迁大半个世纪之后,在董竹君的记忆中,夏家"势利而粗鄙"的情景仍旧历历在目:

> 婆婆对待丫头很凶,不得宠的经常挨打骂,她不称心时,就去暗中揪丫头的胳膊,这算是好的。四川有些太太、奶奶们,虐待丫头,还用烟签子戳嘞!女仆们在各房面前挑拨是非,说坏话。家人之间表面上看起来亲亲热热,骨子里钩心斗角,面和心不悦。……这类情况在有封建意识的家庭中是司空见惯的事。对有势力的当家做主的人,都拍马屁。封建家庭就是这样复杂、恶毒。夏家也不例外。

初入夏府的董竹君尚未得到夏家人认可,因此其每日承担的事务

相当繁重:

> 我每天早晨伺候丈夫出外办公以后,就开始学缝纫、结绒线、绣花、烧菜、洗衣,还帮助招待亲友。到了晚上,教子侄们读书,帮总管上账;给大模子、大猷侄、国琼女洗完屁股、两脚,拍净衣、鞋、袜……上床后,在菜油灯下扎鞋底,什么都做。免得他们说我"下贱胚""下江人(指长江下游的人,四川人对江浙人的蔑称)好吃懒做"。这样,每天都要搞到深夜。虽然,我很累,但为了取得婆婆的欢心,取得人们的好感,只好一切都忍耐,勤劳地干。

作为革命党人的夏之时,这时候成为被四川军阀唐继尧委任的靖国招讨军总司令,从而在当地坐享革命的丰硕果实,这一切也让接受了新思想熏陶的董竹君深感失望,丈夫"就在合江设立了征收关卡。又在合江成立了护商事务所,专办水上运输商品征税事宜,每月可收五六万元不等。其中盐税占百分之九十。当时在合江的军费开支每月约三四万元,其余全部入丈夫私囊。而整个大家庭的开支费用,除祖上遗留下来的少数田地收租米外,其余都是要依靠这笔收入,这项税款事先既未经上级机关批准,事后开支当然亦没有必要去向谁报销,征多征少,支多支少,全凭个人自由支配"。这种靠暴力做后盾、以苛捐杂税鱼肉人民来养家的生活方式,在董竹君看来自然在道德上是腐败的,这进一步加深了她对夏的失望感。

董竹君出身底层,对夏家的丫头、仆役等弱势群体的命运特别关心,也对这个家族中女性的人生特别留意,正因为旅日教育使她获得了新生,她认为女性与男性一样应该得到充分的受教育权。她自己算是从传统网络中冲决而出的新女性,也希望引导其他的女性自己动手改变命运。当她的个性日益凸显,生命意识和权利意识日益成熟之后,仍旧保持着旧式军人习性的夏之时就难免对其不满,指责她在公共生活中过于活跃,也反对董竹君在女儿教育上的投入。作为先知先觉的革命者,居然落在了被他引导上新路的妻子的后面,从而成为妻女探求平等和自由的人生的阻碍。这无疑是辛亥革命的另一种悲剧。

董竹君没有被夏家的阴霾完全笼罩，她仍旧保持着通过阅读打开新世界获取新知识的习惯，相对于夏的蝇营狗苟因循守旧，从旧社会最糜烂的社会空间里侥幸逃出来的她，却保持着一颗开放而敏感的心灵，这心灵出淤泥而不染，像一颗透亮而执拗的珍珠追寻着自己的生活道路。据她晚年自述，婚后不久，

> 我对五四运动后旧礼教遭到冲击，新思想渐入人心感到异常兴奋。外面出版的新书、报纸、杂志很多，我就到祠堂街旁边一个新开的书店里订购了许多新书和报刊。由于买书的关系，认识了一位书店的主人姓曾的。他和我来往很密切，他为人热情、正派，特别喜欢我的孩子们，经常送给她们《小朋友》《歌谣》以及美丽的洋画片等。他有时到我家的读书室来玩，讲些故事给孩子们听。有时还和我闲谈

1935年，董竹君摄于创办锦江川菜馆之际

社会问题。但我从不敢告诉丈夫。

董竹君与夏之时，一个追求进步，一个故步自封，一个热衷于探索未知世界，一个沉湎于旧式官宦生活，一个越来越接受民主与平等的观念，一个却习惯在专制世界享受权力的独断，生活世界里这种种基本价值的冲突，构成了董竹君与夏之时家庭生活的基本内涵。前者渴望独立，后者试图控制，这只能引发越来越剧烈的争执与矛盾。

当董竹君脱离深渊回到上海后，夏之时也来到此地，对其威逼利诱，试图把她重新带回重庆合江的旧世界。董竹君对夏之时说出来的话发人深省："爱情和友情是不能建筑在'恐惧'和'不平等'的基础上的！如此生活下去，对于我来说没有任何意义可言，也无任何快乐，只有痛苦，无代价地牺牲。……我已立定今后一生为国为民，尤其为穷苦人民谋出路做些事情。为四个孩子谋前途、幸福，这就是今后我要走的道路！"董竹君这样说，也确实在其此后的生命历程中这样实践了。她在割裂对夏之时的依附性关系之后，硬是从没有路的地方闯出了一条路，而其前夫违背法律上的规定，没有支付孩子的抚养费，甚至怂恿戴季陶等旧时友人试图加害于她。

考察董竹君的一生，可以发觉支撑其精神世界的就是个性解放、生活独立、民族国家解放等进步文化，即是在传统与现代、中国与世界的对垒中毫不犹豫地支持新生力量。这曾经是20世纪中国相当一部分知识分子和普通人的价值观，他们单纯地渴望中国的现代化，也单纯地在反帝反封建等政治口号的影响和动员之下投身革命，可这种时代的选择和价值的拥抱，在告别革命的反激进主义意识形态的淘洗之下，在重估传统的正面价值和客观评估西方力量在中国的历史影响等种种因素的思虑之中，却被漫画化甚至污名化为幼稚的进步论者，甚至被诠释为革命历史的牺牲品，其作为一个群体的生命史和精神史似乎在历史的天平上越来越显得无足轻重，也越来越处于被遗忘的状态之中。可是揆诸20世纪中国历史，不管是以悲剧还是喜剧或者闹剧的基调来回溯，像董竹君这样的人生毕竟是相当比例的人群曾经走过的,而那些支撑其精神世界的进步、解放、革命等观念,从来就不是历史教科书里冰冷的教条,而是引动他们追求新人生的原动力。这种内心的真诚与历史的真实,也许不能被后人无端地轻慢、调侃和解构。

反潮流的新女性

1947年4月27日,清华大学三十六周年校庆。这也是抗战胜利后,返回北平清华园的第一个校庆。陈美延(陈寅恪先生幼女)记得,当时清华女生以妇女如何为社会贡献力量等为主题,采访一些师母。史学家陈寅恪的妻子唐筼根据其具体情况,实话实说:"妇女为家庭做出贡献也很重要……"立刻有伶牙俐齿的采访女生当场批驳。批驳的理由看上去如此天经地义而义正辞严,作为新时代的新女性,岂可将人生的价值完全安放在家庭这个狭小的天地,而依然沿袭着旧时代旧女性的依附男性的人生模式?这样的贤妻良母式的人生,在清华新女性的价值世界中完全经不起推敲和模仿。

此时此刻,新女性唐筼已经将自身的生命完全沉浸在柴米油盐和照顾家人的私人领域了。抗战期间,陈寅恪的神经衰弱症加剧,夜间常常失眠,害怕吵闹,而这时的他因用眼过度,视力日益衰退。唐筼很着急,希望在力所能及的条件下,为陈寅恪增加一点营养。她托人买来一只怀胎的黑色母山羊,因为跛足价格便宜。母羊生了两只小羊以后,唐筼学着挤奶,每天早晨先把母羊用绳索拴好,用水洗净母羊乳头,费不少周折才能挤出一碗羊奶,给陈寅恪饮用以增强体质。自从陈寅恪

1945年双目完全失明之后，唐筼将生活的重心完全放置在照顾陈寅恪的衣食起居等方面。据其女儿的回忆，唐筼除了"照顾失明的父亲生活起居外，还担负起书记官的任务，随时记录父亲要写的书信、诗作等"。

如果陈寅恪的妻子唐筼是如同胡适的妻子江冬秀那样的旧式女子，也许清华的女生不会如此失望以至于当场抢白作为长辈的师母。出生书香门第的唐筼（其祖父系清朝台湾最后一任巡抚唐景崧），青年时代通过自身的努力接受过良好的教育。她曾随其养母潘氏就学于天津女子师范学校，学习认真努力，成绩优秀，还喜爱音乐、美术。暑假中，在旧报纸上练习书法，极其刻苦，从少女时代开始，就养成一种坚忍不拔的性情。师范毕业后，因家境困难，学费不足，便开始从事教学工作。1917年秋，唐筼争取到公费学习名额，赴上海基督教女青年会设立的体育师范就读，与我国女子体育工作的先驱张汇兰等成为同学，两年后毕业，从事体育教育工作，在天津母校担任体育主任。唐筼不满足自己的学历，后来又进入南京金陵女子大学体育专业本科，继续深造。后来因心脏病，告别金陵女子大学，回到北京女子师范大学担任体育教师，期间曾担任北京中等以上学校体育联合会裁判，也参加北京体育学会的工作。从这一段简短的履历，可见唐筼对于人生有着一份个体之自觉，并在长期的学习和工作中发展出了一种专业意识和职业上的认同感。这种意识和认同感，给她灌注一种充沛的成就感和意义感。

这样一位新女性的典范，却在婚后从公共性的显现自我的社会空间，骤然折回到家庭的私人生活领域，竭心尽力成为一位好妻子、好母亲，其生命价值在此过程中是悄然萎落还是以另一种方式在绽放？自我如何在舍弃了贡献和服务社会的维度之后，还能够成就一种整全的意义？西哲曾言，所谓自由就是服从内心的真实，即此而言，自由与自主密切相关，没有自主性，就没有所谓自由。对唐筼而言，无论是早期献身中国最早的女子体育教育，还是后来毅然回归家庭，照顾陈寅恪的衣食住行，做他学术工作的助手，都是基于内心的自主。尤其是后者，在面对五四新文化运动后,娜拉从家庭出走寻求新生活,成为新时代的一种"政治正确"选择的时候,更凸显了一种不降格以屈从时势和主流的独立人格。这种能够入乎其内,又能出乎其外的在新、旧之间穿越的精神气质,其实更深刻地标识出了现代教育所孕育的自由精神。在一个"讲理"成为主导性力量的时代,诉诸内在的情感直觉和伦理责任,更需要一种冷静坚毅百折不回的心志,道理可以纷纷然,杂树生花,迷人醉眼,而情理却是更具有穿透力的直感。

晚年唐筼不顾自己的衰病,尽心照顾年老病残的丈夫。她曾对孩子说,"爹爹的学问造诣非比一般,应让他写出保存下来"。陈寅恪的学术世界和精神生活,唐筼未必能够进入和完全体会,但她基于对文化与学术的尊重和理解,却自认为有一种当仁不让之使命,让陈寅恪最大程度地从事创造性的学术工作。而这份深厚的情怀,自然深深地触动着内心敏感而重情重义的陈寅恪。陈氏的三个女儿陈流求、陈小彭、陈美延在共同撰写的回忆录《也同欢乐也同愁——忆父亲陈寅恪母亲唐筼》中写道:父亲对母亲为他的付出、为家庭做出的贡献,深深感激,常教育我们:你们可以不尊重我,但必须尊重母亲。母亲是家中的主心骨,没有母亲就没有这个家,所以我们大家要保护好母亲。这种承认与感恩,对唐筼而言,是否也是一种不可抹杀的人生价值?

"文化大革命"爆发后,陈寅恪一家经过了抄家、洗劫、批斗、逼迁、赶走女工和停发工资,只给几十元难以维持生活的"生活费"。陈寅恪自知存日无几,也非常担心妻子唐筼将不久于人世,1967年前后伤心地拟了一副挽联《挽晓莹》(唐筼别名),预挽唐筼,联文字字血泪,情真意切:涕泣对牛衣,卅载都成肠断史;废残难豹隐,九泉稍待眼枯人。

1969年10月7日,一代史学宗师陈寅恪去世,唐筼卧病不起,简要交代后事,于同年11月21日追随生死与共的夫君陈寅恪而怆然离开人世。

毛彦文的情感世界

1968年10月号的台北《传记文学》杂志刊载了萧公权先生一篇文章，文中写道："雨僧（指吴宓）早年由'父母之命'跟他的表妹陈女士（心一）结婚。她是贤妻良母型的旧式妇女，而且知书识字，无愧大家闺秀。（萧公权的婚恋观可参阅本书《真名士，不风流》一文。——引者注）但雨僧倾心于一位留学于美国的'海伦'女士（指毛彦文。——引者注），断然与发妻决裂，独居清华园'工字厅'后进的教员宿舍。他不满意于陈女士的理由是'彼此的不相了解，便不能有真纯的爱情。继续同居，等于继续侮慢对方的人格'。我曾婉言劝解，他始终坚持他的'立场'。"

当时旅居台湾的女学者毛彦文读到此文，有感而发气难平，写下这样一段自我剖白的话："关于吴宓先生追求我的事，不知内情的人都责我寡情，而且不了解为何吴君对我如此热情而我无动于衷，半个世纪以来，备受责骂与误解。""寡情"确实是世人读到现代情感史上这一页时共通的感受。吴宓虽个性孤介、狂狷不羁，但确系痴情不悔之才子，且以一人之力主编《学衡》杂志近十年，与新文化运动诸领袖公开对垒，也算是特立独行内心有所持守之人，这一点在近年出版的《吴宓日记》及《吴宓日记续编》中都有反映。为什么吴宓对毛彦文的追求,最后成为一个感情悲剧,同样终身未婚而矢志不渝地痴情于林徽因的金岳霖的情感故事,却在后世不断流转被演绎成学林佳话?

　　2012年出版的毛彦文的回忆录《往事》或许可以让我们寻找到一点点隐伏在历史人物内心世界的蛛丝马迹。毛彦文九岁时,就由父亲做主许配给他在衢州府的好友方耀堂的长子方国栋为妻。后经其在北京清华学校读书的表兄朱君毅的开导,追求恋爱与婚姻自由,反对父母之命媒妁之言的包办婚姻,在方家迎娶之日乔装逃婚成功。可以说朱君毅是少女时代的毛彦文情感世界的一切。1963年11月,毛彦文在听闻朱君毅当年病逝于上海的消息后,"震惊得说不出话来,突然被一种莫名的哀思所袭击,如不强自压抑,眼泪会夺眶而出!"表兄是那个将当年生活在江山这个小城,并且被传统的婚姻制度压迫的毛彦文引入到现代文明世界之人,并且是她内心倾慕的初恋对象。她在一月内"心乱如麻,旧情复炽",写下《悼君毅》这篇感人至深的文章。可就是这样一位青梅竹马两小无猜的表哥,却以极不堪的理由解除了与毛彦文的婚约,可谓是新式知识分子在恋爱自由名义下的斯文扫地。毛彦文本来是在朱君毅的一手策划下割舍了旧式婚姻,而将全部的希望投注于表兄许诺将会带来的新人生,最终却是痴心女碰上薄情郎,多情反被无情误。

　　毛彦文在《悼君毅》一文面对早已烟消云散的表哥的亡灵如泣如诉道:

> 你给我的教训太惨痛了,从此我失去对男人的信心,更否决了爱情的存在,和你分手后近十年间,虽不乏有人追求,我竟一概拒绝。理由是:以你我从小相爱,又在同一个环境中长大,你尚见异思迁,中途变心,偶然认识的人,何能可靠?如与年相若者结合,他不会和你一样嫌我年事大了吗?你长我四岁,尚振振有词,要娶十七八岁的少女为配偶。其实我自情窦初开,以迄于彼此决裂时,二十余年来,全部精神与爱都为你一人所占有,换言之,我二十余年来只认识一个

> 男人，我的青春是在你占有期间消逝的！有了这个残酷经验，我对于婚事具有极大戒心，以致久延不决。

创深痛巨之后，由用情至深转至对人世间的男女之情存绝大之疑虑与戒备，这也是人之常情，不容置喙。而吴宓恰恰就在此时"疯狂"地写诗填词追求毛彦文。更何况吴宓与朱君毅系清华好友，后又一同在美国留学，也系新式留学生，又怎能托付伤痕累累的余生？

或许正因为经历了少年时代的逃婚、青年时代的婚变，毛彦文开始用更冷峻而理性的眼光来看待人情世故，这种世故既是个体人生经验的累积，又是一种创伤性记忆之后的自我防护。她对于吴宓与陈心一的婚姻破裂有着洞若观火的认知："吴脑中似乎有一幻想的女子，这个女子要像他一样中英文俱佳；又要有很深的文学造诣；能与他唱和诗词，还要善于辞令；能在他的朋友、同事间周旋；能在他们当中谈古说今。这些都不是陈女士所专长，所以他们的婚姻终于破裂。这是双方的不幸，可是吴应负全责。"而对于自己与吴宓结合的可能前景，毛彦文则有着极悲观的预测："海伦（毛彦文的自称）平凡而有个性，对于中文文学一无根基，且尝过失恋苦果，对于男人失去信心，纵令吴与海伦勉强结合，也许不会幸福，说不定会再闹仳离。海伦绝不能和陈女士那样对吴百般顺从。"在毛彦文的印象中，吴宓自然并非一无可取，她认为"吴君是一位文人学者，心地善良，为人拘谨，有正义感，有浓厚的书生气质而兼有几分浪漫气息，他离婚后对于前妻仍备加关切，不仅负担她及他们儿女的生活费及教育费，传闻有时还去探望陈女士。他绝不是一个薄情者"。

毛彦文自认为绝非"寡情者"，又在此处说吴宓绝非"薄情者"，这恰恰说明在情感世界的坎坷纠结之中，其实并无黑白分明的是非对错，情到深处人孤独，也许说的恰恰就是像吴宓这样的苦恋。吴宓在自编年谱中对于早年在清华最亲密的朋友朱君毅略有微词，在1923年条目下他记载了这样一个细节。1922年秋冬之际，自美国获得博士学位、归

毛彦文与熊希龄

国任教于东南大学教育系的朱君毅开始兼任该校教务长。他曾经对吴宓说:"吾此职虽微,然在办公室中,每日必有数十乃至百人来见,并有所请求。其事均由吾决定准行与否。吾所决定者,即是彼等得、失、苦、乐之所由判分。则吾之权力为不小矣!"吴宓据此认定朱君毅有"浅薄之虚荣心"。这或许亦可解释朱君毅解除与毛彦文婚约时给出的理由。根据吴宓的记述,朱君毅说毛彦文并无任何缺点或过失,退婚的理由之一是"毅今所喜爱、所求娶之女子,只要她身体肥壮,尤其臀部大而圆。其外之事,如家世、财产、教育、才能,以及品貌,均所不计。而对一般有学识,有文化,在大学毕业或肄业之女生,尤绝对不取"。"海归"的择偶观,似乎经历了世道轮回之后,又重回到传统世家子弟纳妾的标准上去了。这样的格局与胸襟,岂非近代中国留学生的异端?同样是认同传统,萧公权认同的是婚姻的责任,而朱君毅采取的是传统中国男性的畸恋情结。所幸的是,毛彦文1935年在上海与年长28岁的追求者、民国名流熊希龄(曾做过国务总理等)结婚,夫妻生活恩爱(熊在1937年病逝于香港),留下诸多诗词为见证,这段昙花一现般的幸福时光,也算是对感情上一败涂地的毛彦文的微小弥补吧。

一个贞洁主义者的爱情观

1946年1月16日,西南联大外文系的年轻教师夏济安在日记中写道:

> 我知道我是个懦夫,因为我也怕因爱而带来的困扰和不安。我宁愿根本没有爱情。像这个女孩子(R·E·)我很想要她,而如果我有勇气表白的话,她也可能成为我的。可是不然!我保持着沉默,除了上帝之外,我的秘密也不能告诉任何人。我没有跟任何人谈起。而上帝既不如我所想象的那样把我拥向她,也没有把她带给我。我只能默然受苦,还要装出开心的面孔来。

这时候的夏济安正为一场刚刚开始便夭折的爱情所折磨,他爱上了选修其课程的历史系一湖南籍女生。

可这爱,却是犹疑不决的、自我投射的。通读夏济安在这短短的一年中写下的日记,感觉他似乎陷溺在一场充满了悲剧感的单恋之中。萨特说,人就是一堆无用的热情。我想,这"无用"两字在萨特那里,绝非世俗意义上的贬低,而是在彰显人作为悲剧性的存在的自我错位。过度受文学熏陶的个人,似乎更容易在自我与他者之间消泯了差异与区分,吴宓如此,夏济安亦如此,但显然沈从文是一个例外。师生恋在民国的学院文化里,自然并非绝然的异端,可是过于顾惜自己羽毛的夏济安,却担心这种隐秘的"恋情"一旦公开,会否引发世人的侧目和同侪的非议。2月13日的日记,夏说自己"不敢追求,大部是怕世人的议论。当然我没有错,可是我最痛恨的是人家来干涉我的私事。与其恋爱而受十手之指、十目之视,宁可不恋爱而能韬晦地生活。我怕同女人在街上一块走,我怕受注意,我恨别人对于我的选择有任何批评。我的理想的恋爱,是同一个爱人逃到一个没有人的地方去,或则干脆一同蹈海而死"。

可是,在这则日记中如此在乎世人目光的夏济安,却并非一个内心荏弱的人,他有一个饱满的精神世界,这世界是被古往今来的经典文艺作品所浇灌而成的,在这个理性世界的观照之下,世人却又成了不堪闻问的庸众。1月12日的日记充分地呈现了夏济安是如何理解自己与他人(世界)的:"在我看来,这世界上的人,大多数是不可救药的,他们和野兽一样,只求享乐,并不要什么道理。偶尔有少数的人,有时或者要向高尚的生活爬,可是没有多大时候,又跌下来了。真正明白是非的人,几万万人中间没有几个,他们不需要人家传道。自己知道研究探索,一字不识,亦可成圣人。"夏济安本是一个才华横溢的学者,也是一个高度理智化的个人,他透视世界的眼睛似乎充满了一种深邃感,可是,在现实的世界当中,他却总是瘫软在开始行动的第一步中,自卑与自负两种相反的情绪缠绕着他深层的心理结构,他的理性太发达,而生活的实感却太匮乏。

日常生活里的夏济安,神经兮兮地关切着自己与学生R·E·的"相遇",将每一个也许跟情感无关的细节,在想入非非的梦寐中无限放大,以此安慰自我患得患失的心灵。他甚至通过布置作文的方式来探测心仪学生的家世、背景与癖好,可却不敢在见面时直接地说上几句话。夏济安对自己的性情有着洞彻的自知之明,他觉得自己像哈姆雷特那样,将所有生命激情都浪费在对自我的分析上,而不是勇敢地投身未知的世界,包括生死未卜的感情世界。他决定用写作来救赎自己,他尝试说服自己成为一个伟大的人,而不是一个被情欲奴役(虽然这情欲在他心目中有一种庄严与崇高感)的人,他几乎要放弃这份尚未开花结果就已经让他伤痕累累的感情。

夏济安甚至想过借助宗教的力量,来让自己回复到安静的内心生活,他对于一个陌生女性的闯入带来的偶然性,既充满了一种本能性的探索欲望,同时又带着浓重的疑虑和恐慌,他害怕自己驾驭不了这份感情,甚至担心它尚未开始就已结束。他是一个完美主义者,他不能容许人生中如此剧烈的挫败。他甚至将这种感情的泥沼,归咎于时代与个人的错位。在3月2日的日记中,暂时决定放弃追求的夏济安如此为自己的"逃避主义"辩护:

> 决定放弃当然是个悲剧,这个悲剧的造成是由于我所生非其时,非其他。假如我生在外国,不要说是在近代,即使在Jane Austen(珍·奥丝婷)的时代,我同她早已有谈话的机会,甚至舞也跳过几次,彼此是什么样的人,大家也可以认识了。假如我在中国早生五十年,那末(么)我如看见有什么满意的对象,只要央人说亲就是了。现在偏偏生在这个新旧交替的时代,配亲这件事,我认为绝对行不通,谈恋爱又没有机会(有机会给我谈恋爱的女子都引不起我的兴趣),两路都不通,我只能放弃了。

父母之命媒妁之言的传统婚约方式瓦解,而新的社交空间又没有完全建立,生活在这过渡时期的个人,确实会有一种感情生活上的彷徨无地之感。夏济安只不过是用真实的笔触将这种内心世界的苦痛记录了下来而已,更多人的内心则永久地沉没在历史的暗影之中了。

夏济安认为自己是追求真爱的人,真爱就是排他性的独一无二的感情,是非此莫属舍我其谁的独断。正因为感情观弥漫着一种道德上的洁癖,未来生活可能的变故,居然像病菌一样提前地耗散着他的内心激情。他在3月4日的日记中如此描述自己的爱情观:

> 我平心静气一想,R·E·的确是个好女孩,嫁了我决辱没不了我,

> 我们也可以过一个世俗所欣羡的幸福生活。我所怕的是她并非 true love（我不知道 true love 是可以第一眼就可决定的，还是可以栽培而成）。我现在情窦未开，守贞不难，将来情窦即开之后，我会不会全心全意（身体不必说）地把自己供奉给她呢？婚后的 chastity（贞操）比婚前更难。……我是绝对的贞洁主义者。这一世如果找不到十全十美的对象，也许只能同女人不来往，永不结婚了，这样对于自己也许太残酷，然而不这样做，我的心就不能安。"心安理得"是我立身准绳，为了它，只能牺牲快乐。情愿清清楚楚地吃苦，不愿糊里糊涂地享乐。

在爱情的观念世界，夏济安与吴宓一样，都是完美主义者，也都是理想主义者，绝非虚无主义者。他们不愿意承认大观园中也有着暗中的污浊，更不愿意承认世俗性是人性不可磨灭的一部分，他们将自己浪漫化的完美想象投射到某一个异性那里，就开始单方面旷日持久的苦恋。夏济安甚至不敢将书信交给对方，他在与 R·E·有限的正面接触中，也是以难堪的失败而告终，他这样一个活在内心里的人，哪能应对现世的复杂？他只能期待邂逅来弥补内心强烈而不可驱散的孤寂感。

卡夫卡一生数次订婚，数次取消婚约，是因为他在存在的尴尬中深觉感情的不可能，而一意孤行地将生命的意义完全安放在作为生命救赎的写作之中，正因为此，他才会说："坟墓是一个温暖的睡袋，而生活却是一个寒冷的冬夜。"文字是温暖甚至照亮寒夜的烛光，而对于夏来说，写作丧失了绝对的位置，似乎更多是为了遮蔽情欲和遗忘对方，而生活，热辣而劲爆的生活，柴米油盐酱醋茶的生活，在他的世界里又显得如此世俗而琐碎，他几乎失去了将自己的生命放置在生活中去的信心与勇气。夏就这样独身地过了短暂而苍凉的一生。这样的人才是最具有悲剧感的，他既不能决绝地与整个世界撕裂，而在孤独的洞穴中建造出一个温暖自己的世界，又不能忘我地投身到世界之中去热爱和享受生活。他在两个世界之中不断地摇摆，摇摆成了生命的常态。很多人的生命都一无例外地充满了悲剧，但似乎极少的人具有清醒的悲剧感。夏济安是一个有悲剧感和反省精神的知识人，他的日记足为见证。夏的人生与人品，正如其弟著名文学史家夏志清在这部日记的前言中所写的那样："济安的日常生活一点也不浪漫，但他对R·E·的那种一往情深的苦恋，可能代表了真正浪漫主义的精神。他的浪漫主义里包含了一种强烈的宗教感：不仅济安把爱情看得非常神圣，他的处世态度和哲学都带有一种宗教性的悲观。而这种宗教性勇于自省的精神，在中国现代文学作品里，是绝少见到的。"

宋教仁与道德严格主义

1905年9月9日，旅居东京留学的宋教仁在回复国内青年关于到日本留学的问题时说："若一己目的未定，茫茫无据，但以志愿将就学问，不以学问将就志愿，必至所学非所用，所用非所学，甚且终身一无所成焉，亦未可知也。东京学校甚多，应吾人种种志愿之学问，皆无虑不足，自抱定目的来学而已云云。"甲午一战，大清惨败后，中国社会兴起一股留日潮，东京与上海之间形成内外呼应，而各种报刊、知识、人员的流动更是频密。这些在民国一部具有纪实性的小说《留东外史》里记录甚详，当时的东京成为新式学生、革命者、流亡者、冒险家的乐园，中国学生的社会形象似乎更多呈现的是混乱而无序，读书求学半途而废者多，像郁达夫自传性小说《沉沦》里描述的纵情声色流荡江湖者比比皆是。可是，纵观被誉为民国宪政之父的宋教仁在这段时期的东京日记，却可以看到一个具有革命者、报人和留学生三重身份的湖南青年深自惕厉的道德严格主义的一面。

自1906年开始，宋教仁在东京写的日记突然出现了诸多道德反省，以及对日常生活中的交友、独处、任性等议题的反思。其道德资源的来源颇为庞杂，而具体指向都是个人在一个远离熟人社会没有道德规约的社会空间里的修身励志之行。比如1906年1月4日的日记,宋教仁抄录了好几条让其深受触动的明代吕坤《呻吟语》语录:"攻己恶者顾不得攻人之恶。""大其心,容天下之物;虚其心,受天下之善;平其心,受天下之事;潜其心,观天下之理;定其心,应天下之变。"第二日,宋教仁继续阅读和抄录吕坤语录并自省:"奋始怠终,修业之贼也;缓前急后,应事之贼也;躁心浮气,畜德之贼也;疾言厉色,处众之贼也。"

不过,对宋教仁的道德资源和道德想象触动最大的是王阳明的言行与思想,他广泛阅读《王阳明全集》《传习录》《王阳明年谱》等,对王阳明的学问与人格均敬服不已。比如在1906年1月22日,宋教仁为《民报》被日本警厅盯上一事费尽周折,但晚上仍旧孜孜不倦阅读《传习录》,并抄录:"见好色属知,好好色属行。只见那好色时已自好了,不是见了后又立个心去好。""只念念要存天理,即是立志。能不忘乎此,久则自然心中凝聚。"可见宋教仁对知行合一推崇备至,强调人心系乎一念,故须时时内省,才能保持道德人格之完整。宋教仁特别欣赏的是王阳明在《传习录》中谈及治学修身之法的这一节,他在日记中用"深玩"一词表示其饶有兴味之态度:"一日,论为学功夫。先生曰:'教人为学,不可执一偏,初学时心猿意马,拴缚不定,其所思虑,多是人欲一边,故且教之静坐息思虑。久之,候其心意稍定,只悬空静守,如槁木死灰,亦无用,须教他省察克治,省察克治之功则无时而可间,如去盗贼,须有个扫除廓清之意,无事时将好色、好货、好名等私念逐一追究,搜寻出来,定要拔去病根,永不复起,方始为快,常如猫之捕鼠,一眼看着,一耳听着,才有一念萌动,即与克去,斩钉截铁,不可姑容,与他方便,不可放他出路,方是真实用功,方能扫除廓清,到得无私可克,自有端拱时在。'"心即理,个人要成就自我之道德人格,就必须从致良知开始,宋教仁对阳明之心悦诚服于此展露无遗:"吾人可以圣人之道一贯之旨为前提,而先从心的方面下手焉,则阳明先生之说,正吾人当服膺之不暇者矣。"

宋教仁自然不仅仅是将这些哲人言论作为观念上学习的文本，他同时将文本中的德性砥砺与日常生活中的道德实践对照起来观看，因此更让这份修身日记带有一份人格的庄严与德性的严肃。比如2月14日那天，宋教仁起床较迟，就在当日日记中自责甚严，说之所以如此是因为"志念将堕落故也"。细察这段时间宋教仁的起居言行与人际网络，可知让宋教仁道德反省和精神苦痛的根源是一个名叫李和生的留学生。他们的关系异常密切，时相过从，相互监督和道德检省，但其关系似乎又不仅仅停留在朋友之情谊。2月7日，两人争执之后，李和生写信给宋教仁责备其有"简慢傲人之气"。宋教仁阅信悔悟，复信说："前日疲惫已极，精神散漫，终日如睡。早晨之事，不觉偶有慢色，诚然，且近日来之定念、恒念，亦几复为堕落，前夜未观书，今日晨起即稍迟矣，甚矣立志之难也。然由此益见爱精神、主敬、主静，真此身修德之必要矣，今而后可共勉哉。"宋教仁与一日本女子"西村氏千代姊妹"的会面，让李和生极为愤怒，两人为此横生芥蒂，且以理学资源来相互批评和劝勉。宋教仁曾就此写一长达一万字的长信谈克治省察之艰难与必要，说："盖克治者，笃行之功也，即致知也。省察者，博学、审问、慎思、明辨之功也，即格物也，二者不可偏废者也。"这些绝非道学家的纸上谈兵，而是切中人心要害的自我警惕，对于这段时期的宋教仁来说，如何处理与李和生的情谊就是一个私人生活领域的大难题。从其后段时期的日记可见，宋教仁并未能取得李和生的谅解，"心中一时忧闷交集，兀然独坐，愁苦之极，至有披发入山之思"。这种日常生活中经常性的，且无从排遣的内耗，导致宋教仁的精神极度紧张，出现了严重的神经衰弱症，作为一个致力于革命宣传的入世型知识青年，此时竟有了强烈的遁入空门之念。

1906年前后旅居东京的宋教仁，在呈现于公共空间的革命的宣传者和践行者的历史形象之外，其实尚有这样一个不为世人所重视的私人化的道德意象，在情欲（西村氏千代姊妹）与情义（一同留学的知己李和生）之间来回摇摆不定，时而愧悔不已，时而亢奋至极，不能消解的现实像幽灵一样纠缠着他的内心世界，而无从开始的情感世界飘忽不定，在幻灭与振作之间，宋教仁就这样被折磨至病。彼时彼刻，阳明的《传习录》，或者《明儒学案》，或者讲述修身和为人处世之道的《泰西名言》等就成了绝望中的宋教仁试图牢牢抓紧的精神上的救命稻草，"破心中贼"就成为日常道德生活的核心。从当时宋教仁主办或参与的《二十世纪之支那》《民报》等革命报刊，及广泛介入东京的革命排满活动而言，宋教仁自有一种冲决网罗重振河山的豪杰之气，这是公共空间里的宋教仁形象，这种形象直到1913年3月22日在上海被刺身亡才戛然而止。从其在隐秘的私人生活中的道德严格主义，及对己对人的道德苛求，尤其是与李和生的爱恨情仇中彰显的愁肠百结又意气难平而言，宋教仁却是一种充满着"丰富的痛苦"的转向内在自我的圣贤形象。或许，这是我们在宋案百年后重读重识宋教仁时，可以重新开始的一条解读历史人物精神世界和政治实践的新途吧。

乡土中国的两副面孔

1933年秋天,新儒家创始人熊十力因病从北大哲学系特聘讲师任职上请假,回返阔别十余年的湖北老家黄冈,乡居数月让他感慨万千,情不能自已,给当时主编《独立评论》的友人胡适写了一封长信,并嘱托在该刊发表,以引起关注乡村问题与乡村建设的同人之注意。近八十年之后,重读此信,抚今溯往,别有一番滋味在心头。熊十力在这封信里,主要描述和讨论当时中国乡村的两个核心问题,一是衣不蔽体、食不果腹的"无吃",二是土豪劣绅当道、传统士绅阶层消亡的"无教",一言以蔽之,就是"吾国社会已完全破产,而群众绝无自觉心"。

熊十力痛心疾首地描绘乡人生存空间的窄化与日常生命的悲情:

> 今日民无死所,非"民不聊生"一语所可形容。民无死所矣,虽有田,何能耕?且今乡间,皆不胜田之累,捐税重重,皆按田亩摊派。人民皆饿殍之余,日食太苦,其身手已疲困,难趋耕作。又无资以备粪壅,又时遇匪乱或兵祸为之阻,又时有水旱虫荒之灾。故今日农民耕作,其所收获,日趋减少。即此至少之收入,本已难敷日食,而官吏催迫租税,凶逾猛虎,秽如粪蛆,欲应其苛求,又不得不售其不堪糊口之谷。然谷价又奇贱,则愈不得不尽其谷以供苛税。尽其谷

> 以供苛税犹不得，则相率欲弃其田。此"无吃"之云，所以纯为真事实，而非故甚其辞以骇人也。阔官，伟人，名流，学者，仰天俯地，亦有念此者乎？如其激发天良，而稍一念之，则此神州浩坏，除少数都市生活之人立于剥削农村之地位而外，其被剥削之最大多数农民既已髓枯血尽如是，长此衍进，有能保其种类而不灭亡者耶？

这不是都市知识分子到乡村走马观花之后的考察报告，而是一个从乡村出离到城市，而仍旧无法忘怀故土的儒家信徒对乡村凋敝的切肤之痛，对父老乡亲在政治暴力和天灾绵延之下奄奄一息境遇的忧惧和无奈，自然隐含着对政治之恶的谴责。

而乡村文化的衰败与凋零，更是让一生致力于重建儒家文化新秩序的熊十力内心隐痛，在世人皆为科举停废和新式教育欢呼的时刻，熊十力直接地感受到教育制度的革命造成知识人与底层和乡村的脱榫，对乡村知识阶层和道德秩序的毁灭性打击。他在致胡适的信中不无忧虑地指出：

> 自清末废科举，设学校；辛亥革命，国体改制，一切更张；加以科学之研究，多非乡间私塾所能行；种种因缘巧合，遂造成学校设于都市、乡村子弟无从受教之局。距今十年以前，犹有乡塾出身之士类，一方面犹知古义，一方面能购阅新书，得一点新知识，略识时变。此辈在乡，亦足为一般农民矜式，如女子放足等事之通行，大抵此辈之力。而县府或颁一纸新条例，亦赖此辈倡导。顾数年以来，此辈已零落殆尽。其年事稍晚而仅存者，又大抵习攀援而活动于政途，不复守其乡。

熊十力在信的末尾总结道："总之，今日乡村之痛，则以无吃无教互为因果，将卒底于灭亡而后已。无吃故，不能有教。无教故，益不能有吃。所以互为因果也。"

熊十力痛下针砭的这个时段的中国乡村，也恰恰正是其弟子牟宗三成长的岁月。牟宗三晚年在台湾追忆山东故乡栖霞的生活世界，却充满一种圆润澄明的乡村诗意与怀旧之情。不惑之年离散到台湾的牟宗三，对故乡的文化世界仍旧念念不忘：

> 数九冬腊，正是农闲的时候，乡村常演戏酬神自娱，正合张弛之道。说到戏，在乡下野台上出演，其技术自不会好，粗俗自所难免。然有传统的风范，有它的体统，有它的行规，这又是一种江湖人物。他们演戏总是贴合着人情人性，不失人伦教化之正，自然离不开悲欢离合、忠孝节义。演长本戏，有头有尾，总得有个结束，那结束必是杀奸臣，大团圆。不杀奸臣，心有憾，不团圆，人心不足。这虽是原始的人情，也是永恒的人情。

牟宗三并未陶陶然以现代文明为参照，来贬抑乡村文化生活的粗野，反而对这种质朴而野性的文化世界，有着一份恋恋不舍的情意，及一份通透明达的同情之理解。

而乡村童年的游戏，更是浇灌着被怀乡病折磨的哲人之心灵世界。他在这册字字珠玑的《五十自述》中白描的那一帧乡村简笔画，让人神往：

> 在清美的艳阳天，乡村人都争着打秋千。或全村搭一个比较讲究的秋千，或每一家搭一个简陋的秋千。我家里的人对于这些玩意儿都不甚有兴趣，因为先父比较严肃，对于游戏凑热闹的事，儿童妇女的事，不甚在意。所以家里的人，也都心懒了。大人不给我们搭，我们自己搭。我合几个小孩，自己去扛几根木柱，找几条破烂绳子，拿几把铁锹，掘土挖坑，竖立柱子，搭上横木，两边撑拄起来，居然也是个自己可用的秋千。打时虽不能起得很高，而自己构造自己用，却别有一番亲切滋味在心头。

若从城市的眼光看过去，便难免觉得乡村的生活单调而简陋，可是在牟宗三看来，这种简单而朴素的生活，才是合乎道德的生活，才是一种心智单纯而非利欲熏心的生活。

乡村的自然生活更是牟宗三津津乐道的，他无限深情地追忆栖霞的春景：

> 清明寒食的春光是那么清美。村前是一道宽阔的干河，夏天暑雨

连绵,山洪暴发,河水涨满,不几日也就清浅了。在春天,只是溪水清流。两岸平沙细软,杨柳依依,绿桑成行,布谷声催。养蚕时节我常伴着兄弟姊妹去采桑,也在沙滩上翻筋斗,或横卧着。阳光普照,万里无云,仰视天空飞鸟,喜不自胜。那是生命最畅亮最开放的时节。无任何拘束,无任何礼法。那时也不感觉到拘束不拘束,礼法不礼法,只是一个混沌的畅亮,混沌畅亮中一个混沌的男孩。这混沌是自然的,那风光也是自然的,呼吸天地之气,舒展混沌的生命。鸟之鸣,沙之软,桑之绿,水之流,白云飘来飘去,这一切都成了催眠的天籁。不知不觉睡着了,复返于寂静的混沌。

这真是一个万物静观皆自得的乡村世界,在牟宗三的童年记忆里,连清明扫墓这样与死者的交会仪式,也显得别有一番情味:

> 清明扫墓,迎春花趁早先开了,黄的花,绿的长条,丛集在坟墓上。纸灰化作蝴蝶。奠一杯酒在坟前,坟中人的子孙们前后有序地排着在膜拜。那生命是不隔的,通着祖宗,通着神明,也通着天地。这不是死亡安葬时的生离死别。这里没有嚎哭,没有啜泣。生离死别那种突然来的情感上的激动,因着年月的悠久,而进入永恒,化作一种超越的顺应与亲和。人在此时似乎是安息了,因着祖宗的安息而安息;也似乎是永恒了,因着通于祖宗之神明一起在生命之长流中而永恒。

同样是新儒家的熊十力和牟宗三,对于民国时期的中国乡村却有着截然不同的白描与记忆,或许这与早年深度参与辛亥革命的熊十力是亲历乡村的苦难而即时给胡适书写私信,而牟宗三却是在事隔多年之后的深情追忆(难免因天悬地隔、岁月流转而将乡村生活理想化和浪漫化)有关;此外,湖北在20世纪上半期的革命动荡之中是重灾区,山东相对僻处革命风暴之外,这种与反传统的革命暴力的亲疏,也许是儒家文化浸染下的两个中国村落,呈现出完全不同面貌的因由之一吧。虽然有着这种种触目的差异,熊与牟师徒俩作为从乡村走出来的儒者,对于乡土中国的那一份念兹在兹的牵绊与希冀却是殊途同归的。

第四辑 故旧

政治与人情的双重奏

1898年戊戌变法的挫败，常为后人记忆与言说的是"戊戌六君子"的喋血，尤其是谭嗣同"我自横刀向天笑，去留肝胆两昆仑"的烈士精神，以此反照的是扑灭政治改革的旧派人物的恣肆与凶狠，在进步与退化、开放与保守的两极化历史叙事里，更多意味深长的历史细节，与政治淹没不了的人情被刻意地遮蔽。如今百年过去，回首这段从慷慨陈词到刀光剑影的戊戌史事，我们会骇然发觉在当权派与反对派之间并无不可逾越的壕沟。

其时封疆大吏晚清巨擘李鸿章"奉懿旨捕康梁"（指戊戌变法知识界领袖康有为、梁启超），却在内心深处对这些处士横议的书生多了几分同情的理解，这种理解来自致力于自强革新运动的李鸿章对晚清政治窳败的切身感受，以及欲挽狂澜于既倒，却又心有余而力不足的挫败感。李鸿章虽在人格气象与学养造诣上远逊于曾国藩，但在发掘与爱护人才方面与曾国藩如出一辙。因此，他托人一次次向这些流亡在日本等地的政治犯送去"惓惓之意"。

梁启超在当时寄回的一封信中恭敬而动情地说道：

　　云国以来，曾承伊藤侯（指伊藤博文。——引者注）及天津日本

> 领事郑君、东亚同文会井深君,三次面述我公慰问之言,并教以精研西学,历练才干,以待他日效力国事,不必因现时境遇,遽灰初心等语,私心感激,诚不可任。公以赫赫重臣,薄海具仰,乃不避嫌疑,不忘故旧,于万里投荒一生九死之人,猥加存问,至再至三,非必有私爱于启超也,毋亦发于爱才之盛心,以为孺子可教,而如此国运,如此人才,不欲其弃置于域外以没世耶?

即此可见,被猝然的政变划归为两个阵营的官员与知识人,其私人间的交往和私谊并未被政治的巨变完全切割。这既有李鸿章作为老一辈大臣对读书种子梁启超等人的拳拳期待,也有饱经沧桑的老者对年少激进者的包容,更有逃亡者对奉命追捕者的体己之言的感激,甚至我们可感知到对立双方共享着同等浓烈的家国情怀。正因这份共享的精神底色,才有超然于政治派性之上的"悃悃之意"以及感恩之心。

据史家杨国强先生的考证,辛亥鼎革之际,革命党人黄兴起事失败"索捕甚急",有心东渡又"绌于川资"。而曾做过两湖书院院长的梁鼎芬与之师生"密会",先责以"洗心革面",继"知东渡无资,遂赠银若干"。由当日的法度作比量,已经属于轻纵朝廷要犯而罪愆更深一层,而在当时的官场,这种"政治领域的私人化",因为人情穿透政治社会的冷酷与坚硬,而使得革命之上有大义、杀气底下有人情的实例不在少数。

鼎革之后,作为前清官员的遗老梁鼎芬甘心为光绪帝守陵墓,而"两湖师生多新邦佐命,修礼往谒,梁对之涕泣不已也"。同时代的清朝文化遗民梁济、王国维等人的自尽,除了对革命文化无远弗届的威慑力的恐惧之外,也在相当程度上说明,从传统文化里生长出来的个人,只有在这样的精神谱系里才能安放易代之际徨彷失措的身心。如果说前一个故事是长者对新辈的提携与危难之际的援手,那么后面这个故事则说明,传统中国"天地君亲师"谱系中一日为师终身为父的情义,更具有一种超越一时一地政治恩怨的价值。这种不绝如缕藕断丝连的往返互动,在既往的官方历史叙述里,都是似有若无的花边掌故,甚至是旧式人物顽固保守的铁证,可细细思量,时过境迁之后,前人能够打动后人的地方也往往就在这里。

民国以后,"五四"一代的陈独秀、李大钊、胡适等知识人群体,在20世纪20年代这个政党意识形态崛起的时代,因价值观念、政治立场、思想资源等的分歧而产生了急剧分化。昨日朋友变成今日路人的案例比比皆是,问题与主义之争的明浪暗涛,层叠打来,更是让读史者错以为马克思主义者与自由主义者之间已然水火不容。其实细看历史,则会发觉公论的剧烈相争,有时候并不影响私谊的延续与扩展。李大钊被军阀张作霖杀害之后,胡适等人想方设法安顿其家人,筹集出版李大钊著作的资金。到了20世纪30年代,为了入狱的早年好友(亦有知遇之恩)陈独秀的早日获释,作为论敌的胡适也是多方奔走,一直到国共兵戎相见大局已定的40年代末期,胡适在去往美国的船上,仍在编订晚景苍凉而孤独辞世的陈独秀的文存。政治永远是短暂的利益之争,虽然常常以神圣的名义;而人情却潜伏在政治激流之下静水流深,温润着在政治巨浪中跌宕起伏的弄潮儿,它让政治不再显得那么狰狞,也不至于那么无情,它稀释了政治硝烟的浓度,而让政治参与者仍能保持一方内心柔软的空间。

这一波诡云谲的政治淘洗不掉的最大公约数,映射的却正是传统中国政治的一份不可轻薄的底色。北宋士大夫范仲淹因直言上书,个性耿介,曾经三次被逐出京城,贬官外地,且一次比一次荒远,每次离开京城皆有诸多同侪来设宴慰别,丝毫不避嫌,且都以范仲淹的人格为典范,公言范仲淹虽贬犹荣,无上光彩,而在史书里留下"三光"之美谈。由此可见,在传统政治的光谱里,君权的贬抑士人,若没有足够的儒家义理支撑,则往往是在刺激士大夫的群体意识与政治情怀。贵为天子的皇帝也无法垄断君子之义,所谓公道自在人心。

可惜这种德性政治与人情社会,在革命政治的狂飙中一路被清洗,革命以情感与暴力交叠使用的方式在最大程度上摧折政治中的人情,而私人领域在高度政治化的20世纪中国的中期,更是扭曲变形,面目全非,这也是所谓"狠斗私字一闪念""从灵魂深处爆发革命""千万不要忘记阶级斗争"等政治词汇与政治操作在神圣的名义下结出的怪胎。

容闳记忆中的洪杨之役

1859年秋天，回国后一直奔走不定的耶鲁大学毕业生容闳与几位传教士去南京访问，此时此刻的南京已处于太平天国起义军的控制之中。作为近代中国留美取得名校学位的第一人，容闳满腔热血回国效力，却似乎报国无门，便想去南京考察一下太平军的性质，看看他们能否建立一个新政府，取代清王朝。

容闳回国后曾在广州目睹两广总督叶名琛为压制一场可能的民众抗议，而大开杀戒，大约七万五千民众被屠杀。对于太平天国起义这一场翻天覆地的民众抗议，容闳认为最主要的根源是政府行政机构的腐败。他在晚年回忆录中说：

> 整个官僚组织千疮百孔，由上到下都行贿成风，美其名为"馈赠"，实际上就是贪污纳贿。其次，官吏无止境地剥削老百姓，积累起他们个人的财富。最后，贪污行贿和剥削人民，就产生了必然的后果。换句话说，整个机构是一个庞大的欺诈舞弊组织。

正是基于这样一种认知，容闳对于作为一种民众自发政治反抗的太平天国起义，是持理解和认同的态度的。而太平天国运动不同于传统中国农民起义的独特面相，即其浓厚的基督教背景，则更让深受基督教文化影响的容闳产生一种心灵上的亲和感。

容闳认为正是早期外国传教士带到中国的宗教,使这次民众抗议得以凝聚和延续:

> 他们的基督教知识来源于西方传教士和当地教徒及《圣经》贩子,获得的固然是极为肤浅的初步知识,但是宗教真理的力量终究是伟大的,这个潜力足以使单纯的男子和具有宗教倾向的妇女成为视死如归的英雄。当政府要采取断然处置,以迫害为最终手段来消灭这个团体的时候,就屡屡出现过这种狂热人物。他们和官军交战时,既无枪炮,也无弹药,只有扫帚把、连枷和耙子等。就凭这些粗笨的农具,把官军赶得四处逃窜,如同疾风扫落叶一般。这是深深埋藏在他们心底的宗教热忱和火热的感情使然。

容闳没有亲历过太平军的实际运作机制,不明白基督教是如何与传统中国的怪力乱神、等级秩序等奇特地扭结在一起,构造了太平军既异常狂热又极度恐惧的心理共同体。因此,他也就难以解释,为何这样一场起源于基督教的农民起义,无论是在太平军定居十年之久的南京,还是发源地广西,都没有遗留下基督教的痕迹。宗教的因素显然被他高估了。

而对于如此蓬勃的太平军起义为何如此迅速地兵败如山倒,容闳觉得是太平军在经过湖南、湖北、江西和安徽的进军之中,沿途吸收的士兵缺乏真正的宗教信念所致。在容闳看来:

> 这些新入伍者都是些地痞流氓和社会渣滓。这群乌合之众,不但没有增强战斗力,反而成了拖累,明显地削弱了战斗力。这帮人既不懂纪律,又没有宗教信仰以遏制他们不分青红皂白地到处烧杀抢掠。就是因为这些新参加者,太平军才丧失了威信,败于天津,被迫退守南京。在北方失败之后,他们的宗教特点和勇气都开始下降。

从以上的引述,我们似乎很容易得出容闳基本上是站在支持太平军起义的立场之上的结论,可值得我们注意的是,一心想为太平军提供建设大计却遭逢"封爵"闹剧的容闳，随后通过友人的介绍，于1863年拜会了平定太平天国起义的曾国藩。在容闳的暮年记忆中，当时的曾国藩"极有才干，却为人谦和；思想开明，却稳健节制。他是一位真正的绅士，一个最典型的贵族"。

就曾国藩平定的这场洪杨之役，容闳似乎有着与青年毛泽东同样的评价。毛泽东在20世纪20年代致黎锦熙的信中说："愚于近人独服曾文正，观其收拾洪杨一役而完满无缺，使以今人易其位，其能如彼之完满乎？"容闳在晚年的这册回忆录中如此评述曾国藩与洪秀全之间的这一场交战：

> 太平军的势力由1850年到1865年整整持续了十五年，被完全消灭，确不是一件小事。在它兴起和发展的过程中，给国家在财富上造成了不可言状的损失，使两千五百万人民在大屠杀中丧生。这次大叛乱的结束，给人民带来暂时的喘息之机。慈禧太后尤其应当感激曾国藩的才干，因为正是依靠他，叛乱才得以平息，国家秩序才得以恢复。当然，她很快就认识到了这一点，特封曾国藩为侯爵，以表彰他的功绩。但是曾国藩的伟大是不能衡之以爵位的：这主要不在于他克服了叛军，更不是因为他收复了南京，而是在于他的伟大品德——纯真而不自私的爱国主义精神，具有深思远虑的政治头脑和为官清正。

在这样的论述中，容闳发生了一个逆转，并且逆转前后似乎并无价值上的紧张感，他从支持民众反抗腐败专横的政治体制，转向拥抱国家，以国家的秩序和稳定为爱国主义的起点，进而认为这样一场战争失去了其政治上的正义性；容闳本来因为其对基督教文化的亲近，而对基督教背景深厚的太平天国起义，有着心灵上的共振，并以此作为变量，来分析太平天国起落盛衰的宗教因素，可当他在华蘅芳、徐寿、李善兰等科学家朋友的大力荐举之下，与曾国藩短短地会谈几次之后，他就为曾国藩的人格魅力所征服，而曾国藩的人格显然是儒家文化所孕育和濡养而成,可以说曾国藩在其时其地,已然成为被太平天国起义军冲击而危如累卵的儒家文化之象征性人物。那么,哪一个容闳才是最真实的?亲太平军的还是亲湘军的?亲基督教文化的还是亲儒家文化的?或许,在中国的容闳已然是一个心灵漂泊无根的异乡人了。

曹汝霖的"五四"记忆

曾任北京大学校长的蒋梦麟在其回忆录《西潮》中对五四运动如此记述:

> 北京政府的要员中有三位敢犯众怒的亲日分子。他们的政治立场是尽人皆知的。这三位亲日分子——交通总长曹汝霖,驻日公使陆宗舆,和另一位要员章宗祥——结果就成为学生愤恨的对象,群众蜂拥到曹宅,因为传说那里正在举行秘密会议。学生破门而入,满屋子搜索这三位"卖国贼"。曹汝霖和陆宗舆从后门溜走了;章宗祥则被群众抓到打伤。学生们以为已经把他打死了,于是一哄而散,离去前把所有的东西砸得稀烂,并且在屋子里放了一把火。这时武装警察和宪兵已经赶到,把屋子围得水泄不通。他们逮捕了近六十位带往司令部,其余的一千多名学生跟在后面不肯散,各人自承应对这次事件负责,要求入狱。结果全体被关到北京大学第三院(法学院),外面由宪警严密驻守。

这还算一种比较价值中立的叙述,大量与此相类似的叙述,尤其是后来历史教科书里对"五四"的宏大叙述,逐渐地建构了一个关于"五四"爱国运动的完整谱系,而在五四运动中发生的具体细节,尤其是当事人

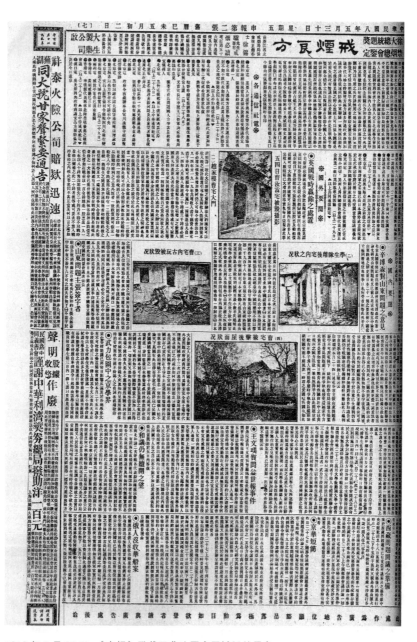

1919年5月30日,《申报》登载了曹汝霖房屋被毁的景象

中间被暴力一方的记忆,似乎隐没不彰。

晚年曹汝霖回忆,得知北京大学生可能冲击曹宅后的北京警察厅派去保护的三四十名警察,因为上头交代"文明对待学生",故连警棍都没有带,警察们只好就近寻找木板石块之类去封堵大门。在东交民巷使馆区遇阻的学生,迅即转向来到曹宅。时隔数十年,曹汝霖似仍清晰地记得五四运动中的这一幕:

> 我于仓猝间,避入一小房(箱子间),仲和(指章宗祥。——引者注)由仆引到地下锅炉房(此房小而黑)。这箱子间,一面通我妇卧室,一面通两女卧室,都有门可通。我在里面,听了砰然一大声,知道大门已撞倒了,学生蜂拥而入,只听得找曹某打他,他到哪里去了。后又听得砰砰蹦蹦玻璃碎声,知道门窗玻璃都打碎了。继又听得瓷器掷地声,知道客厅书房陈饰的花瓶等物件都摔地而破了。
>
> 后又打到两女卧室,两女不在室中,即将铁床的杆柱零件,拆作武器,走出了女儿卧房,转到我妇卧房。我妇正锁了房门,独在房中,学生即将铁杆撞开房门,问我在哪里。妇答,他到总统府去吃饭,不知回来没有?他们即将镜框物件等打得稀烂。我妇即说,你们都是文明学生,怎么这样野蛮?我在小室,听得逼真,像很镇定。他们打开抽屉,像在检查信件,一时没有做声。后又倾箱倒箧,将一点首饰等类,用脚踩踏。我想即将破门到小屋来,岂知他们一齐乱嚷,都从窗口跳出去了,这真是奇迹。
>
> 又到两亲卧室,将一切器皿打毁,对我双亲,承他们没有惊动。打开橱门见有燕窝银耳之类,即取出了匣子摔了满地。我父即说,这是人家送给我的,我还舍不得用,即送给你们好了,何必暴殄天物?他们不理,还是践踏得粉碎而去。后到汽车房,将乘用车捣毁,取了几筒汽油,将客厅书房等处浇上汽油,放火燃烧。

据周策纵的研究,在骚乱中院子里学生和警察也有些冲突。但是当时警察在那种情形之下,态度相当温和,实际上他们有些人"保持一种宽厚的中立",只是受到了上峰几次紧急命令之后,才被迫干涉学生。当时的一份报纸报道说:"对中国地方上的观众说来,这似乎是一个非常尖锐的讥刺。这个人(指曹汝霖。——引者注)曾经替整个北洋军队筹措到所有的军费和军火,他通过他的伙伴可以指挥数十万大军,却被青年学生把自己的房子一扫而光,竟没有一个人来替他开一枪作一臂之助!"可见,当时的北洋军阀在学生面前,相当克制。有论者指出,北洋军人尚且遗留有晚清军人尊重读书人的习性。

这就是曹汝霖版的火烧赵家楼的大致情节,当惊魂甫定的曹汝霖面对前来执勤的警察官员时,曹说,打人放火的都没有抓到,这些盲从的学生不必为难他们,请都释放了吧。参与五四运动的学生中,有后来成为著名教育家和作家的江绍原等人。"五四"游行总指挥傅斯年,基于对运动中的暴力的反感而中途退出,而梁漱溟则在事后批评北京大学生缺乏法治理念,认为这三位官员未经法院审判而被殴打、驱除,这本身即构成违法,引发了当时社会舆论之哗然。时过境迁,身为受害者的交通总长曹汝霖对"五四"的评价却相当温和:"此事对我一生名誉,关系太大。学生运动,可分前后两段,前段纯系学生不明事实,出于爱国心,虽有暴行,尚可原谅。后段则学生全被利用,为人工具。"姑且不论孰是孰非,我们从"五四"后没多久就远赴英伦留学的傅斯年的文章《〈新潮〉之回顾与前瞻》,可以读出他对这一段学生运动史的沉痛反省:

> 中国的政治,不特现在是糟糕的,就是将来,我也以为是更糟糕的。两千年专制的结果,把国民的责任心几乎消磨净了。所以中国人单独的行动什九卑鄙龌龊,团体的行动什九过度逾量——这都由于除自己之外,无论对于什么都不负责任。我常想,专制之后,必然产生无治:中国既不是从贵族政治转来的,自然不能达到贤人政治一个阶级。……所以在中国是断不能以政治改政治的,而对于政治关心,有时不免是极无效果、极笨的事。……然而以个人的脾胃和见解的缘故,不特自己要以教书匠终其身,就是看见别人作良善的政治活动的,也

屡起反感。

这种从五四政治运动,而折转到文化运动和思想启蒙的另一种转向,却往往在我们的历史叙述中被有意地遮蔽了,若曹汝霖生前曾经读到"五四"学生领袖傅斯年的这一番掏心掏肺的诚恳自白,也许会稍微心安一点吧。

民国元老颜惠庆的辛亥记忆

鲁迅塑造的未庄阿Q的形象，对革命者羡慕嫉妒恨的寻常人情和摇摆心情，展示的是在一场始料未及的社会震荡中的众生相。这种搭革命便车"咸与维新"分一杯羹的社会心态，在鲁迅的笔触下得到了淋漓尽致的白描和讽刺，阿Q也成了辛亥革命不彻底甚至辛亥革命在社会层面失败的一个标志性人物。

可如果回到历史的现场，类似阿Q这样的小人物，在历史的夹缝中又有多少自主表达的空间呢？当革命潮流滚滚袭来时，绝大多数人似乎只能在新旧之间随波逐流，忐忑不安。民国外交元老颜惠庆在辛亥鼎革之际，既是一个入乎其内的政府高官，又能够保持一种观察者的姿态。他的回忆对鼎革之际民众在日常生活层面的"除旧布新"多了一份同情的理解：

> 当时发生的另外两件有趣的事是剃发和易服。理发匠、裁缝乃至皮鞋匠的生意顿时兴隆起来。由于不知怎样梳分头，一些剪掉辫子的人索性把头发全部剃光，犹如寺庙中的和尚。至于服饰，也出现了一些稀奇古怪的搭配：有人穿着西式晨礼服，却戴着便帽；有人在晚礼服内衬上皮里（由于北京天气寒冷）；还有人穿晚礼服，却配上直条

纹的呢裤等等。

革命意味着万象更新，可这种政治和社会更新的形式，除了像传统社会那样有政治暴力作为基础外，由于与现代社会的意识形态、革命文化与恐怖心理相结合，更容易在民众中间造成一种革命心理暴力的震慑。这也正是阿Q在革命降临未庄之后，既惊惶悚然于一己之命运，又觉得极度亢奋的缘由。压抑个体的革命暴力，一旦能够枪口对外转向他人，就会产生一种歇斯底里的兴奋。可覆巢之下，安有完卵？面对这种极端偏执的革命文化，底层大多数只能亦步亦趋或仓皇失措。

而那些革命者反抗的权贵阶层，则因为清帝和平逊位和清室优待条件等历史因素，尚可在江山变色之际，寻觅一方角落苟延残喘。颜惠庆回忆道：

> 清帝退位后，那些知名的、胆小的满族官员，包括一些皇族，纷纷迁居到大连和天津，在租界地寻求庇护所。一些汉族官员，在鼎革之际也惶惶不可终日，举家搬往时为德国租界地的青岛。下层八旗官员或无力离开北京，或不愿放弃他们的职位，便匆忙改用汉姓，伪称汉族，以避免麻烦。实际上，除了南方少数有驻防旗人的地方由于满汉居民交恶，有小范围残杀外，满族人并未受到粗暴对待，甚至未受到歧视。这不仅因为当时有关于满族待遇条件的明文规定，也由于"五族共和"口号的提出。

这究竟是革命的不彻底性的表现，还是革命相对于传统的农民起义（包括太平天国运动）中间弥漫的你死我活的暴力文化的一种历史进步？清末革命派以反满相提撕、相鼓荡，反满在清末的言路与舆情中，悍然成为充斥着血腥色彩的心理暴力。而一旦鼎革完成，并没有种族主义内核的民族主义者，在汉满蒙回藏五族共和塑造中华民族的大旗之下，并没有对满族人穷追猛打，反而显示出一种宽容的民族共存心态。革命如果仅仅是为了反抗，那么革命者就会与反抗对象出现悖论性的"越反越像"的结局，就可能出现暴力的轮回，革命应该在一种更宽阔的世界里和解对话，让一切可能性都生长出来，这才可能是一种"增值的革命"。这不仅是与反抗对象的和解，其实更是与充斥着怨愤、悲情与仇恨感的自我的幽暗心灵和解。这或许是通往政治秩序和政治合法性重建的必由之路。

既往的历史叙述往往只看到辛亥鼎革之际破旧立新的一面，似乎只有以新换旧，才能给革命灌注一种充沛的历史意义，而忽视了革命过程中的延续性。这种文职官员体制的延续性，其实也是民国创始后能够有效运作的条件之一。这方面，颜惠庆是亲历历史的人，他本是清廷的职业外交官，曾跟随伍廷芳出使美国，在乔治·华盛顿大学系统地进修了外交理论和国际法知识。1909年冬，颜惠庆应召回国，在外务部任主事，供职于新闻处，负责接待驻京外国记者，并协助发刊英文《北京日报》。翌年，参加清廷举行的游学生殿试，授翰林院检讨，升任参议，兼任清华学堂总办。1911年，参加中英禁烟问题谈判，使英国政府承认了禁烟原则。11月，袁世凯任内阁总理后，升任外务部左丞。颜惠庆注意到民国肇建之际的"变"与"不变"：

> 民国宣告成立后，所有的部门都重新命名、改组并使其现代化。一大批原来的官员被留用，特别是在外交部。因为这些被留用的外交人员不仅谙熟自己的职责、业务，而且深悉中国与列强间很多悬而未决的外交问题的来龙去脉。当然，一些满清旧式官僚被黜落，各部冗员也大为裁汰。……当时，几乎所有的新任司长都比较年轻，而且大都曾留学欧美，于是我们很快就组织了一个聚餐会，每周聚会一次，讨论我们共同关心的话题。

由此可见，清末到民初的职业外交官，包括颜惠庆、顾维钧、王宠惠等人，其实已经从传统中国中生长出来一种现代意识和职业精神，他们面对中西交冲的利益格局时，已经学会了利用现代外交理念和国际法知识来维护和扩展中国的利益。这种政务官员体制，其实在革命前后保持了相当的延续性。这种延续性有其内在的历史合理性，并非一句简单的不彻底的革命或妥协的革命所能打发。即此可见，我们应从革命激进主义的历史遗产中挣扎而出，重新审视清末民初这一段政治史的多元面相。

京派文人的生死爱欲

20世纪30年代作为"北方文坛盟主"的周作人交游广泛，社会网络错综复杂，门生同事故友遍北平，但真正成为其群体中的核心成员的只有俞平伯、废名等人，他们编辑的《骆驼草》凝聚的京派文人群体在时代的巨变中也在发生显著的分化，而周与学生们的交往中也时常会有一些变故，例如沈启无本来也是相当重要的成员，后来因某事触怒周被其逐出师门。但废名是周忠实的追随者，与其说这是因为周在生活上处处关照他而导致的感激，不如说是周的精神魅力与渊博学识让废名彻底地"皈依"了，这种关系已经超越了一般的师生关系，而成为类似宗教性的精神谱系。

这一点，我们可以从废名所作的《知堂先生》一文中窥知一二：

> 十年以来，他写给我辈的信札，从未有一句教训的调子，未有一句情热的话，后来将今日偶然所保存者再拿起来一看，字里行间，温良恭俭，我是一旦豁然贯通之，其乐等于所学也。在事过情迁之后，私人信札有如此耐观者，此非先生之大德乎。……那天平伯曾说到"感觉"二字，大约如"冷暖自知"之感觉，因为知堂先生的心情与行事都有一个中庸之妙，这到底从哪里来的呢？平伯仍踌躇着说道：

> "他大约是感觉？"我想这个意思是的，知堂先生的德行，与其说是伦理的，不如说是生物的，有如鸟类之羽毛，鹄不日浴而白，乌不日黔而黑，黑也白也，都是美的，都是卫生的。然而自然无知，人类则自作聪明，人生之健全而同乎自然，非善知识者而能之与。

废名与俞平伯的互访也是相当频繁，在废名的年谱中经常可以看到其访问俞并与之长谈的记载，甚至还要讨论打坐等修炼佛学的方法，精神上极为相通，才能如此亲密相处。

除了这些日常性的密切的交往网络，一些重大的或偶然性的事件也为京派文人群体的内部凝聚和对外扩张提供了机会。偶然性事件导致的人群聚合最典型的莫过于朋友的死亡。对于死者来说，死亡是一种无奈的诀别，而对于活着的人来说，死亡制造了一种聚集的"公共空间"，死亡也在某种意义上区分了生者与死者的亲疏程度，暗示着以死者为核心的知识社群的"脸谱图"。对于20世纪30年代的自由知识界来说，有几个学人、文人的偶然离世无形中提供了这样的空间。这当然是一种虚拟的"公共空间"，但也是围绕着"追悼会""安葬仪式""慰问家属"等有形的空间进行的，而且这种"公共空间"为不同的知识社群交往提供了契机，也有助于加深他们的感情。

例如据《周作人年谱》，1931年12月6日，周"参加北平文化界举行的徐志摩追悼会，参加者有胡适、凌叔华、陈衡哲等250余人"。周与徐的关系之亲密自然不如胡适等人，但从一个大的视野来看，都可以划归为自由派知识分子的群体。周作人在应《新月》杂志纪念徐志摩专号的约稿文章《志摩纪念》中写道：

> 我们对于志摩之死所更觉得可惜的是人的损失。文学的损失是公的，公摊了时个人所受到的只是一份，人的损失却是私的，就是分担也总是人数不会太多而分量也就较重了。照交情来讲，我与志摩不算顶深，过从不密切，所以留在记忆上想起来时可以引动悲酸的情感的材料也不很多，但即使如此我对于志摩的人的悼惜也并不少。

作为志摩密友的胡适在遭遇这个"偶然"时的情态及人脉联络显示了另一种"社会网络":"昨早志摩从南京乘飞机北来,曾由中国航空公司发一电来梁思成家,嘱下午三时雇车去南苑接他。下午汽车去接,至四时半人未到,汽车回来了。我听徽因说了,颇疑飞机途中有变故。……我大叫起,已知志摩遭难了。……下午,思成徽因夫妇来,奚若来,陈雪屏孙大雨来,钱端升来,慰慈来,孟和来,孟真来,皆相对凄婉。奚若恸哭失声。打电话来问的人更无数。"再者如刘半农1934年外出考察染病身亡,他的学界、文界友朋组织追悼会等,也发挥了类似的作用。如据《周作人年谱》,1934年9月,从日本刚回来的周作人在短短的一周内,相继拜访刘半农夫人商议追悼会事宜,参加北京大学关于刘半农后事的会议,并为刘撰写挽联,同俞平伯一道去北京大学二院大礼堂参加刘半农追悼会。刘半农意外染病身亡,周作人在为好友英年早逝悲痛之余,联络其学生废名、俞平伯、沈启无等积极操办刘的身后之事。因此,死亡提供了一个象征性的表意空间,它所导致的人群聚合隐喻的是知识分子之间的亲和性与关系之亲疏。

与死亡相对应的就是生者的"狂欢"了,也就是生者庆贺寿诞之类的聚会。这种聚会既可以表现为宴会式的空间形式,也可以表现为祝寿辞式的象征形式,即通过文字唱和的方式来达成过生日的人与祝寿的人之间的情感交流,标示出知识社群精神气质的差异及与之相应的社会区隔。1934年1月13日,周作人作"牛山体"打油诗一首:"前世出家今在家,不将袍子换袈裟。街头终日听谈鬼,窗下通年学画蛇。老去无端玩古董,闲来随分种胡麻。旁人若问其中意,且到寒斋吃苦茶。"15日,周作人旧历五十生辰,在"苦雨斋"设家宴招待友人,共五席。又用原韵作一首打油诗。这两首打油诗反映了这个时期周的心境与志趣。后上海《人间世》编辑兼老友林语堂索诗,随意抄写与他,被林刊载于1934年4月5日出版的《人间世》创刊号,冠以"五秩自寿诗"的标题,并配以周作人巨幅照片。同期还发表了沈尹默、刘半农、林语堂

《和岂明先生五秩自寿诗原韵》。后来其朋友钱玄同、蔡元培、沈兼士等也加入和诗者行列，连自由主义的领军人物胡适也写作打油诗以应和。

　　当然，除了同气相求的和诗外，也不乏批评之词，以致周的寿诞从"私人生活"嬗蜕成一个公共性的"文化事件"，形成了拥护者与攻击者的两大阵营。这自然一方面是因为周的影响力，另一方面报刊作为公开出版物也是导致这种"突变"的重要原因。印刷空间上的聚集是日常生活中交往的延伸，而日常生活中关系的亲远和志趣的差别又是导致印刷空间上"话语冲突"的关键原因。质言之，周作人的五十岁生日所导致的"文化效应"是理解20世纪30年代北平知识界的重要线索，也提供了了解他们在大的背景下"亚群体文化"的钥匙。钱理群通过对这个事件的解读指出："周作人《五秩自寿诗》引发出来的，是中国一代自由主义知识分子对于自我内心的一次审视：有无可奈何中的自嘲，有故作闲适下的悲哀，不堪回首的叹息，拼命向前的挣扎等等。"

军阀阎锡山的精神世界

研究近代中国军阀史的权威陈志让曾在《军绅政权——近代中国的军阀时期》一书中郑重指出:"分析军阀史的人常常忽略军阀所代表的文化,认为军阀是不学无术的人,根本没有值得一谈的文化。诚然,军阀之中有好些连字也不认得几个的人,可是外号'狗肉将军'的山东督军张宗昌还印行了一版《十三经》,粗知文墨的江苏督军孙传芳也提倡投壶古礼。忽略军阀文化等于否认军阀有判断能力和判断标准,等于忽略他们之中也有些受过相当教育的人,等于忽视他们的幕府内有教育程度很高的幕僚。"揆诸近代中国史,陈志让此言不虚。2011年在大陆首次出版的《阎锡山日记(1931—1950)》就是陈志让关于军阀文化之分析的一个绝佳注脚。阎锡山,人称"山西王",盘踞经营山西数十年,连蒋介石都说过:"过去,我们学苏联、学美国、学德国,都失败了,还不如阎锡山在山西有办法,我们今后要学阎锡山。"以蒋介石责人责己之苛严,这段话透露了阎锡山在民国时期的政治精英中的形象与地位,这种地位绝非仅仅是阎锡山的事功之反映,同时也是阎锡山的精神世界的广度与厚度之折射。

阎锡山在这册日记中极少记载个人私事与公务,而是记录了大量的做人、做事的感悟与心得。晚年阎锡山曾这样解释为何日记变成了不重在记事而在记事之理的感想录，他说："记事是主观的，记理是客观的，记事是为自己留痕迹，记理是对人类做贡献，我不愿为自己留痕迹，愿对人类有所贡献。"这确实是一册弥漫着阎锡山的智慧与经验的语录体。从日记来看，阎锡山对近代中国的历史与人物有着强烈的批判态度，如1933年1月4日的日记条："谋国者，事前不可不未雨绸缪，临时不敢与敌以隙，二者有一足以致亡。今日欲御外侮，非有三十年之准备不可，自前清以至于民国当局皆醉生梦死，非特无未雨之绸缪，反江河之日下，而当局者又排除异己，党内分裂，与敌人以莫大之隙，前者既无，而后者又犯，国家危矣。"在阎锡山看来，民国就是一个"文官以政权害国，法官以法权害国，武官以枪杆害国，学者以笔杆害国"的时代，在这样一个礼崩乐坏的动荡世界，阎锡山认为政治人物扮演着非常重要的角色，因此，他在日记里讨论最多的是政治人的责任与使命，这些言论都是他在治理山西的长期过程里悟出来的，不是教条主义的理论术语，而是经验的抽象。

正是因为对当时世道与人心忧心忡忡，阎锡山有一种强烈的危机意识，这种危机意识促生进取精神和谦卑情怀，它来源于儒家文化的忧患感。比如他在1932年2月23日的日记写道："做事当天天预备坏，做官当天天预备去，做人当天天预备死。"1934年6月5日的日记写道："学问与事功，家道与世道，皆如逆水行舟，不进则退，故人生不可一时不努力。"这种战战兢兢如履薄冰的人生态度，并未将阎锡山导向一种瞻前顾后畏葸不前的低迷与徊徨，反而通过一种对人性与世运的幽暗面相的体察，开拓出一种光明磊落直面人生的大格局。当然，从阎锡山的日记的字里行间亦可见，他这种对人生的坦然与悚然相纠结而不冲突的态度，有着更深刻的义理基础。他说："陷在烂泥滩中，拔不出，不算健者。陷在贪嗔痴中，突不出，不算豪杰。"这种道中庸而极高明的中道原则，在阎锡山的这册日记中随处可见。比如1937年5月21日的日记：

"读书防迷，做事防浮，前进防颠，后退防馁。"佛祖慧能曾言所谓"禅定"即：外离相曰禅，内不乱曰定。这些都是"修身养性、明心见道"的日常功夫，对阎锡山而言，在一个乱世想有一番作为，就必须"拿上等于死了的心，做活人的事，能减少许多的痴粘"。

人世间建功立业的人不少，而建功立业之际却仍旧对德性有着一份深刻思虑的人就相对较少了。阎锡山的人生，从世俗标准来看不可谓不成功，但他却并未据此自雄，沾沾自喜于个人之政治经验，反而对于人性、人际、文化等议题有着长久而深入的思考。他说："能见人眉之尘，不见己面之垢，讥笑人时，当回思自身有无。"在隔日的日记中，他从人我关系之思考拓展到对政治之思考："只知人错，不知己错，不可以处人。能自不错，不能使人不错，不足以为政。"这种反求诸己、检省自我的态度，才能造就一个有德性的人，道德的提升不是一劳永逸的，而是必须在日常的衣食住行、言行起居中随时体认，要有戒慎恐惧如临深渊的敬畏心。阎锡山并不认为这是一种道德的负累，反而觉得是一种德性的磨砺与人格的淬炼。无论是传统儒家文化，还是现代大学教育，容易造成今今其谈而疏阔于事的读书人，这种人往往有理论而乏经验，有小聪明而无大智慧。作为督治山西的地方大员，阎锡山特别强调做事的重要性。他在1932年7月29日的日记中指出："中国学问偏于做人，欧美学问偏于做事。做人做事均为人生两要，惟应于做事中求做人，不可撂了做事求做人，因富强文明皆由做事中求得也。"正是据于这种个人经验与观感，阎锡山认为儒道之衰的根由就在于"轻事功，重语录"，政治是众人之事，没有对人性、人心、人际的深度理解，没有对社会各种机制的深刻把握，就不太可能在纷繁复杂的世界作出切实的选择。仅以笔者随手掇录的这些日记片段，就可见阎锡山是一个有着丰富的精神世界的"军阀"，这或许有助于我们调整对民国军阀的刻板印象。

"先知"杜亚泉

1919年五四运动前后，正当壮年的杜亚泉从《东方杂志》主编职位黯然转身离去。此前，新文化运动的学生领袖之一罗家伦，在其编辑的北大《新潮》杂志如此冷嘲热讽《东方杂志》："毫无主张，毫无选择，只要是稿子就登。一期之中，上至天文，下至地理，古今中外，诸子百家，无一不有……忽而工业，忽而政论，忽而农商，忽而灵学，真是五花八门，无奇不有。你说它旧吗？它又像新。你说它新吗？它实在不配。"而新文化运动的旗手之一，《新青年》主编陈独秀更是直接将杜亚泉主编的《东方杂志》，与"封建复辟"粘连在一起进行连篇累牍的激烈论述。在时人对洪宪帝制、张勋复辟仍心有余悸的民初，这无疑是置论敌于死地的狠招。耿介之士，温柔敦厚如杜亚泉者，哪有陈独秀、罗家伦等新派人物那种挟洋自重、以真理卫士自居的咄咄逼人和辩才无碍？在新旧对立几成水火的民初言路中，任何一种小心翼翼试图维护传统价值的论述，都可能被轻易地贴上保守、落后、陈腐和反动的标签，而被迅速地污名化。

就在这样一种新旧两派（其实更应该命名为温和与激进两派）人物的对垒争逐中，读者群体的阅读习惯、社会心态悄然转换。此前在都市知识人群体颇有认同度的《东方杂志》，突然变成了旧世界的象征，而被一味趋新的轻薄少年弃若敝屣。张国焘、恽代英在1919年前后不谋而合地发生了阅读的转向，从老成持重的《东方杂志》向标新立异的《新青年》一路狂奔。从此，以思想甚至意识形态改造（乃至制造）社会的乌托邦冲动，弥漫开来，翻天覆地，新旧、中西之间势如宿敌，不相容忍。譬如杜亚泉这样习惯居中思索，而意图在中西文明之间探掘出一种调适理路的知识人，也就显得越来越不合时宜，成为大时代的边缘人。

在一个主义张扬的时代，意识形态往往成为最强有力的精神图腾，而像杜亚泉这样怀抱理性与温情，主张包容与多元的知识人，难免成为排他性和独占性的政治意识形态运动的"敌人"。可问题是，裁断历史、臧否人物有时候并不能仅仅依据一时的得势或失势，而更应该瞩目于价值论述在长时段内的有效与否。转眼之间，悠悠百年，回头重读杜亚泉发表在《东方杂志》上的评论，就会发现，真理往往隐含在不温不火的论述之中，而这种心平气和的论述，在一个心智迷狂的大时代，太缺乏智性上的卡里斯玛魅力了，因而容易被当时的读者所轻忽，甚至鄙视。

在民初的语境中，让杜亚泉忧心忡忡的是迷乱之人心，是"天下熙熙皆为利来，天下攘攘皆为利往"的黄金世界。他担心西方的科学主义、物质主义弥漫到中国，若同时将传统的精神价值虚无化，势必导致中国人精神生活摧枯拉朽式的庸俗化、物欲化，最后呈现的是一个高度空心化的"黄金世界"：

> 今日之社会，几纯然为物质的势力，精神界中，殆无势力之可言，故认为精神界之变动，毋宁认为物质界之变动。语云："仓廪实而知礼节，衣食足而知荣辱。"物质界之变动，本具有左右精神界之势力。自西洋之物质文明输入以后，吾社会全体，对于物质界之欲望顿增，故衣食居住之模仿欧风，日用品物之流行洋货，其势若决江河，沛然莫御。生活程度之高，乃倍蓰于曩日。世风既因之日侈，富力即因之日竭。一方面以纵恣其欲之故，致生计之艰难愈甚；一方

> 面以不满所欲之故,觉生涯之缺陷尚多。处艰难之境,怀缺陷之心,其精神自然抑郁愤闷,对于现社会之占有势力者,思一切破坏之以为快。

这种砸烂旧世界的极端心志,与革命的乌托邦思想一结合,就形成了近代中国激进主义思潮的一个源头。

在物欲完全丧失规约,而工具理性、政治暴力主宰一切的社会里,个人的自由、尊严与人格都在市场交换的空间里迅速贬值,成为不值一文的符号,角力的世界肯定的是金钱、权力和资本的价值。在杜亚泉看来,这种恶性而不规范的竞争,最后导致的结果就是形成了一个丧失道德底线的"赌博社会",这是一个贫富两极分化而人心空洞无归的畸形时代:

> 穷奢极侈挥霍如意者,皆赌博社会中之胜利者,妻啼儿号,贫不能自存者,即赌博社会中之失败者也。夺失败者之藜藿,以为胜利者之膏粱;褫失败者之衣褐,以为胜利者之文绣;竭失败者之精血,以泽胜利者之身;剥失败者之肌肤,以果胜利者之腹。吾侪之社会,乃间接的人将相食之社会。

正是基于对这样一种不义、朽败之社会的预感,杜亚泉体察到了,在这样一个物欲横流的时代,有以传统中国的价值系统灌注新时代之必要。不同于当时新文化人全盘性反传统主义的主张,杜亚泉言说一种东西文明相调和的道路,将中国精神文明克己的德性,与西方文明(尤其是启蒙运动以来)奋斗的精神,两相结合,主张以西方科学对传统文化进行"现代的刷新",反对极端保守派的深闭固拒,同时又主张对西方文明进行"相当的吸收",但又反对盲目而完全的仿效,认为若如此,则会在精神世界节节败退,一无所守。杜亚泉将之命名为介乎新旧中西之间的"接续主义"。

可这种折中、温和而理性的接续主义(或曰调适主义),在天地玄黄狼突豕奔的时代,又有几人肯耐心聆听并理解?历史的阴霾挤压、盘旋在知识人的思想天空,几乎容不下过多的盘算与思量。可回头想一想20世纪革命中国付出的惨烈代价,以及迟延至今无从驱散的虚无主义,又会觉得杜亚泉仿若在历史的窄路颠踬行走的先知,虽难免"两间余一卒,荷戟独彷徨"的孤单,却娓娓道出了时下的我们不得不正视的"盛世危言"。

钱穆与老北平的文化世界

1931年夏到1937年冬,史家钱穆同时在北京大学、清华大学兼课,他的个人交游史可以为我们提供一个管窥当时学院知识分子网络的窗口。在这种学院知识分子的交往过程中,往往有一两个核心人物扮演重要的串连角色。钱穆与汤用彤的认识和友谊开始于一个"戏剧性的情节"。据其回忆:

> 与余同年来北大者,尚有哲学系汤用彤锡予。本任教于南京中央大学,北大以英庚款补助特聘教授之名义邀来。余是年携眷去北平,潘佑荪割其寓邸之别院居之,距北大甚远。一日,锡予来访。其翌日,锡予老母又来访。谓,锡予寡交游,闭门独处,常嫌其孤寂。昨闻其特来此访钱先生,倘钱先生肯与交游,解其孤寂,则实吾一家人所欣幸。自是余与锡予遂时相往返。

其后,两人的友情迅速升温,汤用彤也就把钱穆当作人生难得之知己。

汤用彤相继介绍了许多朋友与钱穆认识。哲学家熊十力从杭州来到北平后,暂时没有地方居住,又是汤用彤与钱穆商量,从钱的居所让出一部分给熊居住。汤用彤考虑到钱穆一个人居住生活多有不便,于是又安排他住到汤寓所前院的一书斋处。蒙文通从开封河南大学来北大历史系任教，与钱穆自然成为同事。蒙文通与汤用彤在南京中央大学时，都曾经去欧阳竟无的支那内学院听讲佛学，结交为好友。蒙文通之所以能进北大历史系教书就源于汤用彤的力荐。

钱穆认识陈寅恪和吴宓也都是因为汤用彤的介绍。汤用彤与陈寅恪都是出国留学前的清华同学，而汤用彤与吴宓又是中央大学的同事。晚年钱穆追述这一段往事，还为被新派人物胡适等非议的吴宓鸣不平：

> 余亦因锡予识吴宓雨生。彼两人乃前中大同事。余在清华兼课，课后或至雨生所居水木清华之所。一院沿湖，极宽适幽静。雨生一人居之。余至，则临窗品茗，窗外湖水，忘其在学校中。钱稻孙与余同时有课，亦常来，三人聚谈，更易忘时。雨生本为天津《大公报》主持一文学副刊，闻因《大公报》约胡适之傅孟真诸人撰星期论文，此副刊遂被取消。雨生办此副刊时，特识拔清华两学生，一四川贺麟，一广东张荫麟，一时有二麟之称。

钱穆在北平就经常与汤、陈、吴聚会，或聚餐，或闲聊。在这个过程中，又不断地有新朋友加入这个共同体。例如梁漱溟、林宰平等人。据钱穆回忆：

> 其他凡属同在北平，有所捧手，言欢相接，研讨商榷，过从较密者，如陈援庵、马叔平、吴承仕、萧公权、杨树达、闻一多、余嘉锡、容希白肇祖兄弟、向觉民、赵万里、贺昌群等，既属不胜缕述，亦复不可忆。要之，皆学有专长，意有专情。世局虽艰，而安和黾勉，各自埋首，著述有成，趣味无倦。果使战祸不起，积之岁月，中国学术界终必有一新风貌出现。

在这里，我们可以看见学院网络中的同事、同学关系是最重要的衔接纽带。当时的清华大学、北京大学、燕京大学经常合聘教师，教师在这三个学校流动性很强，而毕业的优秀学生也形成了三校之间盘根错节的关系网络，通过师生关系又进一步强化了这种学院网络。从钱穆这一淡淡闲笔，亦可见20世纪30年代中国学术界之自成一格，且能与世界学术分庭抗礼之气象，可惜狼烟四起，外患日急，而偌大的北平古城，竟再也容不下一张安静的书桌。

学院自然提供了一个重要的"物理性空间"，但这种知识分子交往更重要的还是遵循着趣味、志业、关切、习性等抽象的共同点而凝聚在一起的，这种凝聚甚至超出了一般的友谊，达至了近乎亲情的境界。很多学者都是远离故土，来到北平教书，他们在理智上都是爱好孤独的，但是在日常生活中仍旧需要情感的慰藉，尤其是需要在日常的对话中交流思想，共同探讨，从而提升境界，扩大视野，因此，学院的网络就成为他们最重要的交往平台。如钱穆就对当年的聚谈津津乐道：

> 文通初下火车，即来汤宅，在余室，三人畅谈，竟夕不寐。曙光既露，而谈兴犹未尽。三人遂又乘晓赴中央公园进晨餐，又别换一处饮茶续谈。及正午，乃再换一处进午餐而归，始各就寝，……余其时又识张孟劬及东荪兄弟，两人皆在燕大任教，而其家则住马大人胡同西口第一宅。时余亦住马大人胡同，相距五宅之遥。十力常偕余与彼兄弟相晤，或在公园中，或在其家。十力好与东荪相聚谈哲理时事，余则与孟劬谈经史旧学。在公园茶桌旁，则四人各移椅分坐两处。在其家，则余坐孟劬书斋，而东荪则邀十力更进至别院东荪书斋中，如是以为常。

从这些雪泥鸿爪的文字片段中，可见当时北平学界人际交往之频繁，学术共同体意识之自觉，及多元思想之融合。这样或公开的对话，或私下的漫谈，自然对人文学者相互刺激灵感和提升眼界，有绝大之促动。余英时对乃师钱穆20世纪30年代在北平的这段学术生命有一段很精到的评述，亦可见当时学术风气之开放、包容与自由：

> 钱先生自民国十九年到北平以后，表面上他已进入了中国史学的主流，然而他的真正立场和主流中的"科学"考证或"史料学"又不尽相合。因此，他和反主流派的学人却更为投缘，甚至"左派"学人中也不乏和他谈得来的。例如杜守素便非常佩服他，范文澜也十分注

> 意他。……钱先生不在任何派系之中，使他比较能看得清各派的得失；他又有自己的观点，所以论断鲜明，趣味横生。1971年以后，我每次到台北去看他，只要话题转到这一方面，他总是喜欢回忆这些学坛掌故。我曾一度请求他写下来，为民国学术史留下一些珍贵的资料。这也许有助于他后来下决心写《师友杂忆》。

即此可见，所谓新旧、中西等派系的严峻对立，却也常常是后来的历史叙述过度政治化的表现，至少在20世纪30年代的北平文化世界，虽然有不同的流派与取向，却没有两极对峙的学术黑帮和学院派性政治，这也是其时学术能够在民国学术史上大放光芒的原因之一吧。

殷海光记忆中的西南联大

1938年秋天，殷海光终于进入他向往的西南联合大学哲学系读书。从此以后，他在西南联大整整度过七年漫长的岁月。回忆西南联大的生活，殷海光常带着忆念，带着兴奋，也带着已逝的惆怅。殷海光的学生陈鼓应整理的《殷海光最后的话语——春蚕吐丝》，其中有一章专门记述了殷海光大学时代的生活，这段生活奠定了殷作为一个自由主义者的精神底色，也孕育了其自由探寻真理的心灵和反抗威权统治的心志。

病榻上的晚年殷海光对其弟子说，开学以后，他选郑昕的哲学概论，郑先生是德国留学生，对康德有很深刻的研究。他在学生堆中发现殷海光也在听他的哲学概论，就对殷海光说："你不用上我的课，下去自己看书就好了。"殷海光照他的话做。到学期考试，殷海光的哲学概论得最高分。他又选了金岳霖的基本逻辑，金先生看见他来上课，对他说："我的课你不必上了，王宪钧先生刚刚从奥国回来，他讲的一定比我好，你去听他的吧！"结果殷海光就去听王宪钧的课。

哲学系每两个礼拜有一次讨论会，哲学系的老师和有兴趣的学生都可以参加。老师上台讲话，学生也可以上台讲话。研究黑格尔的贺麟教授有一天讲了一个叫"论超时空"的题目，贺先生讲了半天，金岳霖先生起立发问,他问贺,什么叫时?什么叫空?怎么个超法?贺答他的问题,答了半天也没说清楚,最后,金先生起立说:"对不起!"戴上帽子就走了。金先生认为贺的物理学不行,时空的问题根本搞不清楚,再说,也不过是搬弄几个空名词,耍文字游戏而已。所以就很礼貌地离开还没有结束的讨论会了。在这里,在学问面前,没有敷衍,也没有人情。

从殷海光先生回忆的这些细节中,我们赫然可以感知到西南联大之所以成就一大批人文学者和科学家的内在根由之一了,那就是作为学问中人在智识面前的诚实。金岳霖既可以坦然承认自己在逻辑学的讲授和研究方面跟新回国的同事相比存在差距,因而鼓励自己激赏的学生去接受最好的专业训练,同时又会在公共的学术场合毫不留情面地与有一定资历的同事辩难,确实做到了为知识而知识的诚实和坦率。这无疑是向学生表明:在知识和真理的探索面前,无论是教授,还是学生,在人格上都是平等的,而这种人格上的平等,并不意味着联大教授固守一种扁平化的民主模式,从而在价值相对主义或虚假的多元论的前提下,将学术的卓越与学术的平庸混为一谈。事实上,正是通过西南联大各种形式的学术共同体的组织和交流,以及充分的闲暇与非功利、非正式的学术漫谈,一流学者的权威才破土而出,权威并不是压制学术自由表达和争论的学阀,而是捍卫学术尊严和营造良好学术氛围的知识领袖。这是韦伯在《学术作为一种志业》中提出的学者应该遵守的知识上的诚实原则,也是孔子所言的"知之为知之,不知为不知,是知也"。横竖是水,可以相通。

与此相对应的就是西南联大教授在政治权力面前的学术独立精神。晚年殷海光甚是怀念那种精神的情调,而且也身体力行地在戒严时期的台湾捍卫一个知识人最后的尊严。据他的讲述,那时的士大夫还保持着一股清流,士人保守着一些观念,他们有所不为。他们认为学术至上,爱惜清高,鼓励读书。他们对于大官实在瞧不起。在西南联大,有一天,有一位重庆的大官来演讲,他不知风色,站在台上大发议论。学生站在那儿,双手插在裤袋里,东倒西歪。对他的演讲不感兴趣,从后一排起,渐渐溜掉了。大学生以为当大学教授最好，要不就去做些文化事业，从没想到要去当官。如果有这个心思的话，这人在学生心目中的地位就一落千丈。如果有教授常常跑重庆，人们就觉得他有颜色了，渐渐也和他产生了距离。当然，他们对于真正有学问、有抱负，献身抗战的教授，像张荫麟先生在军事委员会政治部做事，倒也尊敬，不过这是极少有的例外。受到北平一带学人独立精神的影响，那时西南联大的学生将听说的中央大学的教授把大官给他的名片、请帖压在玻璃板下，向人显示他的交游和重要性一事，引为笑谈。南北学风的不同，由此可见一斑。

文化比权力更有尊严，学者比官僚更有地位，只有在这种社会氛围和学术风气下，知识的尊严才能得到真正的维护，在一个威权时代，殷海光认为学人能够做到有所不为，其实也是在间接地捍卫学术独立之精神，同时也是在坚守人格之底线，教授群体的这种努力对于学生自然有典范的作用，青年学者的风骨就是在这样言传身教和潜移默化之中涵泳而成。在这样一种风气弥漫的大学校园，奔竞钻营之徒，苟且塞责之流，即使偶或有之，也不敢招摇过市，在价值上无法自圆其说，也就不能形成气候，可以说这种对做公务员直至升官发财为人生目标的价值取向的极度鄙视，从消极的层面营造了校园里单纯而自由的读书气氛。学者跟政治权力的刻意疏离，乃至悍然批判，都在向学生传递一种生生不息的价值观，这种价值观的核心就是学术文化是比政治权力更有意义和价值的存在。

殷海光的西南联大印象，在何兆武先生的口述史《上学记》里有充分的印证，同样长期浸淫于联大校园的自由独立气氛中的何先生，曾对采访者文靖一字一句地强调："我以为，一个所谓好的体制应该是最大限度地允许人的自由。没有求知的自由，没有思想的自由，没有个性的发展，就没有个人的创造力，而个人的独创能力实际上才是真正的第一生产力。如果大家都只会念经、背经，开口都说一样的话，那是不可能出任何成果的。"诚哉斯言！

水木清华的流光碎影

坊间流传的《读史阅世六十年》作者何炳棣在书中费了相当大的篇幅记述20世纪30年代的清华大学，他在垂老之年这样深情地追忆："如果我今生曾进过'天堂'，那'天堂'只可能是1934—1937年间的清华园。天堂不但必须具有优美的自然环境和充裕的物质资源，而且还须能供给一个精神环境，使寄居者能持续地提升他的自律意志和对前程的信心。几度政治风暴也不能抹杀这个事实：我最好的年华是在清华这人间'伊甸园'里度过的。"正是清华大学优良的教育，为何炳棣日后成为一个世界级的历史学家奠定了基础。现在充斥书肆的太多是当下对名校（例如北大、清华）的言过其实的溢美，许多关于北大、清华的书籍甚且充满了一种急功近利的铜臭味。而对于民国时代的回忆中北大占据了很大的篇幅，因为鲁迅说过："北大是常为新的，改进的运动的先锋，要使中国向着好的，往上的道路走。"北大的前身又是晚清新政遭遇挫败后硕果仅存的京师大学堂，到了新文化运动时期，又成为鼓动社会新风潮的发源地，而清华大学的前身是留美预备学校，因此在一种充满"革命胎记"的历史叙述中，清华与北大相比较就显得黯然失色。何炳棣先生在这本私人性质的回忆录中用长达六十余页的篇幅来描述当年在清华的岁月,除了出于勾勒个人学术渊源的目的之外,为清华"正名"恐怕也是其潜在的动机之一。

事实上,民国时代的清华大学相比当今的所谓创建世界一流大学的名校也毫不逊色,甚至显得更为"博雅"与"精深",这种博雅传统的形成与当时的校园环境、校园生活是密不可分的。20世纪30年代的《独立评论》曾经刊载一篇题名《清华大学的学生生活》的文章,专门记述了当时清华人的生存状态和空间。作者龚家麟(系当时清华学生)这样描述道:

> 谈到清华环境的优美和设备的齐全,想是很闻名于社会了吧!整个学校是在一片树木遮隐之下的,空气异常鲜洁。靠近有苍苍的西山香山陪衬着,倍觉环境之富有自然的逸趣。至于设备方面呢,至少以"质"来讲,可以说是冠于全国各大学的。图书馆是花了五十余万建造的:墙壁的四周砌着美丽的大理石,和巨大的铜门闪耀相对着发亮;地上铺着涂蜡的软木,皮鞋踏上去没有什么声响;中西书籍藏有二十余万册,杂志也有二万册之多。圆顶罗马式的大礼堂,你走进去常听见一阵阵钢琴和提琴的声音,悠远而娴雅,使你生怡然之感。

何炳棣时隔六十余年仍旧能够清晰地回想起初抵清华的"第一印象":

> 当1934年9月以一年级新生的身份走进清华校园的大门,空旷草坪的北面屹立着古罗马万神殿式的大礼堂。无论是它那古希腊爱奥尼亚式的四大石柱,古罗马式青铜铸成的圆顶,建筑整体和各部分的几何形状、线条、相叠和突出的层面、三角、拱门等等的设计,以及雪白大理石和淡红色砖瓦的配合,无一不给人以庄严、肃穆、简单、对称、色调和谐的多维美感。

其时学人在若干年后回忆起清华大学也对清华的内外环境赞叹不已,研治中国政治思想史名家萧公权曾经这样述说:

> 清华五年的生活,就治学的便利和环境的安适说,几乎接近理

清华学堂

想。我们一家大小五口初到清华时住在"老南院"二号教职员住宅里。叔玉一家住在六号,彼此相距很近。一年之后,"新南院"教职员住宅落成,我们迁住六号。这是一所西式的砖房,里面有一间宽大的书房,一间会客室,一间餐室,三间卧房,一间浴室。此外还有储藏室,厨房和厨役卧房各一间。电灯、冷热自来水、电话等设备,一概齐全。陈岱孙是我们的紧邻。俞平伯、闻一多、潘光旦的住宅都相距不远。我在住宅前的一大片空地上种树栽花,五年"灌园"的工夫,把原来的不毛之地变成了一个花木扶疏的小园。这是我课余消遣的主要活动。清华园离西山不远。周末或假日我们有时结伴去游卧佛、秀峰、碧云等寺。颐和园也是我们游踪所到之地。

清华大学老校长梅贻琦曾经说过传诵一时的名言:"所谓大学者,非谓有大楼之谓也,有大师之谓也。"可在清华人的追忆中,幽雅的校园环境也一样是构成"金色年华"美好记忆的元素之一。自然,相对于这些"物质文化"式的自然环境和人工环境,清华浓郁的学术气息和自由空间更是让清华人念念不忘。如果没有学术自由作为一个大学的内在气质,那么即使它再"现代化"也只能生产一堆伪学术垃圾,而学术自由与学术包容是"合则双美、分则两伤"的关系。20世纪30年代的清华之所以能够成为当时高校的翘楚,就跟这种积极改善教师治学条件的努力大有关系。当时担任过历史学系主任的蒋廷黻在回忆录中这样写道:

> 清华有两项重要措施是值得称道的。清华是一所国立大学,教职员待遇与其他同级大学是一样的,因此,它无法聘到杰出的学者任教。为此,评议会想出一个办法。就待遇的标准说,清华是按照教育部规定的,但清华另外规定有休假,并可供给休假旅资;上课钟点少,较其他大学进修的时间多;图书馆、化验室的经费也比其他学校充足。如果一个人为了拿薪水,就不必到清华来。此外根据清华评议会所拟定的规定,清华可以资助学者进修深造。以上规定,使清华建立一种看不见但却极有效力的延揽人才的制度。在那段时日中,我们能够从其他大学中挖来著名学者,他们来清华不是因为待遇优厚,而是为了做学问。

可见当时的清华吸引学人,主要并不是靠薪水的优渥,而是依靠给学者提供一个宽松的治学环境,尤其是为他们提供公费到国外开阔眼界的机会,他们并不是单纯按照"市场经济的交换模式",从学者那里榨取科研成果来树立"形象工程",而是如韦伯所言,把学术作为一种志业,"学问是一种按照专业原则来经营的'志业',其目的,在于获得自我的清明及认识事态之间的相互关联。学术不是灵视者与预言家发配圣礼和天启的神恩之赐,也不是智者与哲学家对世界意义所做的沉思的一个构成部分。"20世纪二三十年代的清华学人确实体现了这种韦伯反复申述的"平实的智性上的诚实",这就为学术的传承和发展提供了学理深厚的空间。

自然,由于当时的清华奉行教授治校的原则,有着知性与德行的知识分子便可以利用体制的力量捍卫学术的自由,而学术自由对于学术的探索永远是不可或缺的前提。这种教授治校体现了"学术本位"的管理模式,与如今大量的官本位治理模式大异其趣,结果也自然是相差不可以道里计。即便在30年代的中国,也不是所有大学都实行这一原则。

历史学家何炳棣对此称赞有加:"与当时北大蒋梦麟大倡'校长治校'的口号(逻辑上暗含校长与教授的对立)迥异,清华传统'教授治校'的原则(部分地源于早期教授与政客型校长的斗争)事实上变成校长教授互相尊敬、合作无间、共同治校,最和谐、美满、高效的新局面。30年代的清华不但是校史中的黄金时代,也构成全国高教史中最令人艳称的一章。"

有趣的是,中山大学历史学系桑兵教授曾经专门著文分析近代中国学术的地缘与流派,而其分析的主要对象就是北大和清华教师群体之间盘根错节的"同族、同乡、同学关系"等,他在评述蒋梦麟主持北大时期政绩的言论也从侧面说明了清华学风的淳厚:

> 蒋梦麟批评海派崇拜权势,讲究表面,在文学艺术和生活各方面肤浅庸俗,而赞扬京派崇尚深刻,力求完美,但有意无意间称"北大不仅是原有文化的中心,而且是现代知识的源泉",北大似乎成了汇集北京的各方学者、艺术家、音乐家、作家和科学家所组成的"京派"的代表,"科学教学和学术研究的水准提高了。对中国历史和文学的研究也在认真进行。教授们有充裕的时间从事研究,同时诱导学生集中精力追求学问,一度曾是革命活动和学生运动旋涡的北大,已经逐渐转变为学术中心了。"这多少有些自我表功,显示其把握北大之舵时,能够继承蔡元培的方针事业。事实上,时任北大文学院长的胡适正想方设法打破浙人的垄断,调整人事,并学习傅斯年办史语所的成功经验,以图扭转北大文史学科的被动局面。而北大文史学科的人才培养,似乎也落在清华和燕京之后。清华和燕京两校以学生为主的历史学会,当时十分活跃,北大学生因而有相形见绌之感。

北大的独特历史决定了其特殊的使命,就是不仅仅是一个再造文明的学院式的"象牙塔",而是建筑在"十字街头的塔",具有浓郁的政治文化特征,从而使北大时常处于时代的风口浪尖上欲罢不能。专门研究北大与中国政治文化关系的美国学者魏定熙曾经指出:北大同人"有意把自己和纯粹的政客区分开,他们谴责政客的贪婪和放纵使国家无法实现共和理想。这所国立大学是非政界人士在首都对国家大事施加影响的新的场所。对于相信教育能够救国的人来说,这是理想的讲台。他们相信,那种了解西方共和主义蓬勃发展的根本政治文化原因的知识分子,才具有独一无二的领导救亡运动的资格。"正是因为北大从一开始就担当了这种"时代先知"的社会角色,就从一定程度上限制了其在纯粹的学术方面的发展,而清华大学秉承着陈寅恪先生"独立之精神、自由之思想"的学术传统。韦伯是非常反对在讲台上扮演先知角色的教师群体的,他非常尖锐地批评道:"事实上,那些自认为最有领袖才能的人,往往最没有资格担任领袖。更重要的是,不管有没有这种才能,讲台上的情境,绝对不是证明一个人是不是领袖的适当场所。做教授的,若是觉得自己有义务去当年轻人的顾问,并且也能够得到年轻人的信任,愿他在与青年们的个人交往中,坚守这份岗位。假如他感受到召唤,觉得应该介入世界观或党派意见之间的斗争,让他出去到生活的市场上去活动:报纸、公开集会、社团,任何他想去的地方。"可只要我们追溯一下北大的历史,就知道它一直试图在现代中国的进程中扮演"先锋的角色"。这种角色就导致其在学术与政治的分途中偏向了政治,而这种偏向就可能损害学术自由的品质,从而在根本上影响其启蒙大众和改造社会的目的。

早在1922年11月,北大二十五周年校庆的时候,时为北京大学教务长的胡适就充满焦虑地指出:"我们纵观今天展览的'出版品',我们不能不挥一把愧汗,这几百种出版品中,有多少部分可以算是学术上的贡献?近人说,'但开风气不为师'(龚定庵语),此话可为个人说,而不可为一个国立的大学说。然而我们北大这几年的成绩只当得这七个字:开风气则有余,创造学术则不足。"而清华大学则因为留美预备学校出身,早期很多学生年龄幼小,似乎相对疏离于时代风潮。即使在30年代学生运动风起云涌的时代,苦心孤诣的教授们为了中国学术的发展，仍旧力图捍卫学术的自主性和自由特质。萧公权在他回忆清华的文章中就记载了这样一个细节："最可惊异的是，哲学系的教授张申府竟在教室里吹嘘某某主义，为他们做宣传工作。张熙若对他大为不满，在全体教授会开会时，提议检讨张申府授课的情形。在确实判明某某主义和张先生所授的课程没有显明关系，他讲某某某并不是学术性的研究而是单纯的主义宣传之后，全体教授同意警告张申府，如不终止宣传，下年将不续聘。"从这样一个逸事也可见当时清华教授坚持学术自由的精神氛围。没有这种自由气息作为校园文化的底蕴，清华大学也不可能在20世纪30年代几至抵达其学术繁荣的顶峰状态。

在20世纪30年代的中国，校园也已经不是一片与世隔绝的"净土"，而是被风起云涌的学生运动所影响，相对于左翼学生运动的热烈，清华大学的教授大部分都认为"救国不忘读书"才是作为一个学生的根本，因此他们往往反对学生被混沌的时代风潮所裹挟和牵引。这种自觉地将学术独立于政治之外的做法，从短时期看似乎是"书生意气"，耽误了救国大事，其实从长远的角度来看，确实对中国的学术发展不无裨益。时任清华大学工学院院长的顾毓琇针对社会对学者学院生活的某些批评，专门在《独立评论》上撰文就学术与救国的关系指出："纯粹学者的态度是无所求于世的，但亦绝不计较功利观念的。倘若别人批评他的学问无用，他只觉得好笑，并不觉得是一种轻视。学术的本身是高贵的，无所为的。所以对于一个纯粹学者的工作，我们只应该表示钦佩，而不定要把救国的责任放在他们肩上，因为学术工作所需要的乃是理智的超然性。"换言之，学术的意义并不需要通过政治来确立，而可以在一个超然的知识脉络里寻求自我的价值，如果因为纯粹的学术不能直接转化为现实的功用，而对其横加指责，这是违背学术工作自身的特殊性的，学者进行学术研究更多的是出于一种对于知识的纯粹的兴趣，至于这种兴趣能否产生一定的救国功用则并不在其考虑之列。这也是韦伯所谓学术研究的"价值中立"的准则。蒋廷黻对那些以介入社会风潮为能事的学校也不无反感,甚至径直称其为"野鸡大学",他说:"中国大学受外界影响而沦为政治剧场,其程度如何?要看相关影响力量的消长而定。如果说学校办得好,能够启发学生的求知欲,就会产生一种力量,使学生少受外界干扰,安心求学。反之,他们就会卷入政潮,荒废学业。因此,中国大学在政治中所扮演的角色如何,也代表了学校的好坏。基于此种理由,中国最坏的大学就是我们所谓的'野鸡大学'。它们很少注意教育问题,专门去搞煽动、演说、运动,去拥护某一方面或去反对某一方面。所以,一旦报上登出中国学生在某地闹风潮了,我们就会认为参加的人一定是'野鸡大学'的学生。"正是这种捍卫学术与政治距离的自觉,使清华大学成为民国学术界的中流砥柱。

  清华学术的这种自由独立气息也造成了文艺创作的繁荣,为青年学生创作提供了良好的空间。1929年,清华大学中文系提出:"对于中国文学的将来,只能多多供给它些新营养,新材料,新刺激,让它与外国文学自由接触,自由渗合,自由吸收。……想把中外文学打成一片,让它们起点化合作用,好产生新花样来。"这样一种文艺思想结出了累累硕果,就拿清华1929级学生(所谓清华第四期文人)来说吧,时为清华人的毕树棠曾经这样评论道:

> 罗凯岚湘人,天才极高,观察敏捷,性极忠厚,专攻小说,所读新旧说部很多,而文格则私淑鲁迅。以其家乡东镇为背景,写出很多深刻动人的故事,已出版者有《招姐》《六月里的杜鹃》诸短篇小说集,后又受陈铨著《天问》之激励,作了一部长篇小说名《苦果》,写革命时期中湘省一段传奇,而较《天问》更细密、深刻有力。……罗念生是诗人,富浪漫情感与纯洁思想,所作文字,虽不尽为诗,然皆隽永而富情趣,创作尚无单本行世。水天同是一"潇洒式之书生",才情极恣肆而豪壮,在校时曾戏作《圣人游地狱记》,载于《清华周刊》,轰动一时,虽是滑稽笔墨,不免有酷刻之处,然可知其对旧小说之神味,所得极深,西文造就亦颇有素。……龙冠海是海南人,地

方景色颇多特点,所作诗文皆有高壮之气,著有诗集《生命之歌》,另有一书札体小说,均未印行。张荫麟是一典型"学院式文人",专事考证及整理之工作,涉猎极广,不尽在文学,而其《纳兰性德评传》及《纪念王静安先生》等论文,皆文艺与思想上极重要之作。柳无忌是清华的"特别生"而后出洋的,其父为南社诗人柳亚子,家学本有渊源,人颇静默婉雅,无华门公子习气。在校时即整理诗僧苏曼殊之著作与事迹。柳努力为之搜集考证,极穷山尽水之能力。所印行《苏曼殊全集与年谱》等书,均不朽之成绩也。

台湾学者苏云峰在氏著《从清华学堂到清华大学(1928—1937)》中曾就梅贻琦的办学思想专门指出:

> 学术自由(Academic freedom)常被时人所诟病。梅氏认为自由主义(Liberalism)与放荡主义(Libertinism)不同,与个人主义,或乐利的个人主义,亦截然不同。弊病在假自由之名而行放荡之实。梅氏认为,大学应致力于知、情、志之陶冶,知有博约之原则,情有裁节之原则,志有持养之原则,秉此三者才能在学术自由的环境中,"无所不思,无所不言"。但百家争鸣的结果,难免有超越现实,与互相攻击现象,如北大新旧之争,和当时之左右冲突。对此,梅氏一若蔡元培,秉持"兼容并包之态度,以克尽学术自由之使命"。

正是这样一种自由主义式的办学理念和身体力行的办学实践,促进了清华大学良好学术气象的铸造和浓郁文艺气氛的养成,从而为清华大学在20世纪二三十年代群星璀璨名家辈出的气象奠定了坚硬而明朗的质地。

作为启示录的《林氏家风》

旅美学者、哈佛大学费正清研究中心研究员林同奇在家族自传《林氏家风》中曾如此深情地回忆:

> 我的大哥同济(林同济,近代著名历史学家,"战国策"派史学代表人物。——引者注)对于诗词有着过人的天赋,他说他对中国诗词的敏感主要得自祖父的讲授,每天,老人会将这位孙子叫到自己的房间,教他一首唐诗,自己则往往坐在马桶上解手大便。同济有一次同我开玩笑地说,"我是和着臭气生吞活剥地咽下这些诗词。"值得一提的是,这代表了林家许多孩子们一生中所受过的小学教育,他们唯一的课本是儒学经典、古诗、古文和一些史书。他们就是靠着这些"课本"学会读和写,没有数学或自然科学,更不要提今天的小学所提供的其他课程,老师就是他们的祖父、父亲、叔叔伯伯和姑姑,有时是哥哥姐姐。

这是一个典型的传统大家族的生活细节,却似乎给我们透露了若干信息,没有接受过新式学堂的小学教育的林氏后裔,绝大部分都在学业和专业上很有成就,一些俊秀的家庭成员成为中国和美国等国的人文、科学院士。

至少从林氏家族的历史可见,所谓传统教育与现代教育的对立,并不如官方的主流叙述那样尖锐和不可调和,《林氏家风》里描述了这个家族的后辈在新式教育的背景里如何迅速调适自己的社会角色和专业选择,从而适应了专业化的潮流,完成了从旧式文人向现代专业知识分子的转型。这不是投机,而是传统的经典教育给予他们的经世致用的智慧,传统在他们这里绝对不是一个必须割舍的精神负担,相反,传统成了他们应对现代生活的精神资源,内在地构成了生生不息的背景,这才是传统真正有效的创造性转化。

历史学家史华慈曾经说他对待现代的态度是"后退一步,远眺彼方",林氏家族正是如此,他们在积极适应现代的同时,仍然坚守了传统传承给他们的价值和意义,而这份价值,恰恰是他们批判性地面对西方现代性的义理来源,也是支撑他们的精神世界和人格操守的骨架。更值得我们注意的是,传统的家庭教育除了儒家经典,还有唐诗宋词的熏染,这对于塑造心灵的习性及艺术的品位极为重要,它其实在冲淡功名路上的风尘与焦虑,而让个体在艺术世界里不断地回溯到最本原的生命之沉思。儒家经典以及诗词世界的阅读、含玩,构成了家族内部精神生活的链条,有着最广泛的参与可能。这不像现代学校教育,越来越让家长疏离于孩子的成长过程,变得没有发言权,也无法有效地参与。家庭教育沦落为学校教育可有可无的点缀。学校悍然成了知识的唯一权威,而家长降格成付费的买家与附庸。

《蒋廷黻回忆录》、吴相湘先生的《三生有幸》、钱穆先生的《师友杂忆》等,都在隐隐约约地传达一种信息,传统绝不是现代的反题,一个真正有活力的传统是能够渗透到现代世界的日常生活之中的。大都有着留学背景的民国知识分子群体,已经成为今天的知识界自我更新和塑造自我认同的范本了,而这个群体之所以如此光辉璀璨,流露出一种高贵、优雅而富有创造力的大家风范,这与他们从小耳濡目染的传统教育是不可分割的。儒家经典塑造了这几代学人的精神气质,而现代西方的专业知识提供的更多是自然知识和职业技能而已，两者的完美结合，孕育出了知识分子谱系中的传奇。可惜的是，这些民国一路走来的知识分子，如今大都如弱草栖尘，风流云散了，而他们依托的那个陈寅恪先生所述的"独立之精神、自由之思想"的理念更是在历史的风雨摧折中奄奄一息。《西潮》里的留学归来者蒋梦麟，作为抗战初期的北京大学校长，在北平东交民巷日本兵营，面对日本大佐军官的威逼利诱时，支撑他取舍的仍旧是儒家圣人的训诫"临难勿苟免"。胡适在他的日记、书信里反复提及的也是如履薄冰、如临深渊的戒惧的哀矜态度，以及做诤臣、立诤言的清议精神。或许正因为此，1962年2月24日，胡适在台病逝后，蒋介石才会在挽联中说他是"新文化中旧道德的楷模，旧伦理中新思想的师表"。

即此回看1905年废科举这天地玄黄的一幕，以及随之而来的儒家经典在读书人生活中的式微乃至消亡，就难掩历史的悲情，而无从弹冠相庆于所谓以新代旧的狂喜了。正如林同奇先生所洞察的那样：

> 在前现代的中国，"读书"和"做人"基本上是同一件事。"读书"是指"读中国经典、诗词和作文"，特别是指读《论语》和《孟子》；而这些经典著作所教的，主要是如何成为"君子"，因此，"读书"本身也就是指学习成为一个真正的人。"读书"和"做人"实际上是同一事物的两个方面，即所谓"读书明理"。然而，作为现代化过程的一个组成部分，现代的专业化进程则把两者完全区隔开来，道德训练或曰性格塑造（即"做人"）与获得专业知识（即"读书"）完全分离，这种分离的可怕后果生动地体现在今天我们所面临的日益加深的道德与精神危机中，如何在孩子身上培养道德感成为一个日益严重的问题。

经典的阅读是与人格的涵泳、生活的修行结合在一起的，它是一个持续的不断精进的过程，而传统的家庭、私塾等其实就是在对经典的重温与诠释尤其是践行中，形成了一个开放的阅读乃至道德共同体。这种教育或许难以日新月异，却能让人心态从容，也更能磨砺人格，毕竟历史真正能够留得下来的是人格，而非所谓名缰利锁。

艺文 第五辑

诗意地栖居是如何炼成的？

1933年7月，朱光潜结束了八年的留学生活回国，经武昌高师同学徐中舒介绍，结识了北京大学文学院院长胡适。在读过朱的《诗论》初稿后，胡决定聘请朱担任北大西语系教授。同时，朱还在北大中文系、清华大学中文系（应朱自清的邀请）、北平大学（应沈尹默的邀请）、中央艺术学院（应徐悲鸿的邀请）等高校讲授"文艺心理学"和"诗论"。当时，朱光潜居住在北平地安门里的慈慧殿三号。据其自述：

> 慈慧殿并没有殿，它只是后门里一个小胡同，因西口一座小庙得名。庙中供的是什么菩萨，我在此住了三年，始终没有探头一看，虽然路过庙门时，心里总是要费一番揣测。慈慧殿三号和这座小庙隔着三四家居户，初次来访的朋友们都疑心它是庙，至少，它给他们的是一座古庙的印象，尤其在树没有叶的时候；在北平，只有夏天才真是春天，所以慈慧殿三号像古庙的时候是很长的。它像庙，一则是因为它荒凉，二则是因为它冷清，但是最大的类似点恐怕在它的建筑，它孤零零地兀立在破墙荒园之中。

从1933年7月到1937年7月的四年间，朱光潜一直住在这里，并与同住的梁宗岱共同主持一个"读诗会"。朱才华横溢，为人随和热情，课堂上对爱好文艺的学生非常有吸引力,又在北平好几所高校上课,社会关系网络异常广泛,同时又是归国留学生,同学故友遍北平,自从他入住这里以后,来访的同学、同事和学生络绎不绝,造成作为一个私人生活场所的"慈慧殿三号"门庭若市,为创制出一个文学公共空间准备了主客观条件。朱光潜在谈到组织"读诗会"的动因时说:"我在伦敦时,大英博物馆附近有个书店专门卖诗集,这个书店的老板组织一个朗诵会,每逢周四为例会,当时听的人有四五十人。我也去听,觉得这种朗诵会好,诗要能朗诵才是好诗,有音节,有节奏,所以到北京后也搞起了朗诵会。"

从"读诗会"的空间形式和社会起源来看,一方面,"读诗会"所在的"慈慧殿三号"是一个非常具有中国性格的空间,是一个中国式的庙堂旁边的荒凉建筑,冷清、古怪而离奇,是最容易让人产生艾略特式诗情和中国印象的空间形式,而且朱首先是将其作为一个私人性的居住空间来体认的;另一方面,"读诗会"的灵感又是来自空间的主体——朱光潜在英国的留学体验和日常生活,可以说是"仿制"了伦敦的公共空间的形式,因此,可以说慈慧殿三号的"读诗会"是中西会通的公共空间。而在这个空间里活跃的知识群体大部分也具有同朱一样的知识背景,即既有传统中学的早期熏陶,又有西学的学院训练,对中、西两种生活方式都有切身的体验。在这里同样可以看见,朱的私人生活与公共活动如何在同一个空间里既分离又聚合。曾经参加过这个"读诗会"的沈从文在《谈朗诵诗》一文中回忆道:

> 北平地方又有了一群新诗人和几个好事者,产生了一个读诗会。这个集会在北平后门朱光潜先生家中按时举行,参加的人实在不少。计北大梁宗岱、冯至、孙大雨、罗念生、周作人、叶公超、废名、卞之琳、何其芳、徐芳……诸先生,清华有朱自清、俞平伯、王了一、李健吾、林庚、曹葆华诸先生,此外尚有林徽因女士、周煦良先生等等。这些人或曾在读诗会上作过有关于诗的谈话,或者曾把新诗,旧诗,外国诗,当众诵过,读过,说过,哼过。大家兴致所集中的一件

事，就是新诗在诵读上，有多少成功可能？新诗在诵读上已经得到多少成功？新诗究竟能否诵读？差不多集所有北方系新诗作者和关心者于一处，这个集会可以说是极难得的。

参加这个读诗会的主体是北平各高校的教师和学生，是一些因为对诗歌有着共同爱好的文人群体，是一个完全自发性的聚会，可见，对于20世纪30年代北平文学公共领域的构造来说，学院网络是一个重要的社会来源，学院提供了参与者、知识资源和文化视野，学院内的公共讨论也是"读诗会"等公共空间讨论的前奏和准备，而这样的公共空间又在打破和拆解学院壁垒所形成的封闭性，使来自不同院系、不同学校、不同阶层、不同地域的文人仅仅因为共同的爱好而凝聚在一起，平等地讨论，批判性地思考，形成了一个文学公共领域。1935年11月8日《大公报》文艺副刊的"诗特刊"创刊，每月发行两次。"诗特刊"由孙大雨、梁宗岱、罗念生等集稿，作者中有朱自清、闻一多、俞平伯、朱光潜、废名、林徽因、冯至、陈梦家、卞之琳、何其芳、李广田等人，作者群体几乎无一例外地来自"读诗会"的成员，学院网络与媒介网络形成了良性的互动，促进了学院的创作活力，同时也保证了媒介拥有一个高层次的作者群体。学院的知识权力网络与媒介的话语权力网络结合在一起，构造了20世纪30年代北平文学公共领域的制度机制。

以诗歌的创作、阅读、朗诵和批评为媒介，朱光潜就在一个简陋的空间里凝聚了20世纪30年代北平最有才华的一批诗人和诗歌评论家，构造了一个古都里的诗意的栖居空间，这是一种高度活跃而富有生产性的心智生命的交汇。用阿伦特的话来说，此时此刻的"读诗会"展现的就是："心智似乎能够战胜实在（界）；心智倾其全力让那些与生俱来即会变化的事物，不至于变得一无是处。它收集、再收集那些命定要消亡与被遗忘的事物。"诗意就是在幽暗的时光隧道里，对美好价值的召唤与回味，它闪烁着黑暗年代的微光，温润着这个群星璀璨的时代里那些最敏感的心灵。

《大公报》与京派文人的文学梦

20世纪30年代轰动一时的《大公报》文艺奖金评选事件是京派文人文化权力的集中展示。1936年9月1日,是吴鼎昌、胡政之、张季鸾复刊《大公报》十周年,亦即"新记"《大公报》诞生十周年纪念日。为了纪念这个不寻常的日子,《大公报》报馆决定举行纪念活动,其中最重要的一项就是举办"科学和文艺奖金"的评选。在这一天,《大公报》以报馆"特启"刊出评选启事——《本报复刊十周年纪念举办科学及文艺奖金启事》。据萧乾回忆:

  "文艺奖金"的裁判委员会请的主要是平沪两地与《文艺》关系较密切的几位先辈作家:杨振声、朱自清、朱光潜、叶圣陶、巴金、靳以、李健吾、林徽因、沈从文和武汉的凌叔华。由于成员分散,这个裁判委员会并没开过会,意见是由我来沟通协调的。最初,小说方面提的是萧军的《八月的乡村》。经过反复酝酿协商,"投票推荐",到三七年公布的结果是:小说:《谷》(芦焚),戏剧:《日出》(曹禺),散文:《画梦录》(何其芳)。

在这个文艺奖金评审委员会的名单上,除了巴金、靳以、叶圣陶之外,其他的评审委员都是京派文人、学者群体的重要成员,朱光潜是

"读诗会"的主持,林徽因是"太太的客厅"的主人,沈从文、杨振声是来今雨轩、丰泽园等公共空间的"灵魂",李健吾是京派最重要的评论家,朱自清一度是清华大学中文系主任,凌叔华也与京派保持着密切的联系,京派文人的很多作品发表在她主编的《武汉文艺》上。即使巴金等三位左翼作家在20世纪30年代的前中期与京派文人也有着相当的共识,也有亲密的人事上的往来。因此,可以说,《大公报》文艺奖金的评选权力基本上把持在京派文人手中,是京派文人的文学趣味的集中表达,也是其文化权力网络的展示。

1937年5月15日,《大公报》发表社评《本报文艺奖金发表》,这篇文章集中而鲜明地阐述了《大公报》的文艺观,这种文艺观正是其能够与京派文人长期合作的观念基础,文章指出:"一言以蔽之,在政治上始有轻视个人自由忽略思想问题之趋向。此固环境使然,但并非健全之现象也。近年国家所期诸一般青年者,为努力科学与国防训练,此皆当然必然之需要,无可置论;然同时应勿忘!凡民族的斗士,必须为具有独立思想刚健人格之个人。此乃注入式的教育所不能得者,必有以丰其感情,浚其智慧,解其苦闷,增其勇敢,使之对自己能解决人生之归趋,对人类能发动济度之宏愿,然后中国得集中其全国青年之热血热泪,以上自救救人之途,是则文学的修养尚矣。夫回顾中国民族近代之苦痛的过程,当认识文学力量之伟大。"

这种对"独立思想刚健人格"的强调与沈从文主持《大公报》文艺副刊时所发表的《文学者的态度》有异曲同工之妙,质言之,是把文学艺术当作一种独立于政治、商业之外的载体,通过它可以培养个性健全、崇尚自由气息、能够独立思考问题的个体,无论在京派文人,或者《大公报》人看来,这种"新人"才是铸造一个新的社会和国家的根本所在。紧接着,文章进一步阐述了《大公报》对文学艺术界重视的缘由:

> 社会既不尊重文士,即出版界之于文学,亦每以商品目之。加以政府国务多端,无暇留意及此,一般作家,在生活上及政治上,皆感

受恐慌,则望其思想感情之不偏激也难矣。吾侪报人,不事文学,于新文艺尤为门外汉。然能认识文学与国民生活关系之重要,故以为有尊重奖励文学艺术之必需。本报过去,曾有文学副刊,对于广义文学有所贡献,近岁更特设文艺副刊,承各方作家之爱护,得发表不少杰作。去岁为表示服务社会之微忱计,创设文艺及科学两种奖金,区区金额,仅抛砖引玉,希望得到社会公众之关心。

与此形成对照的是《大公报文艺丛刊小说选》的出版。1936年,为了配合《大公报》文艺奖金的评选以及检阅《大公报》文艺副刊的创作成绩,《大公报》约请林徽因编选了《大公报文艺丛刊小说选》。1936年8月13日起,《大公报》连续在该报为该书的出版做宣传广告,这则广告也不经意间透露了《大公报》在扶持京派作家方面的功绩:"读者也许奇怪居然有那么些位南北文坛先辈看重这个日报刊物,连久不执笔的也在这里露了面;其实,这正是老实的收获。同时读者还会带着不少惊讶,发现若干位正为人注目的'后起之秀',原来他们初露锋芒是在这个刊物上,这也不稀奇;一个老实刊物原应是一座桥梁,一个新作品的驮负者。"

出现在这个选集上的作者名字大部分是我们耳熟能详的京派文人,如沈从文、杨振声、林徽因、李健吾、凌叔华、蹇先艾、萧乾等。刘淑玲在其博士论文《大公报与中国现代文学》中指出:"这个选集是京派作家群在小说创作上的重要收获。它们也以大致相同的文化取向体现出京派文学的一个共同主题:繁华在都会,而人性在乡村;物质在城市,而精神在乡村。他们塑造了'交织着原始的野性强力和人情味',堪称远离现代社会的理想国的乡土世界,因而城市与乡村的对峙与相衔,在他们的笔下构筑出了说不尽的现代中国的文化景观。"而对于这些小说的技巧,林徽因在《文艺丛刊小说选题记》中给予了相当的肯定:"无疑地,在结构上,在描写上,在叙事与对话的分配上,多数作者已有很成熟自然的运用。生涩幼稚和冗长散漫的作品,在新文艺早期中毫无愧色地散见于各种印刷物中,现在已完全敛迹。通篇的连贯,文字的经济,着重点的安排,颜色图画的鲜明,已成为极寻常的标准。"因此,林徽因对于京派小说的肯定其实在某种意义上也是在赋予她所涉身其中的京派文人以一种"文学史"地位,在这里,我们可以看见京派、媒介与学院三者良好的互动关系,在这种互动关系中,复杂的人事网络得以建构和分层,而建构和分层的原则既与文化价值和审美趣味密切相关,同时也离不开文化权力与媒介资源的密切配合,所以,《大公报》文艺奖金评选与《大公报文艺丛刊小说选》的出版充分彰显了当时京派文人的文化权力。

花果飘零的诗文世界

1932年的清华大学国文入学考试，史家陈寅恪受邀命题，他设计的一道考试题是对对子，出的上联是"孙行者"，一时激发《晨报》《世界日报》等各种报刊报道、评论，诸多读者也纷纷然投书报社论议此事，支持者认为这是出身世家的陈寅恪，以隐微的方式捍卫传统中国读书人的书写艺术和诗文世界，在国难不已的此时此刻大有必要借此弘扬国性振奋国魂，而反对者则认为用这种传统酸腐文人对对子的"雕虫小技"来考察现代大学的新青年，无疑是跟时代作对，开历史的倒车。时隔三十三年后，"文革"前夜的晚年陈寅恪在一则短文里忆述命题的意图："寅恪所以以'孙行者'为对子之题者，实欲应试者以'胡适之'对'孙行者'。盖猢狲乃猿猴，而'行者'与'适之'意义音韵皆可相对，此不过一时故作狡猾耳。又正反合之说，当时惟冯友兰君一人能通解者。"自然，当时的学生几无一人能给出陈寅恪认可的下联。

这自然触动一生为故国招魂的陈寅恪的心灵世界。新文化运动培养起来的个人，对于传统的诗文世界、人文典故大都陌生，而其对西学也多半局限在隔靴搔痒的皮相之谈，换言之，孜孜以求现代的中国人，其实是活在一种不中不西、非古非今的两头不靠岸的跳脱之中，而如此荒唐人，居然沾沾自喜，岂不令人隐忧？这不得不令像陈寅恪这样出身书香门第的知识人感慨系之。科举停废，新学起航，表面看是引入了现代教育体系，其实却也同时将传统的诗文世界打碎得花果飘零，成了一地散碎而无从收拾的文辞，形成了一种条块分割各自为政的教育体制。这种专业化的教育系统，造就的往往是"专家没有灵魂，纵欲者没有心肝"的工具型人格和技术世界，而非关切人的德性与灵魂的人文世界。

或许正因为此，余英时在为旅美学者张充和（其先生是美国著名汉学家耶鲁教授傅汉思）的诗画书集作的长序中才如此感喟："充和何以竟能在中国古典艺术世界中达到沈尹默先生所说的'无所不能'的造境？这必须从她早年所受的特殊教育谈起。她自童年时期起便走进了古典的精神世界，其中有经、史、诗、文，有书、画，也有戏曲和音乐。换句话说，她基本上是传统私塾出身，在考进北大以前，几乎没有接触过现代化的教育。进入20世纪以后，只有极少数世家——所谓'书香门第'——才能给子女提供这种古典式的训练。"这种古典式的训练，才能培养元气淋漓而有诗书宽大气象的精神贵族。

美国学者金安平在《合肥四姐妹》一书中，细致地白描了张元和、张允和、张兆和以及张充和这苏州书香门第出身的四姐妹的人生传奇。张兆和与沈从文的爱情故事，以"乡下人，请喝杯甜酒吧"而为世人津津乐道。作为张允和夫君的百岁高龄的语言学家周有光在口述中如此追忆：

> 张家四姐妹小时候学昆曲。当时昆曲是最高雅的娱乐，因为过年过节赌钱、喝酒，张武龄（张家四姐妹的父亲）不喜欢这一套，觉得还不如让小孩子学昆曲。小孩子开始觉得好玩，后来越来越喜欢昆曲，昆曲的文学引人入胜。昆曲是诗词语言，写得非常好，这对古文进步很有关系。张允和会唱、会演昆曲。后来俞平伯搞《红楼梦》研究被批判，我们1956年从上海来北京，俞平伯建议我们成立北京昆

曲研习社。爱好者在一起，在旧社会讲起来是比较高尚的娱乐，增加生活的意义。起初俞平伯做社长，后来"文化大革命"不许搞了，"文革"结束后，俞平伯不肯做社长了，就推张允和做社长。

从这短短的一段回忆，就可以窥探到作为传统高级艺术形式的昆曲在20世纪中国的命运，本来是诗词最好的引导者的昆曲，却在"文革""破四旧"等风潮的冲击之下，成为旧文化和旧社会的标志，变脸成小资产阶级知识分子玩物丧志的象征，而被批判和禁绝。

但艺术的薪火与人的心智生命的孕育相关，只要有向善之心与自由之念，对诗文世界和艺术世界的追慕就不会被遏止。其实百年过去，回头念想民国旧事，以及活跃在民国舞台上的那些知识人和艺人，就会发现前文所述的不古不今非中非西的尴尬，其实若没有强大外力的冲荡，以及意识形态的压抑，本来或许可以为传统中国人开拓出另外一个诗文天地和生活世界。多元而自由的世界，才可能滋养新的人生。若果真如此，中国人也不会直至今日，似乎仍旧杌陧在一个彷徨失守而中心空茫的人世间。

比如从欧美留学归来的逻辑学家和哲学家金岳霖，在晚年回忆中也透露了此中消息：

> 30年代，我们一些朋友每到星期六有个聚会，称为"星六聚会"。碰头时，我们总要问问张熙若和陶孟和关于政治的情况，那也只是南京方面人事上的安排而已，对那个安排，我们的兴趣也不大。我虽然是搞哲学的，但我从来不谈哲学，谈得多的是建筑和字画，特别是山水画。有的时候邓叔存先生还带一两幅画来供我们欣赏。就这一方面说"星六集团"也是一个学习集团，起了业余教育的作用。

即此可见，在传统中国人的世界里，人文与艺术是从不分家的，艺术的赏鉴造就人的品位与格调，以及对情致与心思的细腻、敏锐，它反过来也有助于学者在自身专长的领域向纵深开掘。这样的学者才不会沦落为学院体制内干枯而空洞的符号动物，而是一个个生机盎然妙趣横生的人。无论是陈寅恪,张家四姐妹还是金岳霖,他们都可以称为出身于最后的书香门第,在传统的私塾里经受古典教育以及传统艺术的启蒙,后来又纷纷接触现代西方的教育,后人在历史的叙述中常常习为成见的所谓"理智与情感的冲突",或者"传统与现代、中国与西方"的冲撞,其实在这些知识人的身上并无撕心裂肺的伤痕,反而是和光同尘多元统一的圆润,这似乎已然成为一个不可复制也无从企及的奇迹。

来今雨轩的前世今生

对于20世纪30年代的北平知识分子来说，来今雨轩是一个非常熟悉而亲切的公共交往空间，其重要性一点也不亚于"太太的客厅""慈慧殿三号"之类的空间。作家许钦文在一篇追忆鲁迅的文章《来今雨轩》中粗略地描述过："当时孙中山先生还在，中央公园未改名称。走进园门不久，我左转弯，先到长美轩一望，知道茶摊的藤椅上已经坐满了人，却见不到鲁迅先生。这公园地点适中，交通便利，园内古柏参天，无论游玩和约会亲友，都很适宜。"相对于林徽因的"太太的客厅"等聚会空间来说，这是一个更加公共也就更为开放的空间，在这个小小的社会空间里，周期性地凝聚着北平的知识群体，也架构起北平学院知识分子、作家与天津《大公报》的桥梁。

《大公报》编辑沈从文、杨振声、萧乾从1933年起大致每月一次地宴请北平的知识分子，请他们为编辑出谋划策，同时向他们约稿，开展文艺讨论和策划。无疑，沈从文是这个公共空间的灵魂，他的亲和力和人格魅力吸引着大量的青年知识分子参与，当然《大公报》的号召力也是相当重要的因素。沈从文一直与京派文人保持着密切的联系，1933年8月返回北平后主持《大公报》文艺副刊，更让他拥有了与京派文人直接接触的阵地，也让他有了贯彻自身文学理想的园地。此前的《大公报》文学副刊由《学衡》杂志的主编吴宓主持，发表了大量旧体诗文，以及一些相对比较学术化的文章。

胡适在1933年12月30日的日记中写道："今天听说，《大公报》已把'文学副刊'停办了。此前是吴宓所主持，办了三百一十二期。此是'学衡'一班人的余孽，其实不成个东西。甚至于登载吴宓自己的烂诗，叫人作恶心！"谦谦君子如胡适者，在其日记里对一位同样孜孜于中国文化之建设（只不过建设的方式与资源不一样而已）的学者如此愤激地批评，这说明一直到了20世纪30年代初期，白话与文言之争仍旧是一个牵引人心的新旧之争的主题。1934年1月7日，胡适在由其主导的《大公报·星期论文》中发表的第一篇文章正是《报纸文字应该完全用白话》。在该文中，胡适概述了当时中国新闻纸的发展趋势："近几年来，中国报纸的趋势有两点最可注意：第一是点句的普遍；第二是白话部分的逐渐增加。这两件事其实只是一件事，都只是要使看报人容易了解，都只是要使报纸的文字容易懂得。"

胡适等力荐的杨振声、沈从文进入《大公报》成为文艺副刊的编辑，在某种程度上就标志着新派文化人占据了民国第一大报的文艺空间，而来今雨轩正是刚刚从青岛、上海等地回到北平的编者杨振声、沈从文联络作者、培养新秀的公共空间。主持编辑工作不久的沈从文，就在文艺副刊上发表《文学者的态度》表明了他的文艺观点，也掀起京派、海派之争。简言之，他的观点就是主张文学应该远离政治、商业，而保持自身的独立性，这与京派文人的主流观念是一致的，这也是大众传媒与北平学院合作成功的关键原因。

作家王西彦在回忆沈的文章中细致地记述了这个空间的聚会场景：

> 除了去拜访他，当时还有另一种见面聚谈的方式，就是由从文先生发通知邀约我们一些年轻人到公园里喝茶。我们常去的地方，是中山公园（即中央公园）的来今雨轩，还有北海公园的漪澜堂和五龙

亭。大概是每隔一两个月就聚会一次，所约的人也并无完全相同，但每次都是从文先生亲自写简短的通知信，且无例外地归他付钱做东。大家先先后后地到了，就那么随随便便地坐了下来，很自然地形成了一个以沈从文先生为中心的局面。可是，交谈的时候，你一句，我一句，并不像是从文先生在主持什么会议，因而既没有一定的议题，谈话的内容虽大致以文学和写作为主，也可以旁及其他，如时局和人生问题，等等。时间也没有规定，每次总是两三个小时的样子。完全是一种漫谈式的聚会，目的似乎只在联络联络感情，喝喝茶，吃吃点心，看看树木和潮水，呼吸呼吸新鲜空气。

因此，来今雨轩等北平的公共场所在20世纪30年代扮演了一个公共空间的角色，它是类似《大公报》文艺副刊等"文学园地"的编辑、作者和读者沟通、交流的场所，根据上述引文可见，它具有相当的平等性，是一个去中心化的公共空间，在此活动的成员可以相当自由地表达观点，尽管讨论的重心是在文艺作品，但这个空间集结的文人却超越了单一性，成为众多京派文人尤其是学生辈的文人建立社会网络的黄金通道。

王汎森曾在一篇短文《天才为何成群地来？》中谈及19世纪欧洲思想之都维也纳，正是"天才成群地来"的地方。维也纳城大量的咖啡馆成为繁星们的养成之所，体现了一群人如何把一个人的学问及思想境界往上"顶"的实况。当时维也纳的小咖啡馆，点一杯咖啡可以坐一天，甚至信件可以寄到咖啡馆，晚礼服也可以寄放在那里。譬如维也纳的 Cafe Grien-steidl 咖啡馆就有茨威格等大人物常光顾。以此为对照来反观20世纪30年代北平的文艺世界，我们也会有类似的感慨，那个时候的北平能够出现以废名、卞之琳、朱光潜、曹禺、林徽因、萧乾等为代表的群星璀璨的作家群体，也同样跟来今雨轩等类似的文艺空间的存在及其密切的人际互动有关联，这种从同辈人和隔代人吹过来的思想季风和艺术灵气，往往在最大程度地滋生伟大的艺术家，而曾经的来今雨轩就是矗立在历史深处的无言见证。

林徽因与"太太的客厅"

20世纪30年代的北平,林徽因家所在的东城北总布胡同三号是一个富有吸引力的"公共空间",聚集了当时北平一大批对文学、艺术和学术有兴趣的文人、学者,其"太太的客厅"也成为现代文学史和知识人公共生活史的经典记忆,在时人与历史的书写、记忆中洋溢着诙谐、机智、博学与感性的神圣光泽,也灌注着那个时代最高贵的灵魂碰撞出的灵感与情趣。以林徽因的"太太的客厅"为中枢,凝聚着当时最优秀的知识分子,形成了一个独特的交往网络。

在这个"客厅"中出没的既有如金岳霖、钱端升、张熙若、陈岱孙等哲学家、政治学家和经济学家,也有如沈从文这样的主持全国性大报《大公报》文艺副刊的编辑,当然更多的是像萧乾、卞之琳这样的在校大学生慕名而来。不管来访者出身、职业或社会地位呈现出怎样的面貌,只要他们被这个象征着20世纪30年代北平知识界顶峰的"客厅"所接纳,就可以融入一个知识贵族的公共空间。换言之,林徽因的"太太的客厅"不仅仅是一个物理意义上的建筑空间,也是一个社会学意义上的认同和交往空间,更是一个表征着文化权力和象征资本的文化空间。

在"太太的客厅"这个中国式的沙龙中,林徽因是当仁不让的绝对主角,她是沙龙的主持者,也是沙龙的灵魂和倾听者,是这一交往网络的核心。美国汉学家费正清夫人费慰梅这样回忆她的"亲历感受":

> 每个老朋友都记得,徽因是怎样滔滔不绝地垄断了整个谈话。她的健谈是人所共知的,然而使人叹服的是她也同样擅长写作。她的谈话和她的著作一样充满了创造性,话题从诙谐的轶事到敏锐的分析,从明智的忠告到突发的愤怒,从发狂的热情到深刻的蔑视,几乎无所不包。她总是聚会的中心人物,当她侃侃而谈的时候,爱慕者总是为她那天马行空般的灵感中所迸发出的精辟警语而倾倒。

与当时充斥北平、上海的社交明星迥异的是,林徽因主要不是依靠她的美貌吸引众多的来访者,而主要依赖于她的学识、智慧与洞察力建

1938年抗战期间,(左起)周培源、梁思成、陈岱孙、林徽因、金岳霖、吴有训、梁再冰及梁从诫(两小孩)在昆明西山华亭寺

筑了一种明丽而坚实的"精神魅力"。正是这种知性的资质和高雅的交往技巧，使得她能够在国难蜩螗的20世纪30年代于偏处一隅的"私人空间"建构出一个相对超然的"独立领域"，在这里自然有对国家社稷与黎民百姓的人文关怀，更多的却是对纯粹的文学、艺术、学术的探求与对话。早在1920年，林徽因的父亲林长民被迫辞去司法总长职务，以国际联盟中国协会的名义赴欧洲游历，他行前给时年十六岁的中学生林徽因写信说："我此次远游携汝同行。第一要汝多观览诸国事务增长见识。第二要汝近我身边能领悟我的胸次怀抱……第三要汝暂时离去家庭繁琐生活，俾得扩大眼光养成将来改良社会的见解与能力。"事实上，年幼的林徽因确实在欧洲的游历生活中开阔了眼界，锻炼了社交能力，习得了一口标准的英语，为十年之后的"太太的客厅"奠定了基础。

林徽因的女儿梁再冰的回忆大致勾勒了这个交往网络的成员与特性：

> 父亲和母亲都非常喜欢这个房子。他们有很多好朋友，每到周末，许多伯伯和阿姨们来我家聚会，这些伯伯们大都是清华和北大的教授，曾留学欧美，回国后，分别成为自己学科的带头人，各自在不同的学术领域中做着开拓性和奠基性的工作，例如：张奚若和钱端升伯伯在政治学方面，金岳霖伯伯在逻辑学方面，陈岱孙伯伯在经济学方面，周培源伯伯在物理学方面，等等。在他们的朋友中也有文艺界人士，如作家沈从文伯伯等。这些知识分子研究和创作的领域虽不相同，但研究和创作的严肃态度和进取精神相似，爱国精神和民族自豪感也相似，因此彼此之间有很多共同语言。由于各自处于不同的文化领域，涉及的面和层次比较广、深，思想的融会交流有利于共同的视野开阔，真诚的友谊更带来了精神力量。我当时不懂大人们谈话的内容，但可以感受到他们聚会时的友谊和愉快。

不过，即使这样一位现代的知识女性，也时常有家务与兴趣之间的心灵挣扎，她在1936年5月7日写给美国友人的信中如此袒露心声：

> 每当我做些家务活儿时，我总觉得太可惜了，觉得我是在冷落了

一些素昧平生但更有意思、更为重要的人们。于是，我赶快干完手边的活儿，以便去同他们"谈心"。倘若家务活儿老干不完，并且一桩桩地不断添新的，我就会烦躁起来。所以我一向搞不好家务，因为我的心总一半在旁处，并且一路上在咒诅我干着的活儿——然而我又很喜欢干这种家务，有时还干得格外出色。反之，每当我在认真写着点什么或从事这一类工作，同时意识到我在怠慢了家务，我就一点也不感到不安。老实说，我倒挺快活，觉得我很明智，觉得我是在做着一件更有意义的事。只有当孩子们生了病或减轻了体重时，我才难过起来。有时午夜扪心自问，又觉得对他们不公道。

从这封私人书信可见，知识界津津乐道的所谓"太太的客厅"呈现的仅是历史光鲜的一面，在这样被传诵甚至神化的知识界公共生活的高度繁荣背后，是作为公共空间灵魂人物的林徽因内心的苦闷。这种苦闷其实也不仅仅是她个人的苦闷，而是20世纪初年以后在现代高等教育体系里成长起来的知识女性的共通性困境，或许只有那些决绝的革命女性如范元甄等才能摆脱困境，不再需要面对鲁迅所谓娜拉出走的问题，不过却往往为此支付了人性的代价。

鲁迅与黎烈文的一段情谊

1933年1月25日,鲁迅的日记里有着这样的短短一行字:"寄达夫信并小文二。"达夫指鲁迅好友郁达夫,小文即《逃的辩护》(原题为《"逃"的合理化》)和《观斗》,这两篇短文署笔名"何家干",迅速地被发表于当月30日和31日的《申报》副刊"自由谈"上。1927年10月3日,鲁迅就已从广州抵达上海,而《申报》"自由谈"早已存在,鲁迅并未为其撰稿。而从1933年初开始,鲁迅以各种笔名在"自由谈"发表了大量杂文,相继结集出版为《伪自由书》《准风月谈》《花边文学》等书籍。鲁迅在《伪自由书》"前记"的自述里交代了之所以为"自由谈"撰稿的来龙去脉:

> 我到上海以后,日报是看的,却从来没有投过稿,也没有想到过,并且也没有注意过日报的文艺栏,所以也不知道《申报》在什么时候开始有了"自由谈","自由谈"里是怎样的文字。大约是去年的年底罢,偶然遇见郁达夫先生,他告诉我说,"自由谈"的编辑新换了黎烈文先生了,但他才从法国回来,人地生疏,怕一时集不起稿子,要我去投几回稿。我就漫应之曰:那是可以的。

鲁迅并未立即给《申报》写稿,只是经常翻阅"自由谈"。在听闻编者黎烈文为了忙于事务，连他夫人的临产也无暇照顾，而他夫人送到医院后竟然死掉了，他被震动了。其后，鲁迅又在"自由谈"上读到黎以笔名发表的文章《写给一个在另一世界的人》，记述了其对于亡妻的哀念之情。鲁迅深受感动，于是开始给"自由谈"投稿。

1933年2月3日，鲁迅"寄达夫短评二"，8日，"寄达夫短评二则。午后访达夫，未遇。收申报馆稿费十二元"。在这段时间里，鲁迅都是通过郁达夫来联系申报馆和黎烈文。15日，鲁迅"午后送申报馆信"，开始直接与申报馆联络，收到郁达夫的回信。24日上午，鲁迅给编辑黎烈文写信，第二天下午黎烈文就回信了，而鲁迅也是当晚就复信，并附上文稿一篇。在此后的一年多时间内，鲁迅与黎烈文建立了密切的关系，经常通信、互访、赠书、聚餐，鲁迅也成为"自由谈"最有影响力的作者，并向黎烈文推荐了很多文艺青年的稿件，相继推荐了"梵可""克士""诗荃"等人的稿件。

20世纪30年代的上海文艺界，既要面对严厉的书报检查制度，同时又发生着严重的内耗，鲁迅曾用"横站"来描述处境，心境凄凉。他在给好友杨霁云的信中说："叭儿之类，是不足惧的，最可怕的确是口是心非的所谓'战友'，因为防不胜防。例如绍伯之流，我至今还不明白他是什么意思。为了防后方，我就得横站，不能正对敌人，而且瞻前顾后，格外费力。"或许正因为这种"独战的悲哀"，鲁迅很快就将具有革新思想的黎烈文引为同道，这从1933年5月4日一天之内，他就给黎烈文写了两封信，并作文两篇可见一斑。前一封信里，鲁迅认为其为"自由谈"所作短评已经是"避忌已甚"，但有时"如骨鲠在喉，不得不吐，遂亦不免为人所憎"。为了不让编者黎烈文为难，鲁迅决定此后作文"更加婉约其辞，惟文章势必至流于荏弱，而干犯豪贵，虑亦仍所不免"。一方面，鲁迅坚持"与黑暗势力的作战"的不妥协精神，另一方面，鉴于当时的书报检查形势，他又必须注意表达的技巧，藏刚烈辛辣于婉约文辞之中。当晚，鲁迅尝试用另外一种风格写作短评，结果是

"原想嬉皮笑脸,而仍剑拔弩张,倘不洗心,殊难革面,真是呜呼噫嘻,如何是好"。鲁迅之性情内在地决定了其不可能做油腔滑调之文章,而外在的言论环境又逼迫其必须隐藏锋刃,收敛怒火,最后所导致的就是嬉笑怒骂皆成文章的鲁迅式杂文体。

自1933年1月25日首次通过郁达夫与《申报》"自由谈"联系后,一直到编者黎烈文迫于各方面压力而辞职的一年多时间内,鲁迅成为该副刊最勤奋的作者之一,几乎每隔几日,便有稿件寄送给黎烈文,有时一次就是三两篇。如果说此前的鲁迅形象主要是一个小说家的话,那么到了20世纪30年代,晚年的鲁迅给世人的印象更多的是一位以杂文介入政治与公共文化的"斗士"。对于鲁迅的这个转向,学术界有着大相径庭的评价。理解晚年的鲁迅,"自由谈"无疑是一个最恰当的渠道,而理解了鲁迅倾注心血的"自由谈",也就可以从一个侧面来理解20世纪30年代的上海文化界在国难蝎蜳之际的言论与心态。鲁迅在书信里经常性地用"无聊""卖钱"等词语来描述自己所写的杂感文,可以说对于"杂文"之价值与功能存有疑虑,他所心系的仍旧是对于中国文学史做一些研究,或者像早年那样创作小说。

鲁迅在给作家姚克的书信里解释为何不能创作小说:"新作小说则不能,这并非没有工夫,却是没有本领,多年和社会隔绝了,自己不在旋涡的中心,所感觉到的总不免肤泛,写出来也不会好的。"检阅20世纪30年代鲁迅的日记所记录的日常生活,可以发现鲁迅所言非虚,他每天的基本生活模式就是收发书信、购阅书籍、写作短评或文论、编辑、与文化人聚会等,是一种典型的文化人生活,与当时的上海社会乃至整个中国的实际有着一定的隔膜。正因为这个原因,他在给客居上海的青年作家萧军、萧红的书信里劝他们到别处走走:"我到上海后,即做不出小说来,而上海这地方,真也不能叫人和他亲热。我看你们的现在的这种焦躁的心情,不可使它发展起来,最好是常到外面去走走,看看社会上的情形,以及各种人们的脸。"

文化上海的历史记忆

出版家王云五在一篇分析1927年到1936年十年间的中国出版业的文章总结道：

> 最近十年可算是中国出版事业很重要的时期。以出版物的数量论，这十年中的第一年全国新出版物只有1323册，其第十年则进至9438册，约七倍于第一年。中间各年度逐渐增加；只有民国二十一年，因上海遭"一·二八"的事变，而我国出版家十之八九在上海，直接或间接都受其打击，因此这一年的新出版物较以前特别减少；此外总是有增无减。尤其是后五年间新出版物的增加最速，统计前五年全国新出版物共12862册，而后五年的新出版物却有29856册。其一般的原因，固由于教育日益发达，社会日益进步；但出版家的努力出版新书，尤为重大的原因。

20世纪30年代的上海，是形形色色的知识分子通过上述文化出版业重返中心的大舞台。这种重返的努力，更多的是以建构公共空间、发展公共舆论为基础。这种公共空间，主要是以报刊出版业为主体的文化空间，其标志就是集中了上海大部分报社、出版社与书店等文化空间的望平街（亦称为棋盘街或文化街）。亲历其时的朱联保曾如此回忆其间的繁华：

> 30年代是文化街最繁盛的时期，我亲眼看见的书店，在河南中路上，自南而北，店面朝东的，有文瑞楼、著易堂、锦章图书局、校经山房、扫叶山房、广益书局、新亚书店、启新书局、文明书局、商务印书馆、中华书局、会文堂书局等，其店面朝西的，有群益书局、正中书局、审美图书馆、民智书局、龙门联合书局等。

上海不但在出版业方面占据了全国的中心，在报纸、杂志出版方面一样是全国的中心。当时的学者胡道静分析指出上海在杂志出版方面占据全国第一位的原因是：

> 上海坐着第一把交椅，不是近来的事情，好久好久已这样了。因为在全国中它是最拥有多量的印刷工具者，又是对内对外交通最方便的一个口岸，故输入纸张等原料便利低廉，而印成的东西更容易分送到各处去。再有一个历史的原因，就是因为上述两种缘故的绵延，使上海出的杂志都带有普遍性而不是地方性的，于是尊重了上海出版物的地位。

这种技术层面和地理层面的便利，对于上海报刊出版业的发展确实发挥了关键作用。

如果说这仅仅是对1933年的杂志分布的静态分析的话，另外一位作者傅逸生从动态变化的角度，同样地发现了杂志年现象："据人文月刊统计：1932年收到全国杂志为877册。1933年为1274册，1934年为2086册。据个人在各种杂志公司调查之结果，除政府公报外，共为280到300种的数目。这当然是名副其实的杂志年。"当时的一个作者指出了杂志出版繁荣的另外两个缘由，一是因为杂志的定价相对新书便宜许多，更能为一般人尤其是读书人接受。他说："一本十三四万字的书籍定价至少是一元，而包含字数同样多的杂志则仅有三角左右。这种情形在一个经济繁昌的社会里，是允许的，……但在一个经济衰弱，濒于破产的国家，如中国，拿一种纯然以刻苦好学的青年为基本读者的书籍，定价提高至此，实在是出版家自己走入绝路的一种办法。"另外，"杂志年"的出现，在他看来是因为"中国社会是一个复杂的社会，什么系，什么派，说也说不清楚，而系中又有系，派中又有派。这种现象反映到文坛上几乎是两个人就成为一系，三个人就成为一派。而这些又和社会上的各种派系直接间接有关系。于是各人得办一个杂志，发表自己的意见，或者（用一句时髦话），'扩大影响'。甚至还有些'吊儿郎当'的朋友想借办杂志之名而行'卖身'之实。"繁多的派系，都试图开辟自己的舆论空间，扩大自身的社会影响力，这就推动了上海杂志空间的扩展。

20世纪30年代的上海报纸，除了《申报》《新闻报》等几家大报外，还有不计其数、忽生忽灭的小报。小报虽然鱼龙混杂，整体品质不是太高，但却以其发出的各式各样的声音，拓展了上海的公共空间，可以说，没有小报的刺激和挑战，大报也不会有一个健康的报刊环境。曾先后主编《论语》《人间世》和《宇宙风》三份刊物的林语堂认为小报繁荣正说明了大报公信力的衰落："这些小报每三天出版一期，以满足读者对小道消息和幕后消息的需求，它们的存在是因为大报可读性差、品质堕落和强奸民意。这些大报习惯于每天刊登十几万字的东西，读者对这些东西完全不感兴趣，也不能从中了解当天真正重要的政治动态。"小报《上海报》曾发表一篇短文臧否上海六大报：

> 《申报》强头倔脑，宛如一老年绅士，故称申报为绅士化；《新闻报》商情亦比较详细，故皆称之为商人化，《时报》则好登社会新闻及奇特消息，颇如好出风头之小老板，故称时报为小开化；《时事新报》之态度，一如政客之八面玲珑，故时事新报为政客化，《晨报》官气十足，故称晨报为官僚化，《民报》重党方消息，故又称为党人化。……由此以观，上海六大报，各有一化，分而言之，有绅士、商人、小开、政客、官僚、党人，集六化于一寓，代表全国之舆论。

这些即兴的评论虽不完全体现各大报的整体特质，有攻其一点不及其余的随意性,却也是其时读者的一种阅读印象,反映了这些报纸的社会形象。对于小报,虽然在其时上海多有批评,鲁迅就经常在文章里揭露小报的问题,但与此同时,他也热衷阅读、搜求小报上的材料来写作杂文。当时的一个义人曾如此评论上海小报的"舆论功能":"本来小报的笔锋,较之大报有过无不及,大报的评论令人阅之欲呕,新闻,还不是在谁势力范围之下,向谁领巨额的津贴,就作谁的宣传。小报,它的形式虽小,精神倒可取,它能揭发隐秘,毅然地加以攻击,它能效村妇之谩骂,也能作正义的挞伐;反之,也会作要人的起居注,捧捧名伶名妓等等,倒不失为极端写意的报纸。"上海的《礼拜六》主编王钝根在写给《晶报》的改刊赠言里说:"读不公正之大报,毋宁读言论自由之小报,此晶报之读者所以多也。作违心之政治论,毋宁作随意之游戏义,此晶报之投稿者所以多也。"大报因为影响力大,所以成为政党和各派势力力图控制的对象,而大报要生存,也必须与各派政治力量打交道,甚至有些还丧失报格接受津贴,成为某种利益集团的代言人,而小报却像都市里的舆论尖兵,具有匿名性、多样性、混杂性和顽强的再生能力。

上海报刊出版业内部存在竞争性的关系,而对外则承受来自国民党当局的政治压力,它们积极互动,形成了一个贯穿上海大报的"公共空间"。据徐铸成回忆:"上海各大报有一个同业组织——报业公会,每两周举行一次'星五聚餐',联欢联欢。乘便交换一些有关发行、广告价目以及对新闻检查的态度等问题。史咏庚(史量才的儿子,史被暗杀后,承接申报馆。——引者注)只到过一次,只是个二十几岁的青年。经常代表《申报》参加的是马荫良、冯柳堂、胡仲持三位。《新闻报》则以汪伯奇的兄弟仲苇(协理)参加的次数为多,编辑部则有严独鹤。《大公报》的张季鸾(其时《大公报》已创办上海版。——引者注)、胡政之也难得赴宴,经常参加的是李子宽(沪馆副经理)和我。其他,有《申报》的王季鲁,《时事新报》的项远村,《民报》的管易安、袁业裕,《立报》的成舍我、严谔声和萨空了。每次两席或三席,地点借九江路绸业大楼。"这种被隐埋在历史中的细节,或许可以解释民国上海除了是一个消费主义的大都市之外,为何在文化生产和传播方面能够在全国独占鳌头吧。如今重温这段几乎被遗忘的历史,对于当今上海的文化发展或许不无借鉴意义。

第六辑 书话

徜徉中的晚清知识人

记得在一次关于晚清知识人的讨论课上，曾与研究晚清士大夫史的易惠莉教授争论过如何评价历史人物。易教授认为，20世纪中国历史的回环往复，与晚清知识人自身的道德亏损是脱离不了干系的，她主张通过历史的检读与史料的爬梳，来追究知识人的道德责任。当时，她就谈及曾国藩，认为曾国藩在某种意义上是一个"伪君子"，连家书都是有备份的，一份示公众，一份给亲人，王韬也被她指责道德上不够真诚，言行分裂。当时自己年轻气盛，仅仅秉持所谓对于历史人物要有"同情之理解"的立场，而深深不满于这种对历史人物的"求全责备"，主张对于历史的复杂与人性的幽暗都要有充分的了解。当时自己虽言之凿凿，其实是剥离了实相的皮相之谈，因为缺乏历史研究的根基。

诚然，历史研究逃脱不了道德裁断，但历史研究不能仅止于道德判断，否则历史就成了伦理学的婢女了。读杨国强先生的《义理与事功之间的徜徉：曾国藩、李鸿章及其时代》，可以感受到历史分析与道德裁断熔为一炉的切肤之痛。杨先生虽曾戏言他的历史研究是"史无定法"，不拘一格，但仍然可以管窥其继承乃师陈旭麓先生的治史路向，史料引用要言不烦，不以旁征博引炫技，理路分析烛幽洞微，不以笔走偏锋耸人耳目。这本著作主要是对曾国藩与李鸿章的分析,旁及晚清的军功官僚以及社会变迁。

在杨先生的笔下,曾、李既非同治中兴的道德楷模,也非荼毒生灵的恶魔,而是有着特定时代的困境意识的晚清士大夫。这种困境首先就表现在晚清从鸦片战争以来的历史变局,远远超出当时士大夫的历史经验,而此前的中国士大夫,都是依托于固有经验来应对社会困境的。曾国藩窥测到洋人器物之厉害,试图在一种中体西用的架构之中引入西洋物事图谋国运,结果导致"一个以捍卫传统起家的人却变成了否定传统的历史中介"。不同于其他多数湘军名将,曾国藩以儒士领导湘军,所依托的是反复向军士灌输传统的忠孝伦理,其《讨粤匪檄》更是将敉平太平天国的保卫清廷之战,阐释成捍卫人伦典则等儒家名教的"卫道圣战",可也就是这样一个满纸仁义智信,满嘴道德文章的曾国藩,咸丰十一年,在湘军攻破安庆屠戮太平天国守城者后,他致书其弟告以"城贼诛戮殆尽,并无一名漏网,差快人心"。在杨先生看来,曾的言辞流露了一种恻隐之心为"抱道"之志消泯殆尽的忍刻,而这种忍刻"不仅反映了王权对于造反者的不宽容,而且反映了'名教'对于'窃外夷之绪'者的不宽容。在曾国藩身上,'壹意残忍'是'见危授命'的另一种表现,两者合成'侠动'。以见其置身于'骨岳血渊'之中而以舍我其谁为志的精神"。一旦独占义理,且自以为是,那么屠戮众生就具有了充足的"正当性"而毫无愧疚了。

相对于曾国藩立功、立德、立言三者的近乎完美,李鸿章在晚清的世局之中就没有这样的好运了。虽然他一生致力于洋务,用心于国家富强,但在秉持儒家义理的清议之中,李始终不脱一个委琐形象,用"君子喻于义,小人喻于利"来分类的话,曾在晚清语境里是君子,而李却成了小人。但事实上,李鸿章却并非全然在道德上无所建树,甲午海战之后,在昔日言者滔滔,如今都"相对默默"的情景之中,是李鸿章白发远行奔赴日本签订必将招致詈骂的《马关条约》。而在戊戌变法失败后，由慈禧任命"奉懿旨捕康梁"的李鸿章却一次次地向这些海外政治流亡者送去"惓惓之意"。梁启超在此时写给他的一封信中说："去国以来，曾承伊藤后及天津日本领事郑君、东亚同文会井深君，三次面述我公慰问之言，并教以精研西学，历练才干，以待他日效力国事，不必因现时境遇，遽灰初心等语，私心感激，诚不可任。"即使李鸿章这样一个在晚清清议之中如此不堪的人物，仍然难掩其晚年的谔谔之气。

　　义理与事功之间的徊徨，深刻地反映了晚清士大夫的精神挣扎。清议秉持义理，义理牵连历史的经验，然而这种经验在应对现实的困局时却捉襟见肘，洋务醉心事功，事功注目于国家富强，这种富强却容易导向"因国家的至上化而造成的民生的边缘化"，从而造成麻木不仁的富强，这种结局自然会导致以苍生意识和民本意识为依归的士大夫一种深深的认同困境，而回应西方力量的冲击，却又似乎不得不走上这条与传统迥异的不归路，这自然导致了士人的心灵嬗蜕与精神杌陧。杨先生的文章形近神似地展现了这最后一代士大夫的心灵史，让我们读史时掩卷而叹息不已。

　　《义理与事功之间的徊徨：曾国藩、李鸿章及其时代》，杨国强著，生活·读书·新知三联书店，2008年。

晚年胡适的知人论世

《论语》里说做人的化境是：质胜文则野，文胜质则史。文质彬彬，然后君子。读《胡适之先生晚年谈话录》最直接的印象，就是胡适毕竟是一个君子。作为晚年胡适生活中最亲近的后学，胡颂平在他编著的《胡适之晚年谈话录》中多次谈到，读《论语》等古代典籍所意会到的学人气象，在他接触的胡适身上时有流露。尽管胡适经常被左翼文人讥讽为"正人君子"或"胡适之博士"之流，但不容否认的是胡适无论在为人为学方面所体现的"不苟且"的态度和中正平和的精神，是最符合中国传统文化定义的君子标准的。

但胡适在继承传统这种气象的同时又超越了传统，这体现在他知人论世毫不含糊的议论中，俗世理解的中庸苟且的为人处世哲学为他所不齿。《胡适之晚年谈话录》无疑为文化史、学术史提供了重要史料，或许正因为是"晚年"，而且又是"谈话录"，才别具价值。中国人向来认为人到了一定年龄就"从心所欲而不逾矩"，谈话不像口述那么正规，所以这种随意的方式处处将胡适的真性情"口述实录而立此存照"，一个真实的日常生活化的胡适就这样慢慢走近读者。

胡适在谈话中臧否了很多我们耳熟能详的民国学人。这些在书中俯拾皆是的回忆或描摹都是从一些细节出发的，也许正因为情景的刺激，而让述说者记忆深切。例如在1960年6月2日的谈话中，胡适说："郭沫若这个人反复善变，我是一向不佩服的。大概在十八九年之间，我从北平回到上海，徐志摩请我吃饭，还请郭沫若作陪。吃饭的中间，徐志摩说：'沫若，你的那篇文章（是谈古代思想问题，题目忘了），胡先生很赏识。'郭沫若听到我赏识他的一篇文章，他跑到上座来，抱住我，在我的脸上吻了一下。我恭维了他一句，他就跳起来了。"王国维的死因为陈寅恪为之撰写的碑铭文，而成为一个清末民初的文化事件，陈认为"先生以一死见其独立自由之意志，非所论于一人之恩怨，一姓之兴亡"。而在1961年9月20日的谈话中，胡适解释胡颂平关于梁启超五十多岁的时候心境为何如此苍老的疑问时说："那时他很怕，他曾计划出逃。他的门生故旧多少人，他是可以不怕的。王国维的死，是看了任公（指梁启超）的惊惶才自杀的。王国维以为任公可以逃得了；而他没有这么多的门生故旧，逃哪里去呢，所以自杀了。任公先生就因心里害怕的关系，又因身体不好，心境就不同了。"这与陈寅恪的解释大相径庭，似乎也有几分道理。

　　胡适爱才惜才是出了名的。到了晚年，他还为张荫麟惋惜："张荫麟以前的文章都发表于《学衡》上。《学衡》是吴宓这班人办的，是一个反对我的刊物。我想把他的文章作一个发表时间先后的表来看——大概他在清华时已经露头角了。人是聪明的，他与他们那一班人相处，并没有成熟。"众所周知，胡适对吴宓的评价是很低的，他曾在《大公报》解除吴文学副刊编辑职务时在日记中这样写道："今天听说，《大公报》已把'文学副刊'停办了。此前是吴宓所主持，办了312期。此是'学衡'一班人的余孽，其实不成个东西。甚至于登载吴宓自己的烂诗，叫人作恶心！"晚年胡适似乎仍旧在为张荫麟被吴宓等所耽误而叹惜。对于其民国同代人中的同事、朋友、学生在1949年后大陆的处境，胡适更是有着深切的同情和悲哀。1961年4月30日的谈话中，胡适说："在天主教办的一个刊物上,知道冯友兰在那边认过130次的错,自己承认是无可救药的资产阶级。他本来是个会打算的人,在北平买了不少的房地产。1950年在檀香山买了三个很大的冰箱带回去,冰箱里都装满东西,装到大陆去做买卖,预备大赚一笔的。他平日留起长胡子,也是不肯花剃胡子的钱。此外,现在'三反''五反'之后的钱端升、朱光潜、沈从文、华罗庚等人,听说过得非常地苦。"

聂华苓在自传性回忆录《三生三世》讲述雷震与《自由中国》停刊事件的时候,对于胡适似乎颇有微词,尤其是对于胡适一直没有去监狱探视雷震耿耿于怀。从胡适晚年谈话中可以发现,胡适并没有因为查封事件而与《自由中国》人员断绝往来以明哲保身,反而是"顶风作案",对受牵连的人员施以援手。1961年1月12日,胡适将胡颂平叫到书房,指着书桌上的一张写着三个人名的纸说:"这三个人都是《自由中国》半月刊里的人。现在《自由中国》决定停办了,这三个人都要另外安排一个工作,他们公开地跟王云五、陈雪屏说明了。其中一个金承艺想到台大法学院去教书,听说一时还没有成功。他是北大的学生,我帮了他的忙才出来的。我想请他到此地来。"

晚年胡适在台湾也经常遭遇一些批评,比如有人在文章中这样写道:"胡适先生不是单纯个人,他是一大学派之老领袖。又是'中央研究院'院长,门生、故吏、新吏极多。如是成为偶像,而此种偶像极盛,乃以前大陆上胡先生所不曾享有的,因地盘狭小得到了台湾了,如是便成一种有形的或无形的压力,曰,非胡先生之道不为道,非胡先生之学不为学,非胡先生之方法不为方法。"胡适对于这种批评也仅仅说了句"批评也有批评的风度,但不能轻薄"。胡适晚年曾提出"容忍比自由更重要"的观点,因此在对待批评时总不乏一种平和理性的风度,他不是鲁迅那种以眼还眼、以牙还牙式的一个都不宽恕的"直道",他走的是恕道,因此他才会说:"有些人真聪明,可惜把聪明用得不得当,他们能够记得二三十年前朋友谈天的一句话,或是某人骂某人的一句话。我总觉得他们的聪明是太无聊了。人家骂我的话，我统统都记不起了，并且要把它忘记得更快更好！"

而在批评胡适的阵营中也不乏"前恭后倨"的例子。1962年胡适逝世前夕，曾隐讳地批评了某某"这个人有自卑感，又有优越感。有自卑感的人一定也有优越感，喜欢摆臭架子"。胡颂平在这一天的"谈话录"后加了两则史料，用以指出批评者的"知行分裂"。一则是徐复观在《民主评论》上批评胡适的一个演讲的选段："胡博士担任'中央研究院'院长，是中国人的耻辱，是东方人的耻辱。我之所以如此说，并不是因为他不懂文学，不懂史学，不懂哲学，不懂中国的，更不懂西方的，不懂过去的，更不懂现代的。而是因为他过了七十之年，感到对人类任何学问都沾不到边，于是由过分的自卑心理，发而为狂悖的言论，想用诬蔑中国文化、东方文化的方法，以掩饰自己的无知，向西方人卖俏，因为得点残羹冷炙，来维持早经摔到厕所里去了的招牌，这未免太脸厚心黑了。"同样的一个徐复观，在1958年4月22日给胡适的信中这样写道："五四运动之伟大历史贡献，将永垂不朽。然四十年之岁月，不仅先生个人之学养，与日俱深；即国人对于对世界文化之感染，亦未尝无若干进步。先生在学术上所以领导群伦者，不仅为个人在学术上之成就，而尤为知识分子精神上之象征。凡偶有文化之争，先生不必居于两造者之一方，而实为两造所共同期待之评判者。五四时代之文化斗士，必须化为今日流亡时代之文化保姆。"要求一个人完全知行合一或者人如其文确实有点困难，孔子也强调听其言，还要观其行。但在如此短暂时间内呈现两副面孔，而且又出现在一个新儒家的代表人物身上，就令人匪夷所思了。

《胡适之先生晚年谈话录》还不仅仅是简单地褒贬人物，其中很多章节涉及胡适作为一个学人对"道问学"的体悟，从这些谈话可以发现，胡适的那种学术上孜孜以求的考据精神，对所有似是而非的文字从来不轻轻放过，而是咬住青山不放松。日常生活中处处都有"学问"，胡适与胡颂平之间的一答一问，似乎让我们体验到传统教育方式的回归。用《中庸》里的"博学之、审问之、慎思之、明辨之、笃行之"来描述胡适作为一个学者的形象似乎恰如其分。胡适一如早年，在谈话中反复强调学者为文、治学都应该有的基本态度。在1960年12月23日的谈话中，胡适说："无论诗或文，第一要做通。所谓通，就是通达。我的意思能够通达到你，你的意思能够通达到我，这才叫作通。我一向主张先要做到明白清楚。你能做到明白清楚之后，你的意思才能通达到别人。第二叫力量。你能把你的意思通达到别人，别人受了你的感动，这才叫力量。诗文能够发生力量，就是到了最高的境界，这个叫作美。"学界不乏一些新秀批评胡适思想的"肤浅"，例如上述所引确实是胡适的大白话，而且胡适写文章也正是这种表述方式。可看看今天知识界的文章，又有几人达到了这种清楚明白的白话文境界。胡适说的是为文的常识，文章本来就应该是用来沟通和对话的，除非是完全独白式的私人写作，胡适的标准在今天仍有其价值。

对于治学，胡适强调要诚实、刻苦，有一分证据说一分话，这种"少谈些主义、多研究问题"的实验主义态度对于治疗当今学界的"空疏"，也不无现实意义。中国不乏聪明绝顶之人，可往往就像《伤仲永》里的那个早慧的人一样，不肯下狠工夫，而为俗世的恭维和己身的自得所耽搁，最后无所成就。胡适通论古今，用了很多例子来说明这个"常识"："凡是有大成功的人，都是有绝顶聪明而肯做笨工夫的人，才有大成就。不但中国如此，西方也是如此。像孔子，他说'吾尝终日不食，终夜不寝，以思，无益，不如学也'，这是孔子做学问的工夫。孟子就差了。汉代的郑康成的大成就，完全是做的笨工夫。宋朝的朱夫子，他是一个绝顶聪明的人，他十五六岁时就研究禅学，中年以后才改邪归正。他说的'宁详毋略，宁近毋远，宁下毋高，宁拙毋巧'十六个字，我时常写给人家的。"谈起王国维，胡适也是这种看法：他"也是一个聪明绝顶的人。他少年时用德国叔本华的哲学来解释《红楼梦》，他后来的成就，完全是罗振玉给他训练成功的，当然要靠他自己的天分和努力"。

台湾学界在今天能够成为华语学界治学之翘楚，与当年像胡适这样的大陆过去的学者筚路蓝缕之功不无关系。尤其是在当年党治的氛围中，如何挣扎出学术自由的一条窄路，保卫学术研究相对的自由和自主，确乎是攸关民国学脉存亡绝续的大事体。身为台湾学术界之堡垒的"中央研究院"院长的胡适自然是当仁不让，要扮演"过河卒子"的角色。在1961年12月28日的谈话中，针对其时诸多批评"中央研究院"近史所不研究民国史和"匪情"的言论，胡适说："民国以来的主要两个人，一位是孙中山先生，他的史料都在国史馆里；还有一位是蒋介石先生，他的史料谁能看得到？说到研究'匪情'，资料在哪里？此间连大陆上出版的书籍都不许进口，叫人怎样去研究？譬如'五四运动'，我是其中有关的一个人，但此间人家写的五四运动的文章，我连看都不要看，他们只有党派的立场，决没有客观的判断。"

为人、为学，包括短暂的"为政"，胡适始终坚持一个"不苟且"的较真态度，这种态度一以贯之在他的人生历程中。也许从他1933年发表在《独立评论》上的这段话可以窥知胡适的真性情和真关怀："政论是为社会国家设想，立一说或建一议都关系到几千万或几万万人的幸福与痛苦。一言或可以兴邦，一言也可以丧邦。所以作政论的人更应该处处存哀矜、敬慎的态度，更应该在立说之前先想象一切可能的后果，——必须自己的理智认清了责任而自信负得起这种责任，然后可以出之于口，笔之于书，成为'无所苟'的政论。"胡适的一生基本上都遵循着这个准则，《胡适之先生晚年谈话录》充分地印证了这一点，从这个意义上来说，他是民国学人中知行合一的表率。

《胡适之先生晚年谈话录》，胡颂平编著，
中信出版社，2014年。

把名字写在水上的何兆武

英国诗人济慈的墓志铭是：Here lies one whose name was written in water.（这里躺着一个人，他的名字写在水上。）何兆武先生的口述史《上学记》反复强调自己的一生碌碌无为，不过是把名字写在水上而已，瞬间消逝得无踪无迹。何先生淡泊功利、任意天性的性情浓缩在这句引用的诗词中，而正是这种超然与淡定让年逾八十的何先生获得了一种"随心所欲而不逾矩"的自由。这份自由让几乎见证了整个中国20世纪历史的他在追忆过去的时候，充分地保持了一个历史学家的本真与哲学家的睿智。可以说，《上学记》是上个世纪前半叶中国历史的一帧剪影，可其中又缠绕着口述者对后半叶历史的深切反思。

最吸引读者的自然是何先生对他亲身经历的七年西南联大读书生活的追忆。何先生详尽地讲述了那个时代的学生生活，也描述了他所见闻过的名师的细节。何先生的语调是从容的，可是却在从容里捍卫着一个知识分子不为尊者讳的立场与尊严。比如，他在记述梅贻琦和吴晗的时候说道："大凡在危急的情况下，很能看出一个人的修养。比如梅校长（指梅贻琦），那时候五十好几了，可是极有绅士风度，平时总穿得很整齐，永远拿一把张伯伦式的弯把雨伞，走起路来非常稳重，甚至于跑警报的时候，周围人群乱哄哄，他还是不失仪容，安步当车慢慢地走，同时疏导学生。可是吴晗不这样，有一次拉紧急警报，我看见他连滚带爬地在山坡上跑，一副惊惶失措的样子，面色都变了，让我觉得太有失一个学者的风度。"类似的细节记忆与评论在书中比比皆是，何先生娓娓道来，学者闻一多、张熙若、刘文典、冯友兰、沈从文等的性格被刻画得惟妙惟肖，简直得司马迁追述历史臧否人物之史家传统的精髓。有些话说得力透纸背，例如他对哲学史家冯友兰的评价："我以为，冯先生的检讨是他平生著作里最值得保存的一部分，因为它代表了那一代中国知识分子自我反省的心路历程，有极大的历史意义，可以算是20世纪下半叶中国知识分子的一种非常典型的思想状态的结晶。"

《上学记》主要是对学生生活的回忆，这些珍贵的史料展示了民国时期的教育图景。简单来说，民国时期的很多高校享有充分的学术自由，学生也享有极大的选择自由。学生可以自由地选课，甚至选择教师。教授们也在极力抵制"党化教育"对自由教育的侵蚀，为学生创造了良好的学习环境。八年抗战时期的西南联大的办学条件是非常粗陋的，而且师生经常面临生命之虞，还经受着生存的物质压力。可是，就是这样一种环境下的西南联大，却创造了中国现代教育史的奇迹，培养了大批世界级的学者和科学家。何先生这样归结创造这种奇迹的原因："我以为，一个所谓好的体制应该是最大限度地允许人的自由。没有求知的自由，没有思想的自由，没有个性的发展，就没有个人的创造力，而个人的独创能力实际上才是真正的第一生产力。如果大家都只会念经、背经，开口都说一样的话，那是不可能出任何成果的。"这真是知人论世的良言，内中包含了如许20世纪的正反经验与教训！

这种自由是体现在当时的西南联大的各个方面的，既包括教师讲课的自由、学生生活的自由选择权利，如在宿舍任意臧否教师和所谓党国领袖的自由、自由地去茶馆吹牛、到校外中学与教授同样地兼职等等，也包括学校管理制度的"自由色彩"。何先生讲的几个事例都很典型。一个是他对建国前后图书馆的体验。当他还是西南联大的一个学生的时候，就可以自由地进入图书馆的书库，随便选取需要的书籍。1949年后在历史研究所做了30年的研究员，却必须填条给图书管理员去拿。五十多岁的何先生有一次为查证一则史料好不容易进入了书库，却被管理员拿着手电筒"紧盯在屁股后面，似乎唯恐我在里面偷书，或搞破坏"。这种不信任感、不把人当人的管理制度又怎能为学术的自由创造提供条件？何先生一针见血地批评（这种批评让我们这些备受图书馆折磨的学生感同身受和痛快淋漓）："图书馆是为传播知识设立的，着眼点不应当是建多少高楼、收藏多少图书，而应当是怎么才能让这些书流通，最大限度地发挥作用。如果这一点不考虑的话，图书馆变成了藏珍楼，唯恐被人家摸坏了，这就失掉了它最初的意义了。"而他所追忆的汪曾祺更是那个时代学生个性化的缩影，"他和我同级，年纪差不多，都十八九岁，只能算是小青年，可那时候他头发留得很长，穿一件破的蓝布长衫，扣子只扣两个，趿拉着一双布鞋不提后跟，经常说笑话，还抽烟，很颓废的那种样子，完全是中国旧知识分子的派头"。杨振宁当时是物理系高一级的大才子。一次何兆武先生邂逅了他与另一才子学生黄昆。偶然听见黄昆问杨有没有读过爱因斯坦最近发表的一篇论文。杨说看过了。黄昆问他感觉如何。没想到杨振宁把手一摆，很不屑地说道："毫无originality（创新），是老糊涂了吧。"其时学生之个性可见一斑。

翻译过帕斯卡尔的《思想录》的何先生一定是窥知了生命的奥秘，可他却没有陷溺在类似宗教情绪的固执里，而是在中西会通之后的自由境况里为自我的意义寻找到恰切的坐标。这个坐标的横轴我们可以归纳为对自由意识的认同和追求。推崇陶渊明《五柳先生传》的何先生认可的是"好读书，不求甚解。每有会意，便欣然忘食"的读书境界。他在接受访谈的时候这样总结其读书心得："读书不一定非要有个目的，而且最好是没有任何目的，读书本身就是目的。读书本身带来内心的满足,好比一次精神上的漫游,在别人看来,游山玩水跑了一天,什么价值都没有,但对我来说,过程本身就是最大的价值,那是不能用功利标准来衡量的。"这个坐标体系的纵轴就是对真实的捍卫,尊重历史,尊重常识。他对关于西南联大的研究现状就进行了尖锐的批评,认为要么过分强调政治斗争(即突出中国共产党在学生运动中的组织作用),要么尽量淡化政治斗争的史观都是违背历史真相的。即使对于现在的北大的某些倾向,何先生也有类似的批评:"北大百年校庆的纪念文字中,绝口不提历次'运动',竟仿佛几十年来北大从不曾经历任何运动似的,这恐怕也有悖于科学精神。所以我觉得还是实事求是,既不要夸大政治,也不要过分淡化,两个偏向都不好。"追求自由却拒绝虚无,捍卫真实却并不偏执,追忆过去并不造神和美化,反思现实又烙印着历史的启示,何先生的为人、为学都堪称20世纪中国知识分子的楷模。

《上学记》,何兆武口述、文婧执笔,生活·读书·新知三联书店,2013年。

学人本色许倬云

《许倬云谈话录》是一本堪与何兆武先生的口述史《上学记》媲美的"枕边读物",文字清新自然,而睿识洞见,俯拾皆是。历史学家许先生在谈话中说,他因为身体之特殊情态,而只能做一名生活的旁观者,而历史研究者正可谓旁观者的角色。这只是许先生生命世界之一部,通观这册谈话录,可以发现,许先生绝不是一个生活的旁观者,反而是一个公共生活的积极介入者,这既包括对学术性公共生活的参与和推动,比如对中国各地区高等研究院之创设的推动,对成立"蒋经国基金会"的参与等,也包括对政治性公共生活的自觉投入。

这种介入,与许先生对于学者之社会定位的理解有莫大关系。他在批评今日美国的知识界时指出,"现在美国没有知识分子,只有专家。本来享受了比别人更多的优待,就有责任付出更多,可是这批人没有自觉的责任感,也没有自觉的意识。没有知识分子就没有批判,批判与创造是两条腿,有一批人创造,有一批人批判。没有批判,这个社会就静止了。所以,知识分子要有自觉。不自觉,他就以专门的学问去换功名利禄。"而在许先生看来,知识分子的社会批判绝不仅仅意味着公共舆论之参与,同时也意味着社会运动之介入以及公民生活之推动。许先生在芝加哥大学求学时期的政治实践,更是强化了其对知识人之社会角色的认同。据他所述,当时的芝加哥(20世纪50年代末期)是自由教会的温床,时时刻刻有一批年轻的理想牧师,从本来的教会里背叛出来,要自由,要民主,要个人。行动不便的许先生开一个小电车,与神学院学生一起去火车站接南方黑人,告诉黑人他的权利在哪里。选举的时候,他跟当地学生一起去监督投票的情况,到黑人社区解释他们的权利。而与他的留学生活形成对照的是哈佛大学等名校的华裔学生,因为共同的文化、语言、种族而聚集在一起,很少与其他种族互动,常驻在燕京学社的图书馆,成为纯粹的学人。许先生觉得这种学生生活不免乏味。从许先生一生卓然有成的学术成就来看,学者对于政治的关切与介入,并不必然意味着会构成对于学术生命的窒碍,反而有时候会给予学者以充沛昂然之生命精神,这种生命精神恰恰是学术创造者所必不可少的要素。

许先生少时亲历了战乱时期的中国,尤其是目睹了日本军队在中国的残虐行径,他自然生发了强烈的民族主义情绪,并且与其青少年时期的同学一样有着"左倾"倾向。他在回答访问者李怀宇关于民族主义与爱国主义的问题时说:"我们这一代在战争中长大,看见过日本人打中国人种种的事情,我们看见战争里产生许多的灾害、许多的悲剧,惊心动魄,刻骨铭心。"因而都会或多或少有一份民族主义情怀。但随着许先生生活阅历的增加,以及知识见识的拓宽,尤其是因为他所从事的恰恰是一种世界史范围内的比较文化研究,他逐渐意识到民族主义情绪虽自然,却必须控制在一定程度之内,否则便可能导致一叶障目的盲视和短视。比如他所叙述的与宗教社会学家杨庆堃的故事就说明了这一点。杨认为新中国的建设非常好,许不赞同,与其辩论了四个小时,本来亲密的友情大受伤害。后来的社会变化使杨的心灵受到打击,他整个人垮下来了,健康状况直线下降,精神也受到伤害,他最后对许先生说:"倬云,你是对的。"许先生纵览、思索20世纪以国家名义而炮制的种种罪恶，形成了其核心的价值观："我到五十岁才拿自己的爱国思想摆在一边，我觉得不能盲目地爱国，我发愿关怀全世界的人类跟个别人的尊严。只有人类社会全体和个别的个人，具有真实的存在意义，国和族，及各种共同体，都是经常变动的，不是真实的存在。到五十岁我才理解，我在抗战期间被日本人打出来的爱国思想，固然是不容怀疑的情绪，但是到五十岁以后，我理解到人间多少罪恶是以国家之名在进行。"这段话，平实真诚，有着历史学家的良知与体温，让我突然就想起了海子的诗歌里写到的一句话："陌生人，我也为你祝福，愿你有一个灿烂的前程，愿你有情人终成眷属，愿你在尘世获得幸福。"看来，在最高的层面上，历史学家与诗人都是人类主义者（并非人类中心主义）和永恒价值的坚守者，横竖是水，可以相通，他们都是能够让我们穿透意识形态的重重迷雾，而窥知历史与人性真相，进而呵护生命之尊严与自由的人。

《许倬云谈话录》的价值绝不仅仅在于上述挂一漏万的思想层面，在我看来，这本率性而谈的口述史，也是一本难得的史料书，可以从中采择到教育史、社会史、学术史、海外华人史等珍贵的史料。比如许先生所详细描述的民国时期无锡的辅仁中学的学制、课程和教师状况，提供了非常翔实的民国时期教会学校史资料。而其描述的无锡社会网络，包括文会、茶馆、公园等当地士绅交往的公共空间，以及无锡商会组织之状况，都是难得的民国江南社会史之"实录"。许先生对于台湾学术界、美国华裔学术界非常熟悉，他所提及、臧否的学者涵盖面非常之广，而且评论大体上客观公允，对于我们了解两地的学术脉络与学人群体亦有极大帮助。

学人本色的许先生最核心的关切还是在学术上，尤其是学术界的整体生态和学术环境等议题。他对于大陆学术界和政府的建议实在是有如晨钟暮鼓一样发人深省："今天学术界非常显著地崇洋媚外，也非常显著地抱残守缺，这两者是相配而行的。抱残守缺又不能见全貌，所以崇洋媚外，取外面东西来填补，没有自发的精神，有聪明才智但是不敢放，不敢用自己的聪明才智来解决自己的精神困扰和饥渴，这是值得担忧的事情。所以，假如改革开放真有大义而为的政府，一定要在这个时候放开人的思想，一定要放松资源鼓动民间的财富，也释放若干的资源，鼓励在学术界、文化界做寻找价值、重建价值的工作。"许先生言辞虽严厉，而正可见其对大陆学界期待之深，这种期许甚至在某种程度上导致其对台湾学术界的"偏见"。他在访谈中居然会认为："坦白讲，台湾今天的学术环境比大陆还坏，因为台湾除了常见的官僚主义之外，还受累于'校园民主'。每一个人都独立自主，每一个人都有否决权，校园民主使得集体合作变得非常困难。"这让对于台湾学术界高山仰止的我辈大跌眼镜，我们所念兹在兹的校园民主，居然成为了学术的障碍。即此可见，许先生对于大陆的一些集体攻关的重大课题的真相还相当隔膜。瑕不掩瑜，整体而言，许先生对于学术界的批评是值得国内学者共同反思的。

读此书，一个最大的感慨是，生不逢时的许先生，又遭遇先天的身体残缺，却时时抱持着苟日新、又日新的儒家精神，勇武精进，毫不松懈，且一生都乐观豁达，从无怨天尤人之语，反而时时持感恩之心，这种心态和精神，是不可轻忽、值得细味的学人气象。

《许倬云谈话录》，许倬云口述、李怀宇撰写，广西师范大学出版社，2010年。

从日常生活中拯救知识人的历史

余英时先生在《士与中国文化》新版序提到一个颇堪玩味的细节，他读了一篇谈"分子"的文章后很认同该文作者的判断：把"人"变成"分子"会有意想不到的灾难性的后果。此后余先生就极力避免"知识分子"，而一律改用"知识人"，以恢复"intellectual"的"人"的尊严。余先生这种措辞的敏感可见他对"知识分子"一词蕴含的"政治性"的体验，"知识分子"将一个个鲜活的人化约成无个性的、阶级色彩浓郁的"分子"，就会无形中把这群读书人的斑斓之情趣、性情从具体的历史情境里"淘洗"掉了，最后经过层层筛选只剩下作为"意识形态符号"的"知识分子"，而"知识人"的面貌则奇怪地隐身甚至缺席了。

在这个意义上，马嘶的著作《百年冷暖：20世纪中国知识分子生活状况》功莫大焉。既往的知识分子研究要么从其思想史的内在理路切入，烛幽显微以考察知识分子的观念变迁；要么从作为个人或群体的心态史研究出发，考究知识分子在特定的历史时期隐秘的心路历程或历史选择。无论是前者还是后者，知识分子呈现的形态都是科塞所谓的"理念人"，似乎知识分子必须被归置到政治的场域才可以得到切实的体认。马嘶却独辟蹊径，避开了政治向度的"宏大叙事"，刻意地消解了诸知识分子与政治的关系这种沉重的"形而上"命题，从知识分子的日常生活入手，"形而下"地爬梳20世纪中国知识分子的衣食住行，通过这些为常人所忽略的细节来观察知识分子这个群体的独特性。古语云：道在屎溺中。现代知识分子也概莫能外，他们也是人，也有七情六欲与悲欢离合，日常生活所透露的气息、浓度与精神气质，往往潜在地规约了知识分子的历史性格与政治选择。

在马嘶的叙述中，20世纪中国知识分子的生存具体化了，其纷繁复杂的面相在不同的历史时空具体地展现出来，柴米油盐或衣食住行等"存在性的烦恼"如此真切地通过史料浮现，知识分子不再仅仅是整日为国家民族或自由民主鼓与呼的脸谱化的"观念人"，而成为与我们一样切实地生活在这片土地上的"凡人"。例如，1919年鲁迅在北京购买八道湾住宅时的讨价还价，四处举债，精打细算；1934年萧军、萧红迁徙到上海后举目无亲，租住在一个杂货店二楼的亭子间里，为了萧军修改《八月的乡村》，萧红把唯一的一件毛衣送进当铺，当了七角钱，用来买抄稿的复写纸。至于知识分子在"文革"中的"牛棚生活"，马嘶借助当事人的回忆更是勾勒出真实的景象，如刘白羽打扫卫生、冰心清洗厕所等情景。

与此同时，知识分子作为一个知识阶层特殊的性情与情趣也在书中俯拾皆是。这在1949年前的知识分子的历史中体现得尤为明显。例如清末民初大儒王国维三番五次先后拒绝北京大学、清华大学敦请其做教授，到了1925年2月，清华创办了国学研究院，胡适去请王国维任导师，王又坚拒，胡适便又托废帝溥仪代为劝驾，溥仪下了一道诏书，王国维这才答应去清华。两年之后，王国维还是忧虑时变，在颐和园鱼藻轩附近投湖自尽，留下"五十之年，只欠一死。经此事变，义无再辱"的遗言。这还是个别的死亡事件，到了"文革"期间，知识分子的自尽成了集体性的行为，他们在"阶级斗争"的摧枯拉朽式的暴风骤雨中为了捍卫"人"的尊严"义无再辱"。与这条死亡和流亡相交织的另外一条线索就是知识分子的情趣日益"窄化"。民国时代的知识分子学问与生活是相得益彰的,情趣化的生活方式使其著述充满灵性和生趣,他们听京戏、访票友、往返琉璃厂搜购古籍、下馆子闲谈、组织沙龙与读诗会、下棋打桥牌等等不一而足,更有怪癖者如哲学家金岳霖不仅仅是美食家,还是养大公鸡、养蛐蛐儿的超级"玩主"。可是到了1949年后,知识分子的私人生活也随着阶级斗争这根越绷越紧的弦而慢慢"政治化"了,以前的生活方式与新中国如此格格不入,在革命新人看来都是"腐朽的资产阶级生活",民主自由作为一种具体的实在的生活情趣就这样被剥蚀,工作或生活逐渐地标准化和模式化,适应不了的知识分子就唯有一死了之。可以说,20世纪中国知识分子的历史似乎就是从"知识人"到"知识分子"、从"个性化的读书人"到"空心人"的蜕变过程,这种蜕变并不一定要从政治经济或社会结构变迁等宏观视角来考量,只要翻看知识分子的日常生活变迁就可以管窥一二。

马嘶的叙述相对于以往的"知识分子历史书写"来说,可谓一种别出心裁的"小叙述",这种形态的"小叙述"更多的是从脚踏实地的现实生活开始的,是"非政治"的叙述,却又深刻地揭示了波澜壮阔的政治过程背后的"失踪了的历史",或许这种被遮蔽或略过的历史才可以相对贴切地解释知识分子的选择。比如在1937年全面抗战爆发后,北方的中国知识分子开始大规模地内迁,在主流的叙述模式中,响应号召内迁的似乎就属于进步的抗日的阵营,而留在北平的就成了"政治不正确"分子甚至是文化汉奸。周作人在1949年后的文学史中地位一直低微,就跟他留在北平关系很大。其实仔细察看当时的历史实际,走与留并不像1949年知识分子的去留一般,纯粹是一个政治倾向的问题,而更多的与个人情况、家室之累相关。如文字学家钱玄同很想南行,但苦于高血压病的困扰而无法成行,红学专家俞平伯则因始终谨守"父母在,不远游"的古训,且"体弱,近复多病"而"滞迹京城"以侍奉父母;北平沦陷时画家齐白石已到望八之年,他为防止敌伪大小头目骚扰，在自家大门口贴出一张纸条："白石老人心病发作，停止见客"。未果，他便干脆把早已预备好的棺材停放在正房北屋廊子的铁栅栏里，并在大门口贴出"白石已死"的字条。这虽系"消极的抵抗"，却也从一个侧面折射出当时滞留北平的某些知识分子的"气节"。

自然，马嘶的《百年冷暖：20世纪中国知识分子生活状况》主要是叙述史的书写方式，可在对知识分子的日常生活平心静气的叙述中，未尝不能发掘出其精神旨趣和价值褒贬等"微言大义"的吉光片羽，这也许才是讲故事的高手所"长袖善舞"之处吧。

《百年冷暖：20世纪中国知识分子生活状况》，
马嘶著，北京图书馆出版社，2003年。

书生论政的历史剪影

余英时先生认为，随着中国科举制度的崩解和近代社会的"断裂"，以及诸多武人集团力量的兴起，知识分子无可挽回地陷入了边缘化的历史命运之中。可如果纵览近代以来知识分子的社会角色与现实行动，就会发现在晚清到民国的这段历史时期，与余先生所描述的"边缘化"相始终的还有另外一条线索，那就是知识分子试图通过传媒、社团与大学等传统社会不曾有过的空间，来重返社会中心，建构既能引导"上等社会"又能启蒙"下等社会"的"中等社会"（陈旭麓语）。在这个历史脉络里，胡适与聚集在他周围的自由知识分子是一个典型的知识精英阶层，而他们20世纪30年代所创办、主持的《独立评论》就是直接体现这个独特的知识群体的观念、心态、政治立场、自我形象的舆论空间。

张太原新近出版的《〈独立评论〉与20世纪30年代的政治思潮》即体现了再现胡适派学人历史的学术追求。与目前学界研究胡适派学人群侧重于交往结构、权势网络等"社会关系"的思路不一样的是，作者更注重的是直接通过文本阅读和书信、日记梳理，来体察20世纪30年代胡适以及其他自由知识分子的政治思想、价值立场与心灵世界，因而我们就可以看到作者依据他对《独立评论》所有文章的精读，敏锐地捕捉到了贯穿于《独立评论》的主要政治思潮和知识分子心态。所谓纲举目张，这样之后，作者的文本分析就不会陷入漫无边际的被史料牵引的"误区"，而是线条分明地展现了"独立评论派"作为当时中国典型的自由主义者，对代表三民主义的国民党和代表马克思主义的共产党的政治态度，还包括当时尤关紧要的对于日本的和战选择。

从作者的分析可以看出，无论是对于国民党还是共产党，"独立评论派"都保持了一个自由独立的知识群体的姿态，坚持政论写作的不偏不倚的公正立场。虽然他们反对暴力革命和阶级斗争这样的解决方案，但并不因噎废食，对于共产党的政治理想、共产党人的政治觉悟，甚至不乏溢美之词。例如胡适在1934年的《独立评论》上曾发表《写在孔子诞辰纪念之后》一文，在文章中胡适这样肯定了革命者："那些为民十三以来的共产革命而死的无数青年，——他们慷慨献身去经营的目标比起东林诸君子的目标来，其伟大真不可比例了。东林诸君子慷慨相争的是'红丸''移宫''妖书'等等米米小小的问题；而这无数的革命青年慷慨献身去工作的是全民族的解放，整个国家的自由平等，或他们所梦想的全人类社会的自由平等。"

而对于国民党，尽管独立评论派与之有着千丝万缕的关联，并且因为抗战的需要而在一定程度上认可了国民党政权政治上的合法性，但却从未因此为国民党不得人心的内政外交唱"政治赞歌"。如作者通过辨析《独立评论》所发现的那样："到30年代，胡适等自由主义者一方面站在自由主义立场上，对国民党进行了全方位的批评：从其执政的效果到其领袖的个人才能，从国民党员的素质到一党专政的制度，从三民主义的内容到国民党的哲学基础，简直把国民党批得一无是处。"问题在于批评归批评，激烈的政论背后所隐含的却是热切的改造国民党的政治文化的心情与期许，作为一个自由主义者，自然是反对任何的独裁与专制，可作为一个民族主义者，独立评论派对于国民党的态度似乎就显得暧昧起来，甚至不乏为其存在价值进行辩护的言辞。一言以蔽之，独立评论派对于共产党是"有保留的同情",而对于国民党则是"有保留的批评"。

独立评论派对于抗战的态度是一个历来备受关注的话题。张太原通过细致地爬梳胡适、蒋廷黻、丁文江等人的言论,非常清晰地勾勒出了独立评论派从"主和"到"主战"的变化及其原因。一生敬惜字纸、对待言论不苟且的胡适,在强调舆论引导政治的功用的同时,却也坚持个人意见不屈从群情激愤的舆论的态度:"在这几年中,主战的人并不需要什么勇气。只有不肯跟着群众乱喊作战的人,或者还需要一点道德上的勇气。"这自然是一种精英意识的流露,可对于塑造自由独立的人格而言却不乏启示价值。作者对于胡适"忤逆民意"的主和有着一份同情之理解:"胡适所主张的'和'表面上是'卖国'太深,而实际上恰恰是其'人民性'的一种表现,尽管这可能并不为人民所接受"。而等到局势发生变化后,胡适等人又成为主战派,即使主战,胡适等自由知识分子也未走到盲目的非理性的战争狂思路里去,而是强调一种理性的人本主义的爱国思想,胡适等所主张的"牺牲"是不得不做出的"牺牲",是最有价值而有效的牺牲,而不是凭着血气之勇的"盲动主义"的无谓牺牲,更不是让官僚用群众的鲜血去染红顶子的牺牲。

不过,对于独立评论派自由主义与民族主义的紧张,作者的论证似乎显得"单薄",他认为"把自由民主放在国家之内来实现;民族危亡的时候,把民族利益放在第一位,在自由知识分子心目中本来就是天经地义的,由此可知,自由主义与民族主义并不一定表现为紧张的关系"。事实上,对于胡适派学人群来说,两者的冲突一直是存在的,只不过随着时局的变迁而时隐时显罢了。例如20世纪30年代"独立评论派"内部成员之间就爆发了民主与独裁的论战。作者在书中反复强调对于研究对象应该有同情之了解,这自然是史学研究的准则,但同情的程度如果把握不恰当的话,可能同情就嬗变成"溢美"而显得夸张了。例如,作者在分析"独立评论派"的对日言论时就在一定程度上"理想化"了这个知识群体:"对于《独立评论》周围的自由知识分子来说,没有任何的党派背景,也没有眼前的切身利益,因此他们在对日态度上表现得更为洒脱,更无顾忌,可谓'能和则和,当战则战'。在某种程度上,他们更能根据中日实际的情势'代表'国家说话,或者说,其民族主义思想更为纯正。"且不说"独立评论派"与国民党若即若离的复杂关系,只是胡适自己都曾在不同场合承认"政论"与"政治"毕竟是思想与行动的区别,更何况在当时瞬息万变的时局中,身在政治决策程序外的胡适等人,尽管慷慨激昂地理性表达对政治的关切,可毕竟是书生论政的精英情怀,与实际的政治自然存在若干隔膜。因此,过于夸大"独立评论派"政论的历史价值就容易与历史事实不合符节。

而对于胡适耽误了《独立评论》经理黎昔非的学术生命,作者则显得"耿耿于怀",通过比较20世纪30年代曾经同为上海中国公学学生的黎昔非、吴晗、罗尔纲(都系胡适学生)到北平后的人生命运,作者认为胡适把当时为北大研究院研究生的黎拉入《独立评论》做校对、印刷、发行、财务等琐屑的事务,并且时间长达五年之久,是导致黎荒废学业的关键原因。而后来面对黎的一些因为生存问题的请求,胡适冷漠处之则显得无情。自然,我们很容易理解作者的这份感情,他的考证也让我们看到了胡适的一些不为人注意的侧面。但作者咄咄逼人的质问却显得与他所标榜的对历史人物要有"同情之了解"的原则不相合拍。且不说胡适是否有意不回信给黎尚且为一桩悬案,黎的学术生命的可能性也仅仅是作者的一种历史假设而已。更何况,如果从《独立评论》所产生的巨大影响与价值来看,黎昔非虽然未能成就学术,却也默默无闻地为20世纪30年代的中国舆论事业做了不可磨灭的贡献。如此想来,或许可以慰藉作者的不平之气,再说如此求全责备地指责胡适所为的失当,又岂非期望一个"无过错之圣贤"的传统思维的再现?

《〈独立评论〉与20世纪30年代的政治思潮》,
张太原著,社会科学文献出版社,2006年。

接续民国史学传统

2006年年底,在华东师大的丽娃河畔举办了盛况空前的史华慈国际研讨会,也借此追思这位以研究中国思想史闻名的哈佛教授的九十周年诞辰。在会议间隙,我陪同学友段炼去逸夫楼宾馆,采访与会的历史学家张芝联先生。张先生在屡述了一些光华大学旧事后,悠悠然说道,华师大能为美国历史学家开这么大的一个会,怎么就不能也开个国际会议纪念历史系的已故史学名家吕思勉呢?这虽是一个细微的插曲,却给当时正为史华慈倾倒的我不亚于"当头棒喝"。对于我们这一代有志于历史研究的青年学生来说,也许我们更耳熟能详的是海外汉学家的姓名与著述,而于民国的史学名家则往往隔膜已深,民国史学传统几乎没能根植于我们的史学意识之中。

或许正因为张先生的这个提醒,当我阅读华师大历史系王家范先生的新著《史家与史学》时,尤其当打开正文,看到第一篇文章就是关于吕思勉的研究文章时(《吕思勉:尽心平心治史的楷模》),内心涌动的是一种惊异与喜悦。家范老师是明史专家,曾经给我们这些研究生讲授过中国通史课程,可以说他的课堂让我第一次感受到历史学的魅力。记得一次课堂上,他说历史学研究就仿佛去捕获窗外天空上的浮云,虽然永无可能完全触摸到历史的真实浮云，但那个寻找、思索与捕捉的过程是让人着迷的。读家范老师这本新书，就似乎仍旧置身于他的课堂之上，聆听其议论风生，臧否人物，神游八极，他也仿佛一个功力深厚的武术名家，在激情四溢与回味悠长相交替（有时甚至手舞足蹈）中传授武林秘笈。

家范老师通过对民国以来史学家荡气回肠的叙述、描摹与剖析，再现了一代历史学家的精神群像。这种叙述与再现在海外汉学对中国史学界影响日烈的今天，自然具有"拨乱反正"之意义。他在序言中也夫子自道其著述目的："盘点好百年的家底，就是要抛弃一切狭隘的偏见，以同情理解的态度，尊重出于学术良知的一切歧见，合理地评价一切有价值的学术成果，把学术的发展看作是在百年探索不已、交相激荡中积累起来的共同财富，学术不属于少数人专有。"家范老师虽快到古稀之年，却永远是那样精神饱满，对历史的探索激情总是能给我们这些后学以极大的鞭策。

家范老师倾注心力分析了吕思勉、许思园、张荫麟、萧一山、柳诒徵、范文澜等历史学家的史学思想，也评论这些史学名家的代表作品，为我们这些后学者洞开了一条管窥民国史学传统的幽径，道旁奇花异草，让人目不暇接。家范老师本乃性情中人，又具谦卑情怀，更兼身世跌宕之历练，以无我之我，翩然径入民国史学丛林，其诸多感慨都是心领神会之后的知人之论。如对张荫麟的评价："读过《东汉前中国史纲》的，多会惊羡它的文笔流畅粹美，运思遣事之情深意远，举重若轻，在通史著作中当时称绝，后也罕见（唯钱穆《国史大纲》可相匹敌）。全书没有累赘冗繁的引文考证，不故作深奥高奇，史事都以'说故事'的方式从容道来，如行云流水，可令读者享受到一口气读完不觉其累的那种爽悦。"而对丁用力最深的史家萧一山，通过评述萧一山的生平、交往与写作《清代通史》的原委、经过，家范老师对萧氏治史"博而知要，约而能精，由分析而至综合，由征实而知发挥，由功力而通义例的通史大家风范"则赞美有加。

从对这些史家与史学的梳理中,家范老师极力倡导研究历史者应该存敬畏之心:"人之处世,敬畏之心不可无。如同不畏天地人心,对历史的无知无畏,也会因权力或物质之诱惑,恣意妄为,置历史冰鉴于不顾,坠入黑暗。"同理,对于史学传统也应该持有敬畏心,而不能弃之如敝屣,或束之高阁不闻不问。正因为这个原因,家范老师对于天才史学家张荫麟的"好学深思"褒扬不已:"这种不依门户、自由创造的风格,绝非世俗常见的那种无端狂妄,藉浅薄挑战名家以求一搏。张荫麟从心底里尊敬一切有学术成就的前辈和师友,细微地体察汲取一切有价值的学术创造,治学厚实而见地敏锐,执着底定而鄙薄趋俗。"

但家范老师在《史家与史学》中除了阐扬这种敬畏心外,也提倡"吾爱吾师,吾更爱真理"的求真精神,这在他看来是史学的命脉所系,不能不守持之,因而,在提倡史学研究的谦卑精神同时,他也呼唤一种史学的敢于疑难前辈或名家的挑战精神,对历史的这份"痴心"也可反映在他的知行合一之中。例如,家范老师对钱穆的《国史大纲》如此褒贬道:"《国史大纲》可以说是以气盛情深而获取成功的一部通史。若以专家的角度看,疏阔之议势所难免(严耕望也委婉说到)。然最可斟酌的,倒是这种近乎自恋式的本位文化情结,不免对本属历史的应有之义,多有遮蔽回护,总欠几分冷峻。对近世的落后、变革的艰难,也缺乏深沉有说服力的内省。"对于前些年在中国史学界刮起一股旋风的弗兰克的《白银资本》、彭慕兰的《大分流》,家范老师不趋流俗之浅薄,不陷自恋之泥潭,依托自身数十年对于明清历史之钻研与积累,发表了几篇重要的商榷性论文,认为"弗兰克、彭慕兰的宏大叙事存在巨大的断裂,即对于解释英国19世纪何以能转变、中国何以不能转变这种强烈反差,与它们先前历史因缘果报的复杂关系,采取了逃跑主义的策略。这种不近情理的逃逸,终究显示出他们和我们有着截然不同的治史心境。他们尽量寻找19世纪前中国历史发展的一切光明面,置阴暗面于不顾；因为只有这样，他们期望中反对的'欧洲中心主义'的光芒才相对黯然失色。"

古之学者为己，今之学者为人。古今乃相对而言，民国学者对于今日纷纷然，沉溺在国家、省市级项目、课题中的"为人"之学的教授来说，似乎也已算作"古之学者"，其遗风余韵在历次政治运动之淘洗中，虽近乎澌灭，但也偶尔有薪火流传。家范老师青年时亲炙著名史家陈旭麓，作为其学术助手自然得以隔代遗传民国之学脉。而其治史学之"未泯童心"（童心亦即好奇心，无欲无我之心），更是为其理解民国史家提供了机缘。比如其对于吕思勉之"尽心平心"悠然会意，阐发为："心安方能理得。心平方可心安，方可入'意诚'的境界，即笃于真理的探索与追求，不为世俗的种种欲求所拘縻，独立思考，有自己学术上的执着。浮躁即缘于心不平。私欲太过，坠入世俗之孽障而不能自拔，举止言行自然必难不浮躁、不入俗。"家范老师虽年届古稀，但接触新生事物不让少年，且兴趣之广博让后学惊叹，斯亦可管窥其"老顽童"式性情。家范老师时常网上冲浪，经常游走在一些著名思想文化网站和史学讨论区，甚至发帖讨论，有"老夫聊发少年狂"之情态。聊举文中一例可察之："稍稍关注网络，就不难发现，对清史各式各样的议论，真也不少。不能小看了那些自称'渔樵''钓客'的，虽不是专门家，随性翻书，笑侃加闲话，亦庄亦谐，不经意间蹦出若干惊世之语，往往会让人猝不及防。"家范老师在一次学校讲演中，专门以一网络高手的业余明史研究，作为议题切入历史研究话题，视野所及纵横捭阖，史料采择左右逢源，吉光片羽时或展现，妙语连珠涤人情怀，其兼容并包的开放心态和诙谐风趣的大家风范昭然可见。记得前不久，加拿大明史专家卜正民来校讲演，家范老师端坐前排，入情入史之状让我等后生小子甘拜下风。讲座结束后，入厕，发现家范老师出恭完毕后，居然在公厕里，抽烟，悠悠然而声情并茂地与历史系一博士生讨论该讲座所涉及之历史细节，谈笑风生，旁若无人，其情其境，赫然可见家范老师之不拘小节，及对后学循循善诱、即兴教导之性情。

敬畏心、痴心、童心，构成了家范老师《史家与史学》内在的精神源流。也许从其发掘民国史学传统之不遗余力，以图开掘中国史学之新路，还可以加上一个"赤心"的封号，即开放而反思的文化民族主义情怀。史学之于家范老师，绝不是一种外在于其心性的谋生职业，而是其人生志趣、精神探寻之所在，学术与生活不是像今天的诸多史学工作者那样是截然两分的。或许用韦伯的一段话差可形容家范老师的研究状态："没有这种圈外人嗤之以鼻的奇特的'陶醉感'，没有这份热情，没有这种'你来之前数千年悠悠岁月已逝，未来数千年在静默中等待'的壮志——全看你是否能成功地做此臆测——你将永远没有从事学术工作的召唤；那么你应该去做别的事。因为凡是不能让人怀着热情去从事的事，就人作为人来说，都是不值得的事。"家范老师研究史学的心得在如下一席话中全然捧出，读之如坐春风，如沐晨晖，有令人豁然开朗之奇功："研究历史，两个基本条件不可或缺：一是材料，要熟悉过去与现在有关'人'与'社会'互动的经验性材料，掌握检索和辨伪史料的技术；二是思想，有自己的体验和心得，能言人所未言，道人所未道。前者是苦功，是技巧，有一个逐渐熟练的过程；后者是灵性，是思想，要许多相关知识的综合，更需要判断和联想的能力，发表意见的能力。所以学历史的人一定要耐得住寂寞，肯坐冷板凳，要地毯式地一寸一寸地搜寻资料，'上穷碧落下黄泉'。太乖巧而不刻苦的，难成为历史学家。当然，刻板而缺乏思想，不敢独立思考的，就很难成为出色的历史学家。"善哉斯言！

《史家与史学》，王家范著，
广西师范大学出版社，2007年。

知士论世的史学

20世纪90年代初期,余英时在香港《二十一世纪》发表《中国知识分子的边缘化》后,引发了史学界与知识界对于知识分子边缘化现象持久的讨论与反思,包括余先生的论文在内,大体上都是从20世纪中国知识分子在政治、经济、文化与自我的边缘化现象,以及造成此种现象之根源进行检讨。这诚然是紧扣20世纪时代脉动之解读,而若深长思之,则试图理解20世纪知识分子之边缘化,不可不追溯到晚清的士人与世相。换而言之,20世纪中国知识分子的诸种问题,或许在晚清的士人向近代知识分子的转型之中已埋下历史的伏笔。

而要了解晚清的士人向近代知识分子的转型,史家杨国强先生的新著《晚清的士人与世相》无疑是最值得研读的著作之一。可以说,贯穿本书或者缠绕着杨先生的核心问题意识正是晚清的士人是如何向近代知识分子转型,以及在这一艰难的转型中所折射出来的利弊与得失。杨先生在收入该文集的不同篇章中反复回到这个基本的命题,即士人向近代知识分子的"嬗蜕"或"蜕变"(杨先生常用词),比如在论述近代知识分子的志士化与近代化时,他说:"在传统士人向近代知识分子转化的过程中,知识人与圣贤意态越离越远,与豪杰意态越趋越近。知识人的近代化因之而与知识人的志士化常常叠合。由是,在晚清最后十年里,一面是学理与学说的激荡播扬,一面是知识人以侠气点燃个人意志,焚烧出一团一团的烈焰,倏然腾起,又倏然熄灭。"

那么首先,我们得界定两个基本概念,即何谓士人(或者说士大夫,或者说士绅),何谓近代知识分子,其根本特征有何常态化的体现,我们才能考察从士人向近代知识分子的转型是如何发生的,其具体的历史过程展现了怎样的事实与情态。对于中国传统政治,基本上认为是一种士大夫政治,即士大夫是政治社会和学术社会的双重中心,即"士大夫不仅涉身于纯粹行政事务和纯粹文化活动,还承担了儒家正统意识形态"。(阎步克:《士大夫政治演生史稿》)即此可见,士大夫政治是类似于政教合一的统治形态,只是这个"教"不是严格意义上的宗教,而是强调"士志于道"和"化民成俗"之教化的一套伦理价值体系。从社会学的角度而言,士大夫又可以"更名"为士绅,情感依附于乡土社会,起到维持地方社会稳定的作用。如瞿同祖在《清代的地方政府》中所指出的:"士绅具有比其他社会阶层更加优越的地位。他们有一种阶级意识或一种集团归属感。它们相互认同为侪类,并具有相近的态度、兴趣和价值观(尤其是儒家的价值观)。他们自认为有别于其他社会成员。这一认识显然支撑了他们的共同情感和集体行动。外人对其中一个成员的侵犯,会被认为是对整个集团的触犯。"

至于近代知识分子,这是一个后设的概念,是为了与士人相区分而引进的名词,从社会类别的意义而言,史家陈旭麓认为中国近代知识分子群体的出现是戊戌政变的历史遗产,"这些人,或脱胎于洋务运动,或惊醒于民族危机。他们处多灾多难之世,怀忧国忧时之思;向西方追求真理,为中国寻找出路,成为最自觉的承担时代使命的社会力量。"这短短的一段表述,至少透露了两个重要的线索,一为近代知识分子与民族危机(乃至同时伴生的民族主义社会思潮)是不可分离的,另外,近代知识分子解决民族危机的"义理"不再是回返到古代经典或者理想中的三代之治，而是向绝然陌生而抽象模糊的西方"追求真理"。这两个方面，都展示了与传统士人面相的根本分裂。

在晚清所谓"三千年未有之大变局"之中，传统士大夫究竟是如何一步步地"嬗蜕"为近代知识分子的？杨国强先生勾勒了一个大致的脉络。具体而言，在光绪一朝的士大夫，"清流负天下之重望而以峭刻为群体形象；疆吏居天下之重心而以骄蹇为群体形象。其间的颉颃和忿争常常造成士大夫内里的激昂和紧张。但只要引发颉颃忿争和激昂紧张的题目仍然出自历史经验中的已有和固有，则士大夫群类便在整体上依旧共处于二千年儒学留下的范围之内，并因之而依旧共有着本源上的一致。所以，颉颃、忿争、激昂、紧张都不足以造成中国士大夫真正意义上的分化。"（页164—165）这种基于儒学意识形态的内部争论，在洋务运动时期的"中体西用"观念下，不会触及二千年士人安身立命之根本。而到了戊戌维新时期，情形急转直下，"器物"的效仿西方在甲午海战中被证明无效后，西方的制度与思想成为无数士人心向往之的"真理"，并逐渐取代儒学意识形态成为拯救民族危机的不二选择：

> 变法取西学为知识和思想，正在引入另一种意识形态。当一部分有功名的人与另一部分有功名的人各有一种意识形态的时候，被称作士大夫的这个古老的群体便开始了真正意义上的分裂。二千多年来，在高悬的君权和散漫的生民之间，是一个由士人维持的天下。世路起伏于治乱而王朝来去于兴衰，但士大夫群体却始终代表着共有的文化和共有的价值，穿过治乱兴衰稳定地支撑着中国的社会构造，成为历史变数中的一个常数。以此作对比，是曾经代表稳定的东西正在变作最不稳定的东西。于是士人的分裂便醒目地标示出深刻的社会分裂。（页305—306）

在这个创深痛巨的士人向近代知识分子的转型过程里，士人赖以寄身的空间、借以言说的空间、义理与方式、心态、身份与价值重心都发生了转换，这种天翻地覆的转换深刻地标示了士人与近代知识分子之间的分裂,而在这种社会分裂的背后,我们又可以隐隐然窥见传统士人精神气脉在近代知识分子群体的"回光返照",即如杨先生所论:"当20世纪来临之后,知识人正在蜕变中分化。其间背负历史情结与文化心结最多的人便常常成为最喜欢作说大义的人。他们已经开始向新知识分子转化,但在精神上他们又是最后一代士人。"(页364)

以社会空间而言,传统士绅主要是生活在乡村社会,耕读生活被奉为理想的士人生活,乡村是儒家价值的发源地与播散地,如瞿同祖先生所言,"正是在这一领域空间内,士绅扮演着自己的角色,并与地方官吏们保持着各种形式的人际关系。由于他们与家乡的关联是永久性的,从而造就了他们(对家乡)的情感归附;士绅们似都感到他们有责任捍卫和促进本地社区福利。"这种基本的士人社会结构到了晚清,显然处于不断的摇摆和撕裂之中,士人的生活空间正急剧地从安土重迁的观念里释放出来,士人大量地汹涌到城市,尤其是沿海城市和京师。晚清的改革呼声与士议鼓荡都兴起于城市,也溃灭于城市:"呼声起于城市,回声也起于城市。而中国最大多数人口所在的农村社会则漠漠然而且懵懵然,犹如一个世界与另一个世界。思想潮流使知识人急速地趋近于演变中的世界和正在重造的中国,两者都以城市为自己的天地。然而近代化过程已经使城市与农村分离,前者用来达意的语言常常是后者陌生的。因此,为思想潮流所吸引的知识人便不能不与农村社会越来越疏,越来越远。旧日的士人从农村起程远走,他们大半都会回来。但为学堂召去的读书人一经从农村走入城市,却大半不会回来了。"(页357)而与此不可逆转之社会趋势相对应的就是,在知识人疏离了农村社会和下层社会的同时,农村社会和下层社会也把知识人当作陌生的异己,这不能不说是以救国救民为己任的知识人的绝大悲哀。这在鲁迅的小说名篇《阿Q正传》和《药》中都有着深度的形象再现。

以言说的空间、义理和方式而言,从士人到近代知识分子之间也有着一道深深的沟壑。传统士人的言说局限于人际传播的方式,主要是口耳相传、著书立说或者书信往来等方式，言说的义理不出四书五经等经典所圈定的范围，不同区域的士人分享着一套共同的儒家价值观，言说的方式或者说形态主要表现为清议或者清谈。依唐长孺的解释，"所谓清谈的意义只是雅谈，而当东汉末年，清浊之分当时人就当作正邪的区别，所以即是正论。当时的雅谈与正论是什么呢？主要部分是具体的人物批评。"而这种人物批评往往又与朝廷选拔官员的制度互为参照，因此具有莫大的约束和导引士人之社会功能与价值功能。晚清的清议不脱这个历史的定轨，聚焦在对于廷臣或者疆吏的褒贬、界分、裁断与论定之上。清议代表了一种典型的儒家伦理准则，"千年清议之所以能够寄托千年公论，本在于以义理为天下立普遍性、统一性和至上性。裁断、纠正、评判、褒贬、界分都是义理之外无缘由。这种狭而且深决定了千年清议不讲利害，只论是非。就前一面而言，清议体现了儒学的固性；就后一面而言，清议体现了儒学的刚性。儒学中的固性不尚应时而变，所以，在一个以利害造世变的时代里，不会讲利害的清议不能不走向式微。"（页176）守护这一清议传统的便是其时的清流。

然而，世换时移，在从士人到近代知识分子的蜕变之中，清流逐渐被淘汰出局，名士汇聚社会舞台的中心大放异彩，在这个过程里，名士的言论空间发生了显著的变化，"以当日士大夫的总体而论，这些人本来属于少数，然而他们从一开始便营造报纸并据有报纸。依靠这种从来没有过的传播方式，出自少数的声音可以节节放大，在响声和回声里幻化成大海潮音而左右一时之人心，因此，据有报纸的少数能够驾乎多数之上，在那个时候的士人世界里成为居于强势的一方。"（页202）与此相伴生的就是所谓"言论时代"之轰然来临，"报馆巨子"之翩然降生。新一代的知识人已经不再画地为牢，把自我约束在传统的义理范围之内，相反，在他们急功近利的心态与视野之中，传统的义理与道德成了阻碍中国近代化的绊脚石，而需引进西方的真理来救治中国之积弊。如杨先生所指出："从20世纪开始，由于进化和天演的别为诠释，曾经被前几代人长久抵拒的势一时意义全变,并在极短的时间里锲入人心,化成了中国人论世变时的一种思想依据和演绎前提。由说理说势的徊徨转为物竞天择、优胜劣败的天演,映照出六十年中西交冲之后,累经重挫的中国人已经向工业革命以来发源于欧西的那个世界历史过程自觉认归。"(页227)在这样一个历史过程里,"名士的报纸与清流的奏折相代谢,与之相对应,天下士议的重心也由庙堂之内移到了庙堂之外"。(页197)

在近代知识分子言论空间与依托义理都表现出与传统脱榫的历史情景中,知识人的言论方式也变得耐人寻味,可以说,对于名士言论方式的检讨是杨先生理解传统士人到近代知识分子转型的一个关键,而在这个检讨里,我们也可以窥见杨先生作为史家的反思精神与批判意识。杨先生对于名士言论之"骄嚣""鼓吹和灌输""随便和恣肆"以及"笔走偏锋"等都有所批评(引自氏著页352—353)。在讨论清末知识人的志士化与近代化一文中,他对此检讨最为集中。比如对于文风的讨论,"20世纪知识人的历史正开始于这样一个思想(政论)淹没知识(科学)的时代,作为初生的群体,他们的蜕变与思想之独亢一时相连为因果。思想的一时独亢使晚清最后十年的知识人一时独亢,而其间的理路则在一遍遍的复制中积为知识群体的一种思想惯性"。(页353)而"传统士人与近代知识分子的嬗蜕正是从这种思想的搓揉和淬砺中开始的。然而用输入的观念说中国人的国运和世运,常常容易引出人心中的焦炙与涉想,使'向导国民'的言论在呼应与亢争中弦促声急笔走偏锋"。(页350)在杨先生看来,导致名士之言论独亢与偏激的缘由乃根植于他们的思想方式,他们"无端崖之崇拜外人"(页326),自以为掌握了最终而且唯一的真理与真实,因此睥睨天下,指点江山,激扬文字,傲视苍生,在预设了个己思想必然正确的前提下,剩下的问题就是如何牵引事实(甚至是杜撰事实)来论证真理,即今人所谓"主题先行"式的"政治宣传"和"舆论引导",这就容易导致"思想便成了可以安排情节的东西,而政治文字中的叙人

与叙事则常常因此而经不起认真的勾稽和对证"。(页337)

正是反观这种言论品质之粗糙和士风之浇漓,杨先生在清议与舆论之间划出了一道清晰的界线。如前所引文字,清议之所以能够寄托公论,成为公议,正在于出自统一的观念而具有统一之价值,这个价值的泉源主要是儒家的义理,因此,虽然宗奉这套义理的士人各有殊相,但却都愿意认可从这套义理生发的价值评判。而这种中国人自我形象与价值观的统一性在晚清以降,节节破碎,散漫支离,取而代之的是滚滚西潮与"洋腔洋理",从此以后"士议转为舆论,不能不向西学讨观念和价值,与之为因果,则舆论以西学为谛义,也不能不各成流派。所以,晚清末期由报纸表达的舆论天然是一种不相统一的东西。……然而舆论各成流派之日,又正是知识人既少自主的理性,也少立言的责任意识之日,两者相逢于言论界,则不相统一的舆论更容易因没有章法而节节脱轨,变成可以操弄的东西"。(页211)可以说,从清议到晚清民初的舆论,言论的自主性是一个负增长的过程,而之所以如此又跟士大夫从一开始就只注重以言办报,侧重政论,而忽视新闻事实的报道有关,在所评论的事实的客观性与真实性都无法得到保障的情形下,知识人的放言说论即使可以轰动于一时,又如何可以取信于历史与良知?

以当时士人的心态而言,士人到近代知识分子的嬗蜕更是历经了一个艰难的心路历程。应对晚清世局,往返于千年旧路的知识人幡然醒觉。王尔敏在《清季知识分子的自觉》中认为晚清的士人都经历了三重的自觉,即"存亡的自觉,人格的自觉和知识的自觉"的过程,在另外一篇文章中,王尔敏认为"近代变局为中国知识分子对于西方冲击一种普遍的反应和认识,当然也是一种正确的时代醒觉"。相对于王先生如此的乐观与认可,杨国强先生知人论世的基调似乎显得更为灰暗与悲观,也未尝不可认为更为苍凉沉郁,而我们若检讨20世纪中国的历史与命运之多舛,则不能不更多地从反思与批判的立场出发来审视晚清这一段波澜起伏的历史。晚清所谓言论时代的鼓嚣与激荡,极容易让初尝

"一夜之间便可借舆论暴得大名"的知识人滋生幻觉,以为真的可以以言论而掀动几千年板结、凝固之中国社会结构与意识,而其立言时的粗疏、放诞、随意与耸人听闻更是仿若打开了人性的潘多拉魔盒,把千年以来被儒家伦理所规约的人性幽暗一面尽数释放,如钱穆所指出:"理想是一件百衲衣,人才也是一件百衲衣,这须待自己手里针线来缝绽。哪一条针线不在手,一切新风气、新理论、新知识,正面都会合在对中国自己固有的排斥和咒诅,反面则用来作为各自私生活私奔竞的敲门砖与护身符。"

余英时先生既有20世纪中国知识分子边缘化一说,便暗示了前此时期的知识人曾经一度占据社会中心。而知识人能够占据这个社会中心,显然跟他们迅速地掌控了报刊这种新颖的社会资源有关,所谓成也萧何败也萧何,舆论在造就名士的同时,也在"毁灭"名士。权力导致幻觉,绝对的权力导致绝对的幻觉,更何况是话语权力作用于迷恋文字功能的中国知识分子。杨先生对知识人的这种心态与言论的检讨不可谓不沉痛:

> 晚清最后十年间的士议鼓荡,正显示了传统士人之近代化演变的过程中,曾经有过一个知识人凌越庙堂与大众,岿然居于天下之中心的时期。但与这个过程相始终的思想多、思想浅和思想驳杂,又使鼓荡的士议久以纷歧舛错与多变善变为常态。由此形成的不相匹配非常明白地说明,当知识人越来越明显地居于天下之中心的时候,他们也越来越缺少自主的理性,缺少立言的责任意识。(页210)

正是缺乏这种自主性与责任意识,导致知识分子在一种自以为是的话语磁场里开始自我的膨胀与张扬,种种极端化的、粗鄙而横暴的言论争相迭出,"语不惊人死不休"成为言论惯习,哗众取宠成为心理暗疾,凌空蹈虚的话语泡沫习焉不察。在考察清末南洋公学等学校的学生言论后,杨先生发觉成为搅动天下之新生力量的学生,常常用一种极度化约的方式来评论近代社会的新陈代谢,由此"社会进化中的新旧冲突很容易被鼓胀的热血简约为'不能破坏非英雄'。这种泛义的'破坏'观念未经界说却又不言自明，极富感染力地推动走出学堂的学生们急迫地否定中国社会中既有的人物、制度、价值、权威，与急急然而起的革命合流。"（页265）而就清末知识人的反满意识而言，立言务求其惊世骇俗，也是一浪高过一浪，文化激进主义的潮流拔地而起，又溃然渐灭。历史的反讽是：排满的知识人曾把满人圈进"野蛮"之中，而代表了更"进化"的无政府主义一旦起来，又把反满意识圈到了"野蛮"里面。或许，晚清的这种不断激进化的思潮就已经埋伏了20世纪中国的政治激进化和文化激进化的种子。而在此士人向近代知识分子蜕变的波诡云谲的历史进程里，唯一不变的是知识人心态上的"崇洋媚外"，以杨先生的说法就是"身在积弱之境而心怀急迫之情，中国人向东西洋取学理，不容易得到的是真知，最容易得到的是皮相之知外加种种倾慕和敬畏，走到极端，便是引外国人的是非为中国人的是非"。（页324）更令人扼腕叹息的是，知识人基于政治目标而从思想到思想、从符号到符号所炮制出来的种种言论，终究"罩不住社会过程中的世事起伏和因果始末"（页306），而亢奋救国的心志却给予了他们一种"真理在握舍我其谁"的言说勇气与政治热情，须知，勇气越强，热情越高，祸害越深，遗毒越远。对于这种根植于正当、崇高、纯粹、神圣之目的而张扬的心志伦理，韦伯曾经有过精辟的分析，"心志伦理的信徒是'宇宙—伦理观上的理性主义者'，他们想把自己的价值立场，客观地奠定在一个客观存在或可以客观认知的原理上，这种原理使价值世界一套永恒的层级秩序成为可能，同时并在伦理上化解行动之后果与当初意图相悖的吊诡。他们倾向于采取根据原则、按照独白方式进行的行动。这类行动在性格上均为从世界逃遁，或是对世界发动革命性的改造：它把回到内心或是卡里斯玛式的突破，抬高到'神圣的地位'。这种伦理在政治方面的箴规是：'要么全有，不然全无。'"以如此视角来看晚清士人到知识人的转型，则不能不概叹这一造化弄人的历史悲剧。

以晚清民初伦理体系的价值重心与品类区分的历史迁移而言，在士人到近代知识分子的转化之中，也发生了急剧的嬗替。这在洋务运动时期有着充分的展现。此前近代史学，在一种进步主义或者现代化史观的架构之中，对于洋务派多有褒扬，而对于其时批评洋务的清流则多加责难，认为这个群体是冥顽不化、不识时务的保守派。其实，从洋务以降的历史来看，清流所秉持的"义利之辨""才德之别"都有着不容轻忽的价值，更重要的是，清流并非反对寻求富强，而只是强调在这个地动山摇的历史变迁里，主政者与当权者应该也要关注民生，体贴民瘼（可以说，清流与洋务派仍旧有一定的共识），这虽是老调重弹，却切中了洋务运动乃至此后中国历史变动的要害。依照杨先生的释读世相与洞察士习，当时的官场风气是大量任用有才无德之人，以及交相征利而见利忘义之人，而之所以大量选拔此等人员，是因为在国家富强作为首要目标的前提下，能人政治、强人政治成为主流，而自古以来支撑儒家价值体系的核心民本意识和苍生意识都迅速贬值，被弃若敝屣。这可谓是士人到近代知识分子转型之中最吊诡的一个面相。迥异于前此的历史裁断，杨先生在清流与洋务派之间的褒贬，更体现了一个历史学家的良心（也可以说是一种"退步主义的历史观"，意即历史并非简单的进化，而是时时、处处付出代价的社会演化）：

> 清议依傍儒学而不识历史变迁，所以清议始终执民本以哀民生。但在万千中国人身处经济分解，并为经济分解所窒苦的时代里，这个天下不能没有苍生意识和普遍关怀。因此，不识历史变迁的清议倾力伸张恤民之旨义，又正是以其不识历史变迁的古老和陈旧，真实而具体地体现了这一段历史变迁中应有的矜悯和良心。以此作映衬，则洋务所主导的种种更张天然地是一个与民本和民生日去日远的过程。这个过程用国家的名义营造富强，而后是自成本位和主体的国家因致富致强而层层扩张。（页182）

在杨先生看来，当时弥漫中国社会的正是这样一种扩张性的"独亢的国家意识和麻木不仁的富强意识"（页183）。

史家刘知己认为，"'有才无识''有学无识'的史家从事历史叙述，不可能实践实录的精神。由此我们可知史家三长，以备识为最难，识的内涵也最为丰富。史家的识，除了前面所说，可以'辅才的铨综之识'，以及可以辅学的'鉴别之识'外，其时还包括判断是非善恶的能力，和是否能秉持公正客观的态度"。纵观杨先生此书，以及师从陈旭麓先生以来的治学历程，可见其集聚了知己所谓的史家三才，而尤以史识最让人敬服，若没有史识，则历史学无非是没有灵魂的废纸堆构筑的学术符号而已，而这种史识又是建筑在宽广的知识结构、恢宏的历史视野、扎实的文本细读、深邃的历史思辨与苍凉的现实感等之上。其心路历程，正如他在该书序言所一笔掠过的："读史多年，大半都在与晚清士大夫缠磨于古今中西之变的感慨苍凉之中。"

《晚清的士人与世相》，杨国强著，
生活·读书·新知三联书店，2008年。

我们的大学史该如何书写？

这些年，对民国大学的怀旧成为文化界的一股经久不衰的热潮，何兆武《上学记》、鹿桥《未央歌》、何炳棣《读史阅世六十年》等口述史、文艺小说与回忆录作品，让很多如今在日益工具理性化和行政化的宰制之下疲于奔命的师生，都对于那段消逝的民国大学史有着重温进而接续的愿望，与此相对照的是，却是当代中国大学史写作的整体性缺席，即使偶尔有一鳞半爪的大学史，也多是索然乏味的大学编年史，简单地罗列大学历史沿革、规章制度、师生人数等，根本无法有力地将大学的精气神及其在历史中的挑战与困境叙述出来。因此，这些大学史既无法建构出该校自身的历史文化脉络和学术传统，也没能将大学放置在政经框架和文化思潮的大背景下进行细致分析，这样的大学史的命运自然是自产自销而无人问津的，说到底不过是大学的一个自娱自乐的形象工程罢了。

显然，美国华裔学者叶文心的《民国时期大学校园文化（1919—1937）》不在此列，而是同类著作中的佼佼者（其他相关的较好的大学史著作还有魏定熙《北京大学与中国政治文化》、易社强《战争与革命中的西南联大》等），这本初版于1990年的著作，即使放置在今天的学术视野来看，也丝毫没有过时之感。我不得不说，这绝非一本可读可不读的校园文化的"软书"，而是一本将民国时期三种类型的大学（北平的清华大学、北京大学，上海的圣约翰大学和南京的中央大学等）归置在学术、社会与政治的三角互动框架中进行考察的文化史著作，因此可以说中文版的书名具有严重的误导性。叶文心治史的长处（包括《上海繁华：都会经济伦理与近代中国》）在于整体感强，有着历史的通透和洞见，注重细腻之处的深描，而且她的史学语言也是格外清新和优美，不故作惊人之语，也不滥用学术名词。因此，这可以说是一本雅俗共赏的著作。

此前很多著作都比较关注清华大学、北京大学、西南联大等，但对于民国大学格局中至少占据三足鼎立之一脚的教会大学缺乏必要的关注，其实当时的燕京大学、辅仁大学、东吴大学、圣约翰大学、齐鲁大学等教会大学，对当时中国的政治、学术与社会也有着重要的影响。叶文心的著作用了相当大的篇幅来讨论圣约翰大学的成立初衷、团队精神、校园社群和文化，及其面临的民族主义挑战。根据作者在此书以及《上海繁华》一书中的考察，当时上海的圣约翰大学以及其他资产阶级私立大学，是上海的资产阶级阶层再生产的最重要的管道，而且依托于上海这个最具有国际性和现代感的大都会，这些大学成功地实现了儒家中国的知识范式的现代转型，通过科学知识、职业技能、良好语言等来获取财富，开始成为一种新的社会职业伦理，但是这种对于财富的渴求与追逐，并未导致暴发户式的浅薄与庸俗，因为这些教会大学有着良好的道德训育与宗教熏陶，这就类似于韦伯所言的新教伦理与资本主义精神的关联。但是，即便如此，在当时那样一种强劲的民族主义潮流之下，作为天然具有保守性质的教会大学，自然会面临来自社会各界（自政府到知识阶层乃至普通民众）的指责，当整个国家都在民族危机之下摇摇欲坠，一个私立教会大学的大学生却还在做着成为高等华人的美梦，这既在道德上是不可欲的，也是在现实上不可能的。

更值得注意的也许是叶文心在著作中对上海大学的分析。上海大学如何从一所被时人所不齿的"野鸡大学"成长为一所"革命大学",这在此前的历史叙述中是面目模糊的。在于右任担任校长后,左翼知识分子如瞿秋白、蔡和森、恽代英、张太雷、彭述之、李季、李达等人都成为上海大学的教师,当时上海大学最著名的社会学系开设了诸如"近代中国外交史""科学社会主义""社会主义革命史"等课程,而这些课程为年轻一代的学生灌输了阶级斗争、资本主义、帝国主义、社会主义等马列主义观念。读者切莫以为这仅仅是革命大学上海大学的独特现象。事实上在大革命失败之后相当长的一段时期内,上海的左翼文化蓬勃兴起,唯物辩证法等理论著作风行景从,年轻一代的左翼在政经结构上边缘化,反而强化了其心态上的激进化和控制文化话语权的冲动。20世纪20年代中期和30年代早期成为出版社会科学读物特别狂热的时期,社会问题与社会科学成为上海大学校园文化的两个关键词,个人问题在革命理论的映照下,就不再仅仅是个人或家庭可以解困的,而成为具有共通性的社会问题,社会问题的解决更需要大量引入社会科学理论,因此,当时的翻译出版的最大宗就是社会科学理论,理论成为照亮灰色生活的最大探照灯,也是指引年轻人走出人生困境的明灯。而上海大学可以说是这一现象的风暴中心,正如叶文心所言,20世纪20年代中期的上海大学成为马克思主义知识分子的重要据点,这些知识分子领导并启发了整整一代进步青年。如果说一所大学体现了那些支持它的人的集体热情和信念,那么上海大学就是一所为推翻通商口岸体系、掀起社会革命而建的大学。

　　自然,即使对处于历史风云激荡中的民国大学来说,除了民族主义的政治动员、革命文化的传播,或者资产阶级文化的塑造,同样存在着大学生如何面对日常生活的挑战。这部分内容(书中第六章《大学生活之代价》)在我看来很有价值,因为之前的民国大学的历史记忆与历史写作更多的是关注政治和文化的层面,而相对轻忽了日常生活的层面。

正如革命有神圣与世俗的双重性格一样,大学同样如此。大学既是近代中国的学术文化中心,又是高度政治化的空间,同时还必须应对贫困与苦难。叶文心通过大量当事人的记录和事后追忆,呈现了民国大学的收费、学生日常生活等多重层面。显然,私立大学的逐利冲动压制了很多年轻人的求学欲望,而公立大学的制度性保障,却也培养了年轻人志存高远超越世俗的情怀。作者呈现了社会舆论、政府、知识界等对当时学生群体的各种评价,高等教育成了社会公平最重要的聚焦点。

亦学亦官的陶希圣就曾经尖锐地批评20世纪30年代的教育体制:"从小学到大学的几层等级,逐渐把贫苦子弟剔除下来。最贫苦的农工子弟们没有受初级小学教育的机会。……其中升入中学的少数青年,大抵出于中资或富裕的工商业、地主、官僚家族。……更就能够升大学的来说,大抵是中资以上的富裕人家。大学则是所谓'上层社会',即大地主,金融商业资本、工业资本阶级的领域。他们的子弟是最能住进大学的。"或许正因为此,上海一些昂贵的私立大学里的学生,在教育部的报告里呈现出的完全是消费主义者的形象:"这些大学生们从不关心任何严肃的事情。他们过着娱乐休闲的生活。他们的衣着昂贵,饮食考究。他们消费进口商品。他们经常出入影院和舞厅。他们出门坐着雪佛莱汽车。他们既不关心国家大事,也不关心他们的学业。"高等教育成了社会结构再生产的有效机制,而堵塞了社会不同阶层流动的可能性,这自然就会引发底层出身的知识分子强烈的不满,而这些学生的公共形象,在一个内忧外患的民族国家处境中更是显得格外刺眼。叶文心敏锐地注意到了当时社会舆论的表达困境:"当舆论聚焦在大学生的失业问题上时,大学毕业生被看作清寒子弟,需要工作来养家活口。但是当舆论聚焦在教育机会的结构性不公时,大学生又被描绘成资产阶级的富家子弟。"这充分说明了当时大学生群体社会结构的复杂性,以及舆论在议论大学生群体时的复杂心态。

无论是培养资产阶级的圣约翰大学的分崩离析,还是培养左翼激进者的上海大学的被关闭，都在映照一个急剧变动的大时代里学术、文化与政治之间强烈的依附性与疏离感，近代中国大学的主体性仍旧在艰难地重建，它必须面对民族主义话语的挤压、政治力量的控制、社会舆论的话语暴力，不同的大学与政治、资本力量的关系呈现出不同的面貌，而在这种不同的关系网络中，大学呈现出的"整体情绪氛围明显陡然消沉"，20世纪20年代后期开始的政治幻灭感成为一种尖锐的集体心态。当稳定成为大学校园压倒一切的政治诉求的时候，其实，它也悄悄地酝酿着反叛的潜流。这或许可以解释为什么在如此现代和西化的民国上海，左翼政治和左翼文化一直是它挥之不去的文化精神内核之一。

《民国时期大学校园文化（1919—1937）》，叶文心著，中国人民大学出版社，2012年。

附录

象牙塔与百乐门
——民国上海的大学生"禁舞"事件考述

随着新文化史的兴起,对历史中日常生活的考察正方兴未艾,这种研究被赋予了消解或者说对抗宏大叙事的历史使命。台湾学者李孝悌认为:"在习惯了从思想史、学术史或政治史的角度,来探讨有重要影响的历史人物后,我们似乎忽略了这些人生活中的细枝末节,在形塑士大夫文化中所扮演的重要角色。其结果是我们看到的常常是一个严肃森然或冰冷乏味的上层文化。缺少了城市、园林、山水,缺少了狂乱的宗教想象和诗酒流连,我们对明清士大夫文化的建构,势必丧失了原有的血脉精髓和声音色彩。"但是,目前对于知识分子的日常生活史的研究主要集中在明清时期,民国的知识分子研究仍局限在观念、思想与心态的论域,而且作为民国"中等社会"之重要构成的学生阶层的日常生活的研究更是乏善可陈。学生阶层在近代中国历史中往往呈现出慷慨激昂的政治脸谱形象,晚清时即有论者在报刊撰文对于学生阶层寄予厚望:"上等社会既误于前,崩溃决裂,俱待继起者收拾之。为今日之学生者,当豫勉为革新之健将,使异日放一大光彩,以照耀于亚洲大陆之上,毋使一误再误,终罹亡国之祸,以为历史羞。前途茫茫排山倒海之伟业,俱担荷于今日学生之七尺躯,则对上等社会所负之责任重也。下等社会为一国之主人，如何使完其人格，如何使尽其天职，必养其独立自营之精神，而后能为世界之大国民，以立于万马奔腾潮声汹涌之竞争场而不踣。今日之学生，即下等社会之指向针也，则对下等社会所负之责任重也。"陈旭麓在讨论近代中国的"中等社会"时指出了这一社会特性："把学生视作变外来为内在的触媒，这在中国历史上是从来不曾有过的。它反映了随时代变迁而来的社会观念的变化，突出了学生在中国社会变迁过程中的特殊地位。与八股士类不同，新式知识分子不再拼搏于科场，不再执着于功名，但在久已习惯用士农工商划分各色人等的社会里，他们仍然'自居于士类'。"因此，在已有的历史研究中，对学生阶层的研究往往是与学潮、学制改革等具有一定政治性的事件结合在一起的，而在这样一个研究取向的导向下，近代中国社会的学生的日常生活往往甚少纳入研究者的视野。

本文拟从一个1934年前后发生在上海的大学生禁舞事件，来看当时学生生活的日常娱乐的展现形式，以及它是如何与政治生活发生勾连，而被升华成一个具有政治内涵的社会事件，同时从当时的媒体对于这个事件所作的评议，来管窥一个对普通的大学生生活方式的干预如何被神话化，以及跳舞作为一种从欧美传入中国的娱乐形式是如何在被接受的同时，又成为被质疑和控诉的历史断片。

一、大学生禁舞：1934年前后的上海传奇？

1934年10月30日，上海《申报》在其"教育消息"栏一个不起眼的角落里刊登了这样一则简讯："上海各大学联合会议决——严禁学生入舞场跳舞：上海各大学联合会于二十七日午时，在八仙桥青年会开执行委员会，到会光华张寿镛、交通裘维裕、沪江刘湛恩、暨南沈鹏飞、大夏欧元怀、复旦金通尹等议决重要案件两则：……（二）严禁学生入舞场跳舞，议决与市政府合作，共同查禁，犯者予以严惩。"一石激起千层浪,这则短短的消息在当时的上海社会却引起了广泛的回响,尤其激荡起了大学生们的情绪。1934年11月1日,《申报》的"教育消息"刊登了各界对于大学联合会议决案的反应,如"中华基督教信行救国十人团、上海区团执行委员孔祥熙、王正廷等,又有函请公共租界、法租界工部局及各大学当局查禁之议"。记者就此采访了沪上各大学学生团体负责人,各大学学生共同表示"自蒋委员长在南昌倡导新生活运动以来,举国上下一致认为唯有实行新生活,中国方有出路,而我上海各大学学生尤能深体斯旨,一致奉行。爰前有各大学学生新生活促进会之组织,并于各校成立分会,身体力行,不敢少懈。至入舞场,与舞女跳舞,原为新生活纲领所悬为厉禁,自在切实摈除之列,唯闻有不束身自爱之辈,仍有涉足舞场者亦不可谓绝无仅有。以故目下倡议禁止大学生入舞场者,学生等最饬新生活运动阵线起见,自当具深切之同情。唯念社会风气之沦落,尚不仅舞场为限,而纸醉金迷于舞场者,可不仅大学生为限,故欲转移时尚、刷新社会,应须各方面分别负其责任,尤贵乎社会领袖之能身体力行、以身作则,庶几风行草偃,方能收普遍倡导督率之功也"。禁舞作为一个对于学生生活的日常管理迅速被升格为一个关乎民族存亡的大事件,娱乐开始与新生活运动这样一个政治动作发生关联,从学生这些表达中可见,他们对于舞场和舞女至少在公开言论层面是否定的,认为舞场的存在代表了"社会风气之沦落",大多数话语是在蒋介石的新生活运动的脉络里展开的,认为跳舞(尤其是与舞女跳舞)违背了这个伟大的民族复兴运动的纲领。

上海各大学联合会在议决禁舞的几天之后便紧急出台了"禁舞办法",该联合会一执行委员在接受复新社记者采访时披露了施行办法:"跳舞本为正当娱乐,在欧美各国且视为交际界中之必要技能,但吾国舞场中之跳舞,目的殊异,反贻误青年,使学生在学业上受莫大之妨碍,故有严禁学生入舞场之议决。当时商议执行之办法,决函请本市市政府合作共同办理,由市府派警轮流往各舞场巡查,遇有学生在场跳舞者,立加逮捕,现已得市府覆文,允予协助,至于大学联本身,亦将会同各学校派员赴舞场日夜视察,遇有学生,即记名报告该学校,决予以开除之处分,不稍宽贷,另一方面再开导各校学生,使各学生有自动禁入舞场之觉悟。"从这位执委的言谈可见,他们并未彻底否定跳舞本身的正当性,甚至认为跳舞乃为社交的必要技能,但是他们普遍认为这个正当的娱乐形式到了中国发生了"变形"和"异化",尤其当它对于国人寄予厚望的大学生群体产生了腐蚀作用时,他们便一致认为有必要借助行政力量(包括专政力量)来杜绝这一现象。正是这样一种介于道德与政治之间的逻辑,让这些主张禁舞的人获得了对自由进行干涉的合法性。

对于函请市政府派警察去查禁大学生跳舞的动议,马上就有"异议"出现。上海大学教职员联合会常务委员江镇三接受《申报》记者采访时说:

> 青年学生沉迷其间,不特荒废学业、浪费金钱,且有因与舞女发生恋爱而至越出轨外行动者,如最近某大学学生黄乃武,以镪水浇洒头面,而因此牵入法律问题,即此一例。故各大学当局,禁止学生跳舞,本会站在大学教授立场上极表赞同,并决予以协助。唯据昨日报载其禁止办法,有请市政府派警巡查舞场,加以逮捕之举,则本人认为事实上有不可能之处。盖各大舞场,多数设立于租界内,中国官厅能否在租界行施职权,实一问题。即使能行施职权,因学生均未穿制服,孰为学生、孰为非学生一时亦不易辨认。至光华大学晚间有点名之办法,亦只适用于住宿生,校外学生绝对不发生任何效力。故本会以为一方面希望各大学学生自动检举,一方面希望学校当局派员分赴各舞场彻底巡查,一经查出,决不姑息,予以严惩,如此则方能收效。

江镇三代表教职员群体的这个发言,显示其并未从根本上质疑大学联合会拟请警察巡查的"正当性",而仅仅是因为舞场多设立于享受"治外法权"的租界,而怀疑其实施办法在技术层面的"可操作性",因此而建议学校自己派人去巡查。同时，从其话语中可见，大学生与舞女的"情感和法律纠纷"亦为当时主张禁舞的一个契机。

"大学生禁舞"尚未实施，已在当时的大学内外掀起了关注的热潮，社会各界对此各有说辞和意见。当时的《申报》采访了上海教育部门官员、国民军事训练委员会负责人、教授和学生等，在11月7日《申报》"教育消息"刊登了相关讯息：

学校当局严加管束：上海社记者昨访市教局潘局长，询以对于禁止大学生跳舞之意见。潘氏谓大学生入舞场跳舞，当然应予禁止，至如何禁止，则唯有由各学校当局严加管束，并由校长教授以身作则，如谓由政府派警到场逮捕，事实上恐不可能，且舞场大都设在租界，亦为市府警力所不及。

严格实施军事训练：据本市国民军事训练委员会负责人谈，禁止大学生跳舞最有效之方，厥为严格实施军事训练以养成学生有纪律之生活、刻苦耐劳之习惯，故各校军事教官，不仅教授学生上操上课而已，对于学生之精神与纪律俱应随时加以注意，唯希望各大学当局能通力合作加以协助，则禁舞问题，自可迎刃而解。

教授方面组自励会：目前沪上各大学教授出入舞场者，不在少数，一般无跳舞嗜好之大学教授对禁止学生跳舞，应由教授以身作则一点颇表同感。特联合发起组织大学教授自励会征求各大学教授参加，并订有公约、入会宣誓。如再发见入舞场跳舞者，经人检举，即照公约所订予以处分。

各校学生刻正纷纷筹备组织密查队，由各校每晚推派一人会同分往本埠各舞场，秘密侦查。除查出同学在场跳舞报告学校处分外，如查出教授在场跳舞者立即公布其姓名。

教授也被纳入"禁舞"监督之对象，似乎是意料之外，却也是情理之中的事情。教育部门等社会机构虽然表态支持"禁舞"，却也仅仅是"纸上谈兵"式的空泛议论，强调这是学校当局分内之事，似乎不想过多涉入"禁舞"旋涡。

"禁舞"一事纷纷扬扬,成为当时沪上报纸关注的热点话题。大夏大学联合其他大学组织大学生复兴运动促进会,试图恢复大学生作为一个精英群体的社会声誉,他们对于"社会"的"非议"深表愤慨:"各方盛称大学生沉迷舞场,形成一重大之社会问题,颇引起一般人士之注意。唯闻各大学多数洁身自好之学生,一向勤勉求学,未尝涉足舞场,因此咸认为有辱全体大学生之名誉与人格。"到此时,上海大学生"禁舞"逐渐逸出本埠范围,而引起全国注意。当时影响最大的天津《大公报》在要闻版发表对于此事件的报道,记者采访上海相关方面后得出结论说"禁止大学生跳舞因稽查困难迟迟未实行,学生查教授却先行开始"。记者认为上海的禁舞运动是雷声大,雨点小。他指出接受采访的人的说辞都大同小异而空疏,例如:"(甲)本校方面,①跳舞学生仅占极少数,②校址与市廛暌隔,往返不易,③晚九时即须点名,④校门晚十时落锁后,无论何人不许重启,⑤通学生极少。(乙)禁止方法,①函请市政府会同密查,②派员往舞场稽查,遇有本校学生,即令其退出,③注意每学生平日举止行动,④令训育课加紧戒备,⑤函各学生家长切实训勉子弟。说来说去,无非好像自己校内已没有学生跳舞一般,而且言谈之中,更暴露出一点禁舞的极大困难。"《大公报》记者的评论可谓切中肯綮,上海沸沸扬扬的禁舞在某种意义上确实呈现了"象征意义多于实质含义"的态势,而一些高校为了维护自身名誉更是"家丑不可外扬"的态度,甚至从根本上否认家丑的存在,这也可能是学校当局在面对来势汹汹的社会舆论时的"自保之辞"。本来是大学联合会这一代表学校当局立场的机构的倡议,最后却激荡起学生的"群情激愤",导致"三十年河东,三十年河西"的状况,学校当局是虎头蛇尾,首鼠两端,学生禁舞声势却是风起云涌,亦可谓民国上海不期然而至的一大社会景观。

11月24日和26日的《申报》分两期刊载了上海大学生复兴运动促

进会的"禁舞问题宣言"。这个宣言是一个透视20世纪30年代大学生群体思想意识与思维方式的极佳文本,从这个宣言的整体内容来看,主要集中在以下几个面向:一是捍卫大学生整体的纯洁性和精英地位,强调舞场中的大学生毕竟是极少数,切望社会各界毋被各种混淆视听之舆论所操纵,而对大学生产生成见。如云"我上海各大学学生,素知自爱,能深体斯旨(指新生活运动中所谓不与舞女跳舞这项公约。——引者注),不敢稍懈。同人等一向安分求学,凛此时艰,无不勤勉逾恒,何暇分心外务,更何暇以涉足舞场哉?唯闻有不知洁身自好之辈,涉足其间,纵属难免,究属少数"。对于大学联合会决议,宣言也颇有微词,认为其过度渲染,可能造成极坏之社会影响。宣言针对种种对大学生群体的指责申辩道:"若以为跳舞乃大学生之特征者,以致轻下同流合污之判断,尤属所在多有,是不啻侮辱我全国大学生之名誉与人格。……夫种种之诽谤与谩骂,直接既足以摧残大学学生之出路,间接更足以葬送整个民族之前途。"二是对于学校派人去舞场巡查并无异议,认为系学校当局对大学生进行管理的职权范围内的"题中应有"之义,而对于函请警局介入则态度鲜明地表示了反对:"倘由市府派警逮捕跳舞之学生,在租界内能否行使职权仍有问题。跳舞且属私德行为,究非犯罪可比,遍检违警罚法以及现行刑法之条文,绝无跳舞者得加逮捕之款。盖'法无明文规定者不罚',此系通例,倘欲干涉舞客,尤不能独责大学生也。同人等非为跳舞之大学生辩护,盖理之所当然者耳。"这段话可谓这则宣言中最有价值的一部分,因为它第一次指出了警察逮捕跳舞之大学生的"不合法性",认为是混淆了公德与私德,侵害了公民私人生活的选择权。并且如果以管理的名义侵害法律,那么法律就形同一纸空文,而只逮捕舞客中的大学生,则又是将上海市警局置于违反"法律面前人人平等"这个原则的境地。按照密尔在《论自由》中阐述的观点,警方若真的将禁舞办法付诸实施,就直接违反了自由的原则。这个原则就是:"人类之所以有理有权可以各别地或者集体地对其中任何分子的行动自由进行干涉，唯一的目的只是自我防卫。这就是说，对于文明群体中的任一成员，所以能够施用一种权力以反对其意志而不失为正当，唯一的目的只是要防止对他人的危害。若说为了那人自己的好处，不论是物质上的或者精神上的好处，那不成为充足的理由。"三是指出学校当局提出的禁舞方法都缺乏可行性，因而必定会成为一纸具文。宣言提出了四个方面的具体的禁舞方法，如希望社会名流、政要教授等以身作则，建议教育部尽早制定统一的学生制服，建议学校当局丰富校园生活，增进学校的学术水准吸引学生，并提供正当之娱乐，建议学生家长控制好给予子弟的生活费用，让大学生无余钱去舞厅消遣等。

大夏大学首倡的这个复兴运动促进会及其宣言也产生了一定的社会影响，一段时间后中国公学学生发布宣言，基本上重申了原来宣言的内容要点，并进一步指出大学生作为社会精英应该担负的率先垂范的作用："吾大学生为国家民族之基干，一举一动，足为社会楷模，当此国难深重、民族垂危之际，尤宜省察时艰、淬砺奋发力图自强，不唯应绝对戒除跳舞为社会倡，凡一切恶习均须自动摒弃。"上海大学联合会认为禁舞乃一消极办法，解决学生与舞女跳舞的问题还必须从积极角度入手，于是又开始提倡学生正当娱乐，并在接受记者采访时说明提倡之理由："晚近以来一般学校缺乏精神生活之指导，学生于课外无正当之娱乐，以资调剂其精神。前此本会议决禁舞，虽为纠正学生习尚之一端，然无积极方面之指导，亦非所宜。同人等爰特根据执委会决议，提议学校组织艺术研究会，以为学生课外正当做事，既可陶冶性情，提高学生之志趣，养成学校肃穆之学团，复可发扬我国固有文化之光荣，搜讨域外艺学之精英，融会贯通，以为新文化之基础。"

二、舞场、舞女、舞客：民国上海的身体与情欲

"禁舞"事件到此似乎就从喧嚣一时渐渐归于沉寂，那么20世纪30

年代的上海舞场到底是怎样的一个都市空间，为何会激荡起如此持久的社会关注，乃至到了1948年还发生了轰动一时的"舞潮案"？而在这个当时中国最繁华的十里洋场活动的舞客与舞女的情形与心态又如何？了解这些基础性的社会文化风貌才可能为我们索解上述的"禁舞传奇"提供一个线索。

作为一种娱乐形式和交际方式的跳舞，并非中国本土的产物，而是伴随着近代以来西方文明输入中国，而渐渐为国人尤其是作为最早通商口岸的上海市民所熟悉。民国一论者指出两者之区别："跳舞在我国古已有之，大抵劳动人民辛勤作息之余调节疲劳，或赶墟集会，鼓乐讴歌，表示欢庆。而文人学士每认为低级趣味，不甚重视。西方则视为男女交际途径，高尚娱乐，广泛流行于各层社会。上海自开埠通商，欧风东渐，成为国际巨埠，亦沾染余波，溯其时序，亦且百年。但初时只限于西人，以及洋派所谓高等华人，高级旅馆如礼查饭店华懋饭店皆设舞座，晚餐盛宴，裙屐跻跄，翩翩起舞，伴以燕乐，俨然异国情调。"

上海大学生复兴运动促进会的宣言中对于其时的上海舞场有这样一个总体性的描述："我国各地舞场次第林立，尤以上海一埠为甚，酒红灯绿之间，左拥右抱，悉逞豪奢，挥霍无量之金钱，换得暂时之肉感，用意既殊，流弊立现，诱人堕落，莫此为甚。"当时的报纸曾登载过一个去过舞场的作者对其的描绘："眼前展开着一幅富丽的人物风景，靡靡的音乐在醉人地吹着打着，每个男人像做梦的夜游者似的，在追迂缓的而又急速的音符飘动着。嘻嘻地跟搂在手里的女人调笑，女人亦都开着一面花朵的笑脸，但那种笑时常是带着勉强的，而且含了沉重的寂寞味。"另外一个署名小林的作者则如此刻画舞场人物的"素描"："游离在这男人的队里边的许多女人，都把各种平时被虚饰着的俗气的嘴脸露了出来。看见了女同伴坐在那一边，便跑了过去，自己给同伴的男人搂着腰在暗绿色的灯影下飘飘地舞着，像是一种并不会对不住自己的男人的事，毫无芥蒂地。"据当时的一个文人郁慕侠的描述，20世纪30年代抗战发生前的上海舞场简直就是一个醉生梦死的销魂的好去处:"最近二三年间,跳舞潮流又风起浪涌,盛极一时,跳舞场的开设虽不及电影院之多,然也有三十多家。到舞场去的朋友,不但是摩登妇女、惨绿少年,而且白发盈头、长袍马褂的老头儿也很多很多。最普通的代价,一块大洋可以跳三次,每次只费三角三分(更有新开设的小场子为招徕起见,一块钱可以买六张舞券跳六回),就可和半裸的粉香扑鼻的、婀娜多姿的舞女搂抱接触了。……这舞场的顽意,平情而论,如果逢场作戏,目中有舞、心中无欲的偶一为之,消遣消遣,原无不可;倘使入了迷魂阵,心旌摇荡不能自主,沉醉舞场不能自拔,那就身败名裂,堕落到万丈深渊,不可救药呢!"李欧梵在其关于摩登上海的研究中,也敏锐地注意到了舞厅在形塑和表达上海文化中的功能:"当咖啡馆主要还是上等华人、外国人和作家艺术家光顾的场所时,舞厅却已经进入各个阶层,成了流行的固定想象,这可以在无数的报道、文章、卡通画、日报的照片和流行杂志上看出来。事实上,上海的艺术名家,像叶浅予、张乐平都曾用舞厅和舞女来作他们的卡通题材。他们最常用的形象是跳舞的一男一女(有时是一男两女):男的或老或年轻,穿中式长袍或着西装,但女人却无一例外地穿'旗袍'。这副肖像无意中暴露了性别歧视:女人永远是各个阶层男人的固定欲望对象,她的旗袍展示着她身体的轮廓。"至于当时上海舞场的整体设置,马军在其著作《1948年:上海舞潮案——对一起民国女性集体暴力抗议事件的研究》中有详细的描述。

当时的新感觉派作家穆时英在其小说《上海的狐步舞》中这样描述上海的舞厅:"蔚蓝的黄昏笼罩着全场,一只saxophone正伸长了脖子,张着大嘴,呜呜地冲着他们嚷。当中那片光滑的地板上,飘动的裙子,飘动的袍角,精致的鞋跟,鞋跟,鞋跟,鞋跟,鞋跟。蓬松的头发和男子的脸。男子的衬衫的白领和女子的笑脸。伸着的胳膊,翡翠坠子拖到肩上。整齐的圆桌子的队伍,椅子却是零乱的。暗角上站着白衣侍者。酒味,香水味,英腿蛋的气味,烟味……独身者坐在角隅里拿黑咖啡刺激着自家儿的神经。"如果说这还是对于上海舞场的"印象"式的白描,那么当时新感觉派的另一位重量级作家施蛰存则对于舞场内外的舞女的内心世界进行了"透视":"并没有再听对方的说话,素雯已经把听筒搁上了。仅仅只有一小块夕阳,还滞留在天花板上。室内是很幽暗了。她站起在地板上,稍稍整曳了一下衣裳,就漫步到窗边,撩开了一条窗幕,隔着玻璃窥看对面铺道上的行人。这是无意识的。她的心里实在是,正在温习方才与舞场经理的那些谈话。她已经不能详细地记得她自己所曾说的话了,但她觉得那是很杂乱的一堆。那些都是即席口占的应对。也许这里根本没有一句真实话的。可是经理的话,却都记得。他好像很不相信自己真的决心不做舞女了。他好像以为这是不可能的。为什么呢?难道在他的眼里看起来,我是一个决不能过规则生活的女子吗?难道他看得定我现在的希望不过是一场欺骗吗?……真的,这也不能怪他,舞女的生活本来并不见得怎样坏,一个人若是要每天过一个新鲜的生活,倒很可以去做做舞女的。我不过是现在对于这种生活的兴味不及对于我所希望着的那种生活的兴味浓厚罢了。"从这些作家的描述可见,舞场的生活弥漫着一种布尔乔亚的气味,在舞场的灯光、节奏、晃动的人群、艳俗的舞女、激情燃烧的舞客之中洋溢着一种"尖叫的情欲"。这种情欲既可能是一种内在欲望的自由释放,也可能同时又造成舞者进一步的愧疚而压抑的情感。而舞女本身对于陪舞生活似乎也略感厌倦,对于这种颠三倒四的红粉生活也不再认同,却又因为生活的压力与巨大的惯性在拒绝与继续舞女角色间游离。舞场作为都市里的公共空间完全是一个被"移植"的"现代性建构",与传统中国的青楼、茶馆等有着大异其趣的特征,它为现代中国的市民提供了一个想象现代性的窗口,与此同时,由于民国舞场一定的色情性质,又刺激着舞客与看客的道德神经的末梢,当时中国内忧外患的现实处境更是为舞场内外的生活贴上了政治的标签,舞场成为检验民国上海市民灵与肉的道德尺度的社会量度。

其时沪上的一个大学生在初涉舞场后就怀着悔恨的心情记录了他的"第一次":"在暗淡的灯光下,悠扬的音乐中,我第一次拥抱着女人回旋。因为这还是第一次,所以脚步生辣得很,幸而从前曾在房间里下过一番功夫,所以还没有闹出什么笑话。音乐停止了,我跟跄着跑回座位,同来的同学也回到座位来了,大家都露出笑容,快活极啦!这一个晚上,我总共做了三次的尝试。回到学校里,心儿还是常常在跳舞场中。那薄薄的衣裳,高耸的乳峰,跳跃的酥胸,无一不给我以一种有力的迷惑。我屡次想做舞场的第二次的顾客,尽情地拥抱那美丽的女人陶醉,但我想起临行时母亲吩咐我的那番话,我便把这个念头打消了。"作者显然从他的第一次跳舞经验中获得了巨大的肉身的满足,也就是通过与异性的亲密接触所产生的情欲的燃烧快感,但是这种纵欲的愉悦在作者看来同时也是一种"堕落的危险的愉悦",象征着都市的罪恶的诱惑,所以最终作者是通过对母亲告诫的重温来获取抵抗诱惑的力量,在纵欲与禁欲之间最终选择了后者。如果说这个大学生还仅仅是因为觉得对不起母亲的嘱托而愧疚的话,另一个经常混迹舞场而幡然醒悟的舞者则直接将舞场看作充满了"毒蛇的诱惑"的"魔窟",在内心强烈地排斥着这种糜烂的生活方式:"于是我开始痛心自己生活的无耻了。消磨日子的方法尽管多着,犯着拣这个糜烂的地方呢。我必得下决心断绝了此种邪念。否则我就是个生命的零余者。因此在以后蹩进舞场的时分,就一次比一次加添了憎恶的程度,极力地从别方面着想,使厌恨鄙蔑的成分尽量地扩张,使心情一步步与眼前的织物隔阂。将所有的女人看作毒蛇,看作盖上了华丽的彩衣的鬼魅,蠕动在黑暗的灯影下,在偷偷地吮吸着那个的精液。"

舞场自然首先是与性、情欲等联系在一起的,但它同时也是上海从一个通商口岸城市向现代消费社会和休闲社会发展的过程中出现的娱乐空间。安克强在《上海妓女:19—20世纪中国的卖淫和性》曾专门辟文讨论上海的舞厅。他的一些观点有力地解释了为什么当时的部分大学生沉迷于舞厅里纸醉金迷的生活:"舞厅现象似乎也反映了与性有关的情感方面的深刻变化。尽管两性之间的关系是以某种程度的礼节和相当严格的隔离为标志的,但舞厅为与一个女子进行特殊的接触提供了机会。在这些场所的氛围中无疑存在着大量的肉欲成分。走出这个环境,由跳舞所导致的这种接触是完全被禁止的和难以想象的。此外,它还提供了一种直接的、瞬间的满足。个人由此可以抱有幻想并使自己远离现实,而与此同时又不必到卖淫场所去从事性的活动。"因此,在安克强看来,"舞厅是一种中间场所,介于交谊性娱乐和卖淫之间。它们与社会生活的转变相对应,尤其是与中产阶级的出现有关,并以休闲活动的日益商业化为标志。舞厅提供了一个中介的空间,在那里,人们可以表达一种以肉欲为主而并非是纯粹性欲的情感,并从中得到满足。"通过对于当时舞场里的舞女与舞客的心态、情态与生活的分析可见,安克强的判断在一定程度上是成立的,可是也过度夸张了舞客在舞场里的自由状态,事实上,对于某些舞客来说,舞场在象征性地满足欲望的同时,仍旧会带来羞愧、耻辱甚至愤慨的感情,对于陪同他们翩翩起舞的舞女,他们的心态也是非常复杂而微妙的,甚至不乏在内心非常鄙视的,尽管他们像吸毒上瘾一样已经很难离开这些"毒蛇"式的舞女了。

三、大学生禁舞:被释放的民族主义潜流?

大学生禁舞在1934年年末的上海闹得沸沸扬扬后,成为市民生活的一个兴奋点。而与此同时,《申报》作为一直跟踪报道这一事件的媒介也相继在其最重要的言论副刊"自由谈"和栏目"时评"发表评论,甚至在这一公开社会性事件发生前的1934年2月,《申报》本埠增刊的言论专栏"谈言"就已经未雨绸缪地发表了评论文章《大学生跳舞》,在这篇文章中,署名"文里"的作者认为:"摩登化的生活,在上海算是已经模仿得登峰造极的了,而大学生跳舞的生活,尤其是模仿摩登的害处之证明。我们中国人对于人家摩登的内容并不模仿,可是人家摩登的外形却偏学了来,这是国家前途命脉所关的问题,并非只是生活的小事体。……大学生入学校目的在研究学问以求深造,毕业以后服务社会,如今并非在研究学问却去跳舞,这一现象固然足以证明大学教育的成为问题,但也就可以先作预言,这一些以跳舞为上课的大学生,将来到了社会上一定是不事生产专享幸福的寄生虫之流。"作者对于摩登化(所谓"现代性")并未全盘拒斥,只是认为国人所模仿的仅仅是类似跳舞这种"现代性"的皮毛,而非其实质的内涵,"现代性"就呈现为双重的面相,其内容可被想象和提倡,而其形式应被压抑。作者因此认定大学生跳舞绝对不是一个可以听之任之的生活小节,而是关系到"国家前途命脉"的大问题,一个私人生活的趣味与选择就被"拔高"为关乎民族前途的大事体,因而可以说在当时的社会思潮里就已经隐藏着"禁舞"的潜流。

事实上,当时的上海确实存在反对"跳舞"的社会力量。1936年3月14日上海市第一特区市民联合会向市长吴铁城呈文,强烈要求取缔舞场营业以肃风化:

> 乃今沪上舞场营业,畸形发展,每晚吸引男女青年,通宵达旦,狂歌欢舞,放浪淫佚,达于极点,与新生活运动之要义,显相背驰。矧青年子弟,教部本有禁止入舞场之明训,余如首都及北平,亦均禁有前例,从无如沪上之腐杂现象,此就抵触功令上言,应请取缔者一。按正当舞蹈,原为健身运动之一种,而沪上舞场适得其反,舞场主以舞女声色为饵,达其营私牟利之目的。青年不察,陷溺其间,身心遭受侵害,实有不忍言者。窃念强国须先强种,青年为社会之中坚,长此戕贼,即人不亡我,亦将无以自存。此就民族生存而言,应请取缔者二。

这个呈文后面还有两个"禁舞"的理由,大都慷慨激昂,微言大义,在字里行间耸动着对于学生跳舞的忧患意识,这种忧患往往是与当时中国内忧外患而青年应当成为中坚的期待结合，于是禁舞就自动地从对于大学生的"身体的规训"上升到"民族的复兴"的层面，而获得了不容置疑的正当性。

1934年11月22日，在"禁舞"新闻轰动一时的情境中，丁世昌在"自由谈"发表《大学生与跳舞》一文，认为大学生选择跳舞是因为消费价格便宜，而便宜又是因为农村经济破产导致到城市里出卖身体的女性太多，所以他认为"禁舞"的背后牵涉复杂的时代原因而难以立竿见影地解决："所以小小一个大学生跳舞的问题，倘使寻根究底起来，便不得了：大学生跳舞是应得禁止的，可是要推论到如何方可以不禁自止，如何方可以使要跳的人无处可跳，这却是大费周章的问题了。"此文发表一月后，《申报》在代表其言论态度的"时评"专栏发表《禁止学生跳舞》，这是当时报刊上发表的最具水准的关于禁舞的言论。它首先论述了学生跳舞的不正当性和社会危害："学生在求学时代，轻入舞场，耳听淫糜之乐，目接妖冶之色，不特荒废学业，抑且有损德性。结果则在生理为早熟，在知识为幼稚，纵能勉强卒业，亦何足以安身立命。更不必云任重致远。夫一国当承平之日，人民生活若皆流于放僻邪侈，尚足反盛而为衰，而况值此国难严重民族垂危之秋，莘莘学子，沉湎于歌场舞榭，而不知刻苦自励，更令人心痛无既。此其不应加以宽容放任，诚为天经地义，在原则上实无可稍加非难者也。"至于如何禁止大学生跳舞，"时评"认为与其监管学生与学校这样的"扬汤止沸"，不如直接在舞场中派人巡查与禁止大学生跳舞，这是更为值得采用的"釜底抽薪"的办法。更有意思的是，《申报》为论述"禁舞"的合法性，还沿引国外相关做法为其论据："考沪上跳舞之风，虽由欧美传来，而欧美各国对于青年学生之出入舞场，则类皆悬为厉禁，并令舞场拒绝招待学生。年来日本舞风，亦甚流行。至本年八月间，其警视厅亦下令禁止学生入舞场与咖啡馆矣。其用意无非在预防青年实际生活上之恶影响耳。"在这样一个论述脉络里，"跳舞"成为一种不健康的生活方式，尤其是可能败坏社会风气，影响民族振兴，而且有西方和日本禁舞在前，禁舞就获得了一种世界主义的普遍性，而对大学生禁舞就更成为顺理成章的事情，而前引学生宣言中所张扬的"私人生活自由不得遭受法律侵害之准则"，微乎其微地成为主流论述里无足轻重的音调。

考明清以来之历史，文人纵情声色无可厚非，甚至在文人骚客的诗词唱和中成为可资炫耀的文化资本，如台湾学者王鸿泰在其研究中发现："从文化的角度来观察妓女与文人的交往可以说，明代后期文人涉入、参与妓女的活动后，逐渐以其文化上及社会资源运用上的优势，将妓女活动收编于文人文化中，在此收编的同时，也对这些妓女进行身份上的塑造，其塑造成功者即为名妓。"可是到了近代以后，传统文人的这些风雅或附庸风雅的社会交往的正当性就受到了挑战，尤其是面临了道德与政治上的双重责难。文人的身体逐渐不再是可以自由地在青楼、舞场等情色场所展开的个人所有物，而成为在救亡图存的民族意识下必须被改造的"东亚病夫"的器官组合。而在对于大学生禁舞的倡导中，首先被否定的就是身体自身欲望表达的合理性，在某种意义上，近代国人的身体从传统中国的礼法纲常中挣脱出来后，却自动陷落在另一个更大的民族国家的"利维坦"中。跳舞，尤其是被寄予厚望的大学生跳舞，就理所当然地被认为是背叛了这个国人孜孜以求的"利维坦"。正如黄金麟在其著作《历史、身体、国家——近代中国的身体形成（1895—1937）》中所窥见的那样："身体必须依附于某种意义体系，并且受到这种意义体系的约束，身体才能超脱原始情欲的主宰，产生它所需要的社会价值。清末民初的身体法权建构不但对这个满是情欲的身体有一个重新的认知，赋予身体更多的平等权益，同时也将身体导向一个新的权利与义务体系，一个不同于礼教和伦常的权力体系。这个将人身置放于国家之下，并接受国家所统属的历史发展趋向，它的普遍性和深入性是过去所没有的。"

正是在这样一个脉络里，对大学生跳舞的禁止才获得了充分的理由，而禁舞本身也被寄予了深切的期待。禁舞就从一个民国上海的社会事件，蜕变为一个拯救国家的宏大叙事和历史神话，而在这个转换的过程中间，国人的泛政治化思维方式、为了秩序与神圣目的侵害个人自由的固有弊病进一步滥觞，而当时舞场文化可能具有的正面价值却变得湮没不彰，更不用说舞客、舞女那些活生生的具体的个人在舞场中所展现的经验与命运。通过这样一个禁舞事件，我们可以看到个人在现代中国并非是一个权利本位的个体，而是一个被纳入民族国家和社会历史等大的架构里的"螺丝钉"，他的价值选择、生命状态、情感世界甚至业余生活，都必须在这样一种神圣话语中才能获得历史的价值与意义，娱乐活动成为政治寓言，身体欲望成为被规训与惩罚的对象，个人在政治与道德的夹缝中只能颠踬地行走。虽然禁舞与新生活运动存在内在的关联，但禁舞本身并非政府组织的新生活运动的组成部分，只是禁舞本身的民族主义内涵与国民党领导的新生活运动发生了历史深层的"合流"。正如吴叡人在评论本尼迪克特·安德森的民族主义论述时所敏锐觉察到的那样："安德森超越一般将民族主义当作一种单纯的政治现象的表层观点，将它与人类深层的意识与世界观的变化结合起来。他将民族主义放在比政治史或政治思想史更广阔的'文化史'和'社会史'的脉络当中来理解——民族主义因此不再只是一种意识形态或政治运动，而是一种更复杂深刻的文化现象（或者借用他自己的话来说，一种'文化的人造物'）。"禁舞作为一个"社会史"或者说"文化史"的事件，确实彰显了近代中国民族主义潜流是如何镶嵌到社会机体，又是如何渗透到国人思考和言说社会问题的方式之中。到1948年，对于舞场和舞业的禁止以及由此引发的集体暴力抗议就成为一个更轰动中国的历史事件了，那已经是14年后的另一个上海故事了，不过也许我在这里所讲述的1934年前后的禁舞传奇也算是一个历史的伏笔吧。

穿越民国时光的交叉小径(代后记)

《与民国相遇》主要是我从2011年年初到2013年年底在上海《东方早报》文化版开设的"野人献曝"民国史专栏的结集,这个专栏是应该报文化版主编何涛之邀撰写,专栏编辑主要是朱洁树、梁佳两位女士。这个专栏前后持续了近三年,如今因要结集出版,重读这些在繁忙的教研与家务之余断断续续写下的文字,仿若有一种与"故旧"重逢的惊喜。这组专栏文字的主题大都聚焦在民国人物、史事、城市与文化,每篇的篇幅都不长,大约两到三千字,试图从一条条迷人而交叉的小径,穿越时光的丛林,进入民国的心腹与血脉。

"民国热"这两年已然有些退潮的意味,与此伴随的却是公共文化的式微。诚然,因对现况的不满乃至愤懑,而一味地讴歌甚至渲染民国的精气神,甚至不惜扭曲历史来迎合当下写作的价值需求,这自然是一种非历史的态度,将民国说得花好月圆,又如何能够解释民国时期的战乱流离、死难与贫困,更无从解释像李大钊、瞿秋白、恽代英、冯雪峰、王元化、李慎之等这样的一时俊杰会选择"异议者"与"反对党"的角色。但矫枉过正也是"佛头着粪",民国纵有千般不是,可也有其无从取代、也不容抹杀的迷人之处,乱世自有悲歌,可"国家不幸诗家幸"，乱世也有深情，乱世还有传奇，乱世更有古今中西相遇之后的灿然与妩媚，那些在不同的人事相遇之后所碰撞出来的碎屑与心情，恰恰是无从裁剪的历史细节。最温暖人心的，往往不是高歌猛进或悲情恸哭，而是低回的惆怅与不羁的涯岸。

林毓生先生曾经有一个广为流传的论断：学术是"比慢的志业"。在我看来，任何严肃的写作都应如此，而从事公共写作的文人群体更应以此自律自持。阿伦特在《黑暗时代群像》一书中论及作为最后的欧洲人形象的本雅明时，曾引用拉鲁斯（Larousse）的话指出："文人者，尽管生活于书写与印刷的文字间，最重要的是，活在书堆里面，但绝不愿意为糊口而委身于职业性的写与读。不同于知识分子阶层的专家、专业人士的官员，或服务于政府，或以娱乐及教学服务于社会，文人总是力图超越于政府与社会之上。他们的物质生存建立在非劳动的收入上，他们的心智则是坚定拒绝政治与社会的收编。正是基于这种双重的独立，他们才得以拥有超然绝尘的态度，因此才有拉罗什富科对人类行为冷然的观照，才有蒙田洞见人情世故的智慧，才有帕斯卡思想格言式的犀利，才有孟德斯鸠反思的大勇与开明。"在这个文字"一发表就死亡"的极速时代，我更崇敬的是像王鼎钧、齐邦媛、北岛、高尔泰等前辈的写作态度，简而言之就是敬惜字纸，尊重文化，对写作有一份平淡的敬意，不操弄文字，不玩弄文化，不煽情，不愤恨，更不自恋，将所有对历史、文化与人生的思考倾注到平静如水的文字之中。在我看来，最高的写作境界都是相通的，它会让人体会到文化与精神的力量，更会让人从喧哗与烦闷的现实无限撤退到一个平静的内心庭院。这种撤退不是犬儒，更不是逃世，而是为了充盈一个更为丰沛与强健的内心，以韧性来缓慢地"穿透硬木板"一般的现实（韦伯语）。这是一种笔者虽不能至而心向往之的境界。

对我而言，这种面向公众的写作，是与一个更为宽广的公共文化视野衔接在一起的。公共文化包容事实，但又不为事实所拘囿，它应该具有超越与理想的品格。而对于民国史的这种书写，其实就是在给当代中国的公共文化建设灌注一些来自20世纪的养分。短的20世纪，自有其漫长的投影与流光。历史，尤其是历史的真相，从来就是建设公共文化最为重要的维度之一，而当代中国人的历史观和历史知识，无疑仍旧处于一个被野史稗说、坊间传闻或意识形态所主宰的"蒙昧状态"，这从各大书店的畅销书排行榜、各大学图书馆的借阅排行榜都可见一斑。含混、模糊甚至错误的历史知识，让我们丧失了一个评判历史与现状的有效尺度，而对历史中权术与心术的"嗜血鬼"式的贪婪与迷恋，更是在腐蚀这个民族道德重建和心灵建设的一切可能性。毫无疑问，20世纪90年代以来中国大学学者的过度专业化和体制化难辞其咎，当所有的考核只注重学术期刊的发表和科研课题的获取，80年代所孕育而成的"公共文化"和"启蒙的精神气质"就横遭困厄，而难以展现生机。当历史学家只注重在专业的权威期刊发表自己的成果，而忽视了将自身的专业知识转化成这个社会的公共文化的基石，并提高这个时代的普通知识人的历史文化水准，他们就没有多大的资格来哀叹民众历史知识的错乱与浮浅。

就此而言，我在《东方早报》撰写这样一个专栏，是有意从自己开始做一个小小的尝试，试图将自己在历史研究与历史教学中不能整合成鸿篇巨制的细节与感触，发抒为一篇篇可以滋养人心的文字。自2009年留校任教以来，我在华东师大面向不同专业本科同学开设了《回忆录、口述史与20世纪中国》和《现代中国传媒与知识分子》两门课程，引领年轻一代的学子重读20世纪中国的历史与人物，并经常在课堂上展开或暴风骤雨或和风细雨般的讨论和争论，而我在讲述与讨论中也逐渐地澄清了自我的思路，并经常获得冥思苦坐时不易得的灵感。可以说，《与民国相遇》也是我讲授这两门课程之后的"并非多余的话"。比如《政治与人情的双重奏》试图讲述传统中国乃至民国的政争之中，仍旧不乏人情的留存，而到了革命政治一统江山之后，任何人一为"阶级敌人"，就变成人人避之唯恐不及的"牛鬼蛇神"；比如我写曹汝霖的五四记忆与司徒雷登的燕京往事，都是试图将主流的（然而并非一定是靠谱的）历史叙述撕开一个小小的切口，从一个历史的横切面来重构和审视历史的多重面相；我也写新潮人物的"旧派"，旧式人物的"新潮"，如罗志田先生所言的"新的不新、旧的不旧"这种纵横交错的历史人物所折射的往往是难以被标签化的历史复杂性。对复杂性的认识、理解与接纳，或许是一个民族通过阅读历史走向心智成熟所必不可少的阶段。

　　托克维尔曾经说过，当过去不再照耀未来，人类的心灵就会在茫然中游荡。即此而言，取材于历史的公共写作未必不是投向未来的一束光线，而记忆是这束光线中最核心的光斑。一个曾经以史学作为哲学的民族，曾在漫长的岁月里依托于强韧而自足的历史意识支撑这个民族的知识精英乃至普通民众的人格结构，却在经历了20世纪中国革命及之后的物质主义、消费主义狂潮之后，陷溺在一种去历史感的淡漠与贫乏之中。这种当下的生存实感，让我在面对阎锡山、宋教仁、沈从文、丰子恺、吴宓、张季鸾等各式人物的精神与生活时，有一份触痛于心而不忍他顾的留恋。或许只有当我们从这些细小的路径进入历史人物的底色与心灵时，我们才可能真正与那些覆盖在主流叙述上的空洞硬壳告别，才可能切实触摸到那些隐含在历史深处的真正的伦理性困境与文明的碰撞。写作是一种重温，写作也是一种告别，写作同时也是为了在历史中找寻那些我们愿意与之为伴的人和事，凝聚成一个弦歌不辍彼此温暖的精神共同体以使我们的存在变得真实、真诚和喜乐。

　　需要交代的是本书除了收录在《东方早报》撰写的专栏，另外还收录了十余篇发表在《中华读书报》《随笔》《新京报》《凤凰周刊》《书屋》以及香港《二十一世纪》上评论有关晚清民国著作的书评；此外，特别附录了多年前发表在广州市社会科学院《开放时代》上的一篇讨论民国时期的上海大学生群体与百乐门舞厅的长文，或许该文的标题中

"象牙塔"与"百乐门"两个词语就隐喻了本书题材的两种取向，一为阳春白雪遗世独立，一为和光同尘声色犬马，二水分流之后却是百川入海，最后汇流成民国历史的大江大河。"山围故国周遭在，潮打空城寂寞回。"或许有了"故国""空城"和"寂寞"，我们才勉强找到一点点民国历史的苍凉余味吧，愿这些在不长不短的时光里写下的或长或短的文字，带着历史的体温与余光，穿越物质的迷沼与精神的迷宫，终将抵达它们能够召唤的读者。

德高望重的前辈学人钱理群教授，得知我即将在三联书店出版此书，在繁忙的研究与写作中拨冗赐序，为笔者撰写了长达八千余字的序言，对我的公共写作和学术研究勉励有加，自然使我感动不已。他在序文中的这段话，我特别想摘引出来与我的读者朋友共勉："尽管每一个坚守学术的个人，都是孤独与寂寞的；但也总能找到同道者，也就能够在相濡以沫中，一路挣扎着奋力前行。在总体上我们多少有些悲观，困惑；但进入具体的研究，我们又总能陶醉其间，享受创造的乐趣。让我们就在这挣扎与享受中坚守下去罢。"这就是我欣赏的为人治学之态度。本书能够在我素所敬仰的北京三联书店出版，无疑是对我教研之余从事公共写作的最高肯定，而《读书》杂志编辑饶淑荣女士以及本书责任编辑李佳女士为这本小书的出版倾注的热忱与心血，更是让我切身感受到一个有着悠久人文传统的出版机构的专业与敬业，我也在此对两位编辑深表谢意。此外，我的朋友兼师弟黄胜春，华东师大历史系本科生张艺凡、田楚翘同学为本书的插图颇费了一番工夫，我也由衷地感激。感恩所有让这本小书来到世间的人，也期待着所有与这本小书相遇的读者朋友能不吝批评指正。

2016年春作者谨识于华东师范大学樱桃河畔